ЖАРҚЫН ЖЫЛДАР
- Қазақстан Республикасының Тұңғыш Президенті
- Елбасы Н.Ә.Назарбаевтың өмірлік жолы

光辉岁月
—— 第三视角看哈萨克斯坦首任总统
纳扎尔巴耶夫

中国社会科学院俄罗斯东欧中亚研究所
中国石油中油国际中亚公司
西北大学
哈萨克斯坦哈德石油合资有限责任公司
哈萨克斯坦中国研究中心
哈萨克斯坦共和国外交部

联合课题组　著

中国社会科学出版社

图书在版编目（CIP）数据

光辉岁月：第三视角看哈萨克斯坦首任总统纳扎尔巴耶夫/中国社会科学院俄罗斯东欧中亚研究所等联合课题组著 .—北京：中国社会科学出版社，2020.6
ISBN 978 - 7 - 5203 - 6521 - 5

Ⅰ.①光… Ⅱ.①中… Ⅲ.①纳扎尔巴耶夫（Nazarbayev，Nursultan Abishevich 1940 - ）—人物研究 Ⅳ.①K833.617 =6

中国版本图书馆 CIP 数据核字（2020）第 087764 号

出 版 人	赵剑英
责任编辑	范晨星
责任校对	周 昊
责任印制	王 超

出　版	中国社会科学出版社
社　址	北京鼓楼西大街甲 158 号
邮　编	100720
网　址	http://www.csspw.cn
发 行 部	010 - 84083685
门 市 部	010 - 84029450
经　销	新华书店及其他书店
印刷装订	北京君升印刷有限公司
版　次	2020 年 6 月第 1 版
印　次	2020 年 6 月第 1 次印刷
开　本	710×1000　1/16
印　张	25.75
字　数	258 千字
定　价	158.00 元

凡购买中国社会科学出版社图书，如有质量问题请与本社营销中心联系调换
电话：010 - 84083683
版权所有　侵权必究

主　　编

孙壮志　中国社会科学院俄罗斯东欧中亚研究所所长
王　镭　中国社会科学院国际合作局局长、丝绸之路研究院办公室主任
卞德智　中国石油中油国际公司高级副总经理、中油国际中亚公司总经理
郭立宏　西北大学校长
沙赫拉特·努雷舍夫　哈萨克斯坦共和国外交部第一副部长

编委会

孙壮志　中国社会科学院俄罗斯东欧中亚研究所所长
王　镭　中国社会科学院国际合作局局长、丝绸之路研究院办公室主任
金　哲　中国社会科学院俄罗斯东欧中亚研究所副所长
张　宁　中国社会科学院俄罗斯东欧中亚研究所中亚研究室主任
卞德智　中国石油中油国际公司高级副总经理、中油国际中亚公司总经理
李永红　中国石油中油国际中亚公司副总经理
穆拉特·穆斯塔法耶夫　哈萨克斯坦哈德石油合资有限责任公司总经理
田克俭　中国石油中油国际（哈萨克斯坦）PK公司副总经理
耿长波　中国石油中油国际中亚公司综合管理部副主任
王　浩　中国石油中油国际中亚公司综合管理部副主任
宋国华　中国石油中油国际中亚公司综合管理部副主任
郭立宏　西北大学校长
卢山冰　西北大学丝绸之路研究院院长

蔡艳彬　西北大学丝绸之路研究院副院长

高　亮　西北大学丝绸之路研究院研究员

丁晓星　中国现代国际关系研究院欧亚所所长

李自国　中国国际问题研究院欧亚所所长

沙赫拉特·努雷舍夫　哈萨克斯坦共和国外交部第一副部长

阿布·艾马哈诺夫　哈萨克斯坦共和国外交部参赞

古丽娜尔·沙伊米尔根诺娃　哈萨克斯坦中国研究中心主任

前　言

若想开启了解哈萨克斯坦这一草原之国的神秘大门，纳扎尔巴耶夫就是最好的钥匙之一。作为民族领袖，纳扎尔巴耶夫是哈萨克斯坦的灵魂。他的思想理念是指导哈萨克斯坦发展的理论基础，他的治国方略是国家管理的经典案例，他领导国民的奋斗历程是哈萨克斯坦在 20 世纪末和 21 世纪初的重要历史片段。

自 1989 年 6 月担任哈萨克加盟共和国共产党第一书记，1990 年 4 月当选哈萨克加盟共和国总统，1991 年 12 月 1 日成为哈萨克斯坦总统，至 2019 年 3 月 20 日辞去总统职务，纳扎尔巴耶夫执政哈萨克斯坦约 30 年。这是哈萨克斯坦面临国内外风云变幻跌宕起伏的 30 年；是克服艰难险阻，使国家由贫穷落后变成中亚强国的 30 年，也是将哈萨克斯坦由默默无闻的亚洲腹地草原国家变成国际社会广为关注的现代国家的 30 年。哈萨克斯坦的巨变与纳扎尔巴耶夫的领导密不可分。纳扎尔巴耶夫称得起哈萨克斯坦"民族领袖"的称号。

一

传统上，哈萨克人只有名字，没有姓。哈萨克人的名字由"本名+父名+祖父名"三部分构成，日常生活中称呼名字时一般使用简化的"本名+父名"这一偏正结构。家长在给子女起名时，一般会从自己以及自己父亲的名字中各挑选一个词，作为孩子名字中的"父名"和"祖父名"部分，既防止本名重复率高难以区别，又让他人很容易了解该人的血统继承和家族渊源。沙俄统治后，受俄罗斯文化影响，哈萨克人也仿照俄罗斯人名字的构成形式"名+父称+姓"，并在父称后加上俄语尾缀（oV、eV、oVa、eVa）。也有人在父名后加上 ulR（国际宽音标，意思是"他的儿子"）或 qRzR（国际宽音标，意思是"他的女儿"）。

哈萨克斯坦首任总统纳扎尔巴耶夫的全名是"努尔苏丹·阿比舍维奇·纳扎尔巴耶夫"（Nursultan Abishevich Nazarbayev）。这个名字是他的奶奶给起的，来自《古兰经》的哈萨克语。努尔苏丹（Nursultan）是名，意思是有作为的执政者。其中"努尔"意喻光明、日光、光线，"苏丹"指国家的最高统治者、执政者。阿比舍维奇（Abishevich）是父称，即阿比什的孩子（即父亲的名字叫阿比什）。纳扎尔巴耶夫

（Nazarbayev）是姓，即有远见或眼光敏锐的贵人，该词由两个词根构成，"纳扎尔"是有远见、眼光敏锐、观察力强的意思，也有"将自己奉献给神"的意思，"巴耶夫"是俄语的用法，取自哈萨克语"巴依"，意思是地主、有钱人、主人等。从名字可以看出，家人希望纳扎尔巴耶夫成为一个有作为、有出息的富人或官人。据说，纳扎尔巴耶夫出生时体重5千克，天生就是位"重量级人物"。

二

纳扎尔巴耶夫1940年7月6日生于阿拉木图州卡斯克连区切莫尔甘村，位于七河流域的外伊犁阿拉套山山麓，属于大玉兹恰普拉什特部落（乌孙后裔）。切莫尔甘村旁边有条清澈的切莫尔甘河流过，一条小路从村庄通往山上。这条路由纳扎尔巴耶夫的双亲和村民们亲手修建。在这个村子里还生活着纳扎尔巴耶夫的一个远房亲戚，就是阿卡耶夫（吉尔吉斯斯坦首任总统）的母亲。

纳扎尔巴耶夫的经历如下：

1960—1969年，卡拉干达钢厂下属的技校毕业后开始在卡拉干达钢厂当工人，从事一线生产。

1969—1973年，在哈萨克加盟共和国卡拉干达州铁米尔套市的共青团和党委工作。

1973—1978 年，卡拉干达钢厂党委书记。

1978—1979 年，卡拉干达州委书记（相当于中国地级市的市委委员）、第二书记（相当于中国地级市的市委常务副书记）。

1979—1984 年，哈萨克加盟共和国共产党中央委员会书记（相当于中国的省委委员）。

1984—1989 年，哈萨克加盟共和国部长会议主席（相当于中国的省长）。

1989 年 6 月 22 日—1991 年 9 月 7 日，哈萨克加盟共和国共产党中央委员会第一书记（相当于中国的省委书记），其间于 1990 年 7 月 14 日—1991 年 8 月 23 日任苏联共产党中央政治局委员，1990 年 2—4 月兼任哈萨克加盟共和国最高苏维埃主席（大体相当于中国的省人大常委会主任），直至哈萨克共产党于 1991 年 9 月 7 日解散。

1990 年 4 月 24 日起任哈萨克加盟共和国总统。

1991 年 12 月 1 日在总统选举中当选为哈萨克斯坦总统。

1995 年 4 月 29 日全民公决同意总统任期延长至 2000 年。

1999 年 1 月 10 日赢得总统选举。

2005 年 12 月 4 日赢得总统选举。

2011 年 4 月 4 日赢得总统选举。

2015 年 4 月 26 日赢得总统选举。

2019 年 3 月 19 日宣布自 3 月 20 日起辞去哈萨克斯坦总

统职务，仍担任安全委员会主席、祖国之光人民民主党（简称"祖国之光党"）主席、哈萨克斯坦人民大会主席、宪法委员会委员。

三

2019年3月，哈萨克斯坦首任总统纳扎尔巴耶夫宣布辞职，时任参议长的托卡耶夫继任总统。从纳扎尔巴耶夫能在自己事业高峰之际而自愿放弃国家元首职位这一点，就可看出他对国家的真挚热爱和对未来的关心。

托卡耶夫是纳扎尔巴耶夫的老朋友、老同事、老部下。纳扎尔巴耶夫对托卡耶夫的品德和能力高度评价，认为他是一位诚实、负责和勤奋的人，是值得将国家托付给他的人，是可以带领哈萨克斯坦人民继往开来的人，对托卡耶夫寄予厚望。

托卡耶夫总统认为纳扎尔巴耶夫是一个伟人，是一位在整个世界以及历史上都已获得高度认可的政治家，他带领哈萨克斯坦人民实现了独立，创造了"哈萨克斯坦模式"，成功地将哈萨克斯坦转型为现代化的先进国家。

纳扎尔巴耶夫和托卡耶夫均是中国人民熟知的老朋友、好朋友。中国高度评价纳扎尔巴耶夫的功绩，对托卡耶夫也充满信心。作为重要邻邦和永久全面战略伙伴，中国始终尊重哈萨克斯坦人民的选择，支持哈萨克斯坦稳定和发展，努力深化两国关系和各领域合作，衷心希望哈萨克斯坦繁荣昌盛。

四

本书致力于总结纳扎尔巴耶夫关于国家治理的思想理念，研究他解决问题的思考方法和模式。通过回顾哈萨克斯坦政治、经济、安全、民族、宗教和对外政策的发展历程，分析纳扎尔巴耶夫思想理念逐渐成熟和完善的过程。可以说，本书既是了解纳扎尔巴耶夫思想的研究专著，也是记录哈萨克斯坦独立后发展历程的史册。

作为学者，纳扎尔巴耶夫理论著述颇丰，他惯于从历史根源挖掘事物本质，借鉴他国经验思考现实问题，体现出深厚的理论功底。他的文章没有华丽的辞藻和空洞的说教，实实在在的话语就像与读者面对面谈心，娓娓倾诉他的思想观点。无论是列述国家面临的难题，还是分析各种方案的优劣，从来都是直言不讳，没有遮掩回避。通过朴实无华的语言，纳扎尔巴耶夫与读者建立了坦诚的交流氛围，使得我们有机会窥视他的内心世界。

作为政治家，纳扎尔巴耶夫总是能够在充满不确定性的环境里，努力实现突破和创新，围绕社会变革的需要，寻找社会最大公约数，指明前进的方向。苏联解体后，整个欧亚地区成为新的地缘政治元素，哈萨克斯坦作为新独立国家，其国内发展和国际交往都充满不确定性，很多时候并没有可供参考的样板，只能摸索前行。纳扎尔巴耶夫以其胆识魄力，总能在国家发展出现重大挑战或转折时期展现他的远见卓识，精准把握关键问题，提出有效应对措施。他的思想既包含哈萨克传统文化底蕴，又富有现代精神。

作为劳动者，纳扎尔巴耶夫是从基层成长起来的优秀员工。勤勤恳恳地忘我工作让他赢得了同事和领导的信任，并在民众的拥护下成为国家领导人。他的成就都是苦干得来，没有任何捷径，也不走旁门左道。宽广的眼界和胸怀造就了丰富且独具特色的理论体系。纳扎尔巴耶夫的理论建树同他的成长历程和优秀品质息息相关。他的思想和理念来自丰富的人生阅历和工作实践，是深入民众和基层务实工作的经验积累，只有不断经历挫折与奋进、失败与成功，不断总结经验教训，才能体会其中的深意。

五

本研究成果得到中国石油中油国际中亚公司和哈萨克斯坦哈德石油合资有限责任公司的大力资助。作为最早进入哈萨克斯坦市场的中国能源企业，中国石油参与了哈萨克斯坦石油工业的现代化建设进程，见证并经历了这个国家独立以来发生的巨大变革，目睹了哈萨克斯坦经济社会的进步与发展以及人民生活水平的提升和改善。这一历程也是纳扎尔巴耶夫的思想和政策合理性的实践检验过程。

多年来，中国石油始终秉承"奉献能源，创造和谐"的宗旨，坚持"互利双赢、共同发展"的合作理念，与合作伙伴一起创新技术、培养人才、提高效率，目前业务涉及石油天然气勘探开发、炼油化工、管道运输、销售贸易和工程技术服务等多个领域。

中国石油的工作实践和体会对课题组的研究工作起到极大的促进作用，使之对哈萨克斯坦的政策和纳扎尔巴耶夫思想有更深入的理解，研究成果更具有客观性和现实性。

吸引国际油气企业进入哈萨克斯坦，同时实施油气出口多元化政策，是哈萨克斯坦国家能源战略的重要内容之一。中哈油气合作的实践与成果有力地促进了哈萨克斯坦的能源工业发展，验证了纳扎尔巴耶夫当年决策的英明。

六

本书的写作汇集了国内从事中亚研究的主要单位和优秀

学者。课题研究过程艰辛漫长，课题组查阅了大量资料，反复研讨，最终将这一系统体现纳扎尔巴耶夫思想的著作呈现给读者。

各部分撰写者分别是：

第一章：成长道路　　　　　　赵常庆

第二章：政治改革与发展　　　　包毅

第三章：经济调整与实践　　　　高际香、张宁

第四章：国有资产管理与改革　　张宁、高际香

第五章：民族多样与统一　　　　王明理、吴宏伟

第六章：宗教和谐与宽容　　　　卢山冰、王明理

第七章：国家安全与稳定　　　　丁晓星

第八章：外交多元与平衡　　　　李自国

赵常庆：国务院发展研究中心欧亚社会发展研究所副所长，研究员

包　毅：中国社会科学院俄罗斯东欧中亚研究所中亚研究室副研究员

张　宁：中国社会科学院俄罗斯东欧中亚研究所中亚研究室研究员

高际香：中国社会科学院俄罗斯东欧中亚研究所俄罗斯经济研究室研究员

吴宏伟：中国社会科学院俄罗斯东欧中亚研究所中亚研究室研究员

卢山冰：西北大学丝绸之路研究院院长，研究员
王明理：西北大学丝绸之路研究院研究员
丁晓星：中国现代国际关系研究院欧亚所所长，研究员
李自国：中国国际问题研究院欧亚所所长，研究员

目　　录

第一章　成长道路 …………………………………（1）
第一节　学习时代 ……………………………………（2）
第二节　钢厂工作 ……………………………………（7）
第三节　政府工作 ……………………………………（12）
第四节　哈萨克加盟共和国共产党
　　　　中央委员会第一书记 ………………………（15）

第二章　政治改革与发展 …………………………（19）
第一节　宪法的产生与改革 …………………………（26）
第二节　探索交接班制度 ……………………………（42）
第三节　打造负责任的政府 …………………………（49）
第四节　多党制发展与执政党建设 …………………（65）

第三章　经济调整与实践 …………………………（77）
第一节　制定发展战略 ………………………………（80）
第二节　克服经济危机 ………………………………（97）

第三节　调整经济结构 …………………………………（113）
　　第四节　本币坚戈与"世界货币" ……………………（128）

第四章　国有资产管理与改革 ……………………………（140）
　　第一节　私有化改革 ……………………………………（142）
　　第二节　国企改革 ………………………………………（154）
　　第三节　国家基金 ………………………………………（164）
　　第四节　土地改革 ………………………………………（170）

第五章　民族多样与统一 …………………………………（180）
　　第一节　"拥有统一未来的民族"——公民
　　　　　　意识的核心理念 ………………………………（183）
　　第二节　各民族共同发展——国家
　　　　　　稳定的基石 ……………………………………（194）
　　第三节　人民大会——国家民族事务
　　　　　　管理的成功实践 ………………………………（203）
　　第四节　语言——国家统一的核心内容 ……………（212）

第六章　宗教和谐与宽容 …………………………………（223）
　　第一节　坚持世俗体制：宗教管理的基石 …………（226）
　　第二节　伊斯兰教是和平和宽容的宗教 ……………（235）
　　第三节　严厉打击极端主义 …………………………（244）
　　第四节　世界与传统宗教领袖大会 …………………（255）

第七章　国家安全与稳定 ……………………………（264）
  第一节　符合国情的安全观 ……………………（265）
  第二节　国家安全机制建设 ……………………（274）
  第三节　军事改革 ………………………………（283）
  第四节　划定边界 ………………………………（301）

第八章　外交多元与平衡 …………………………（312）
  第一节　全方位多元外交的理念与实践 ………（315）
  第二节　"欧亚联盟"和"大欧亚"
     思想及其实践 ……………………………（336）
  第三节　建立无核世界 …………………………（352）
  第四节　地区安全与亚信会议 …………………（364）

附　录 …………………………………………………（375）
  在哈萨克斯坦共和国第十二届最高苏维埃
   隆重庆祝共和国总统就职会议上的讲话 ………（375）
  纳扎尔巴耶夫的辞职演讲 ………………………（381）
  中国对纳扎尔巴耶夫的评价 ……………………（386）
  纳扎尔巴耶夫在中国出版的著作 ………………（388）

第一章　成长道路

关于纳扎尔巴耶夫的执政时间，有人认为应该自1989年6月22日他担任哈萨克加盟共和国共产党中央委员会第一书记算起，因为纳扎尔巴耶夫从那时起就已经开始全面领导哈萨克斯坦的各项工作（共执政29年8个月25天）。也有学者认为应该自1990年4月纳扎尔巴耶夫被人民代表选举为哈萨克加盟共和国总统算起，因为那时苏联的各个加盟共和国基本处于实际独立状态。还有人认为应该自1991年12月1日他赢得全民直接总统选举后开始（哈萨克斯坦正式宣布独立前半个月，开始领导一个真正独立的国家）。但无论从哪年算起，纳扎尔巴耶夫都领导哈萨克斯坦约30年，称得起哈萨克斯坦的"民族领袖"。

纳扎尔巴耶夫出生在农村。他出生的第二年，苏德战争爆发。但给纳扎尔巴耶夫留下深刻记忆的不仅有战争的惨痛，还有多民族聚居生活的场景。当时村里住着很多从苏联的欧洲部分迁徙过来的斯拉夫人和高加索人。中学毕业后，他进入卡拉干达钢厂工作。因工作成绩优异和大胆直言，逐渐赢得工友信赖和领导赏识，继而步入政坛，最终成为国家领导人。

第一节　学习时代[①]

纳扎尔巴耶夫的父亲阿比什（1903—1971年）不是传统意义上的大草原牧民，而是山民，冬天在山上干活，夏天放牧。阿比什从11岁起就到一个富裕的俄罗斯族人家放牧，这家人把他当作自己的儿子一样看待。在20世纪20年代苏联农业集体化时期，阿比什担任切莫尔甘村一个生产队长，负责饲养牲畜。阿比什是位能工巧匠，会缝制靴子、种地、磨面、嫁接果树，懂得在集市做买卖赚钱，还会唱俄罗斯歌曲和哈萨克歌曲。纳扎尔巴耶夫的妈妈阿莉然（1910—1977年）是被剥夺了财产的富农的女儿，在修路时与纳扎尔巴耶夫的父亲相识并结婚。她有一副好嗓子，同样多才多艺。

纳扎尔巴耶夫的双亲都是勤劳的人，虽然体力劳动非常繁重，但他们始终乐观地面对生活，尽职尽责地工作和养育子女。父母从小就教纳扎尔巴耶夫弹琴。很多专业人士都认为纳扎尔巴耶夫的冬不拉琴技已达专业水平。弹唱是纳扎尔

---

① Нурсултан Назарбаев. Без правых и левых. Москва. Издательство "Молодая гвардия". 1991 год. Чёрный хлеб детства.

巴耶夫舒缓情绪的有效方法之一，也是他喜欢的交友方式。据说，当年美国副总统戈尔访问哈萨克斯坦，纳扎尔巴耶夫特别高兴，弹着冬不拉一直唱到深夜两点。

父母的言传身教使纳扎尔巴耶夫非常珍视哈萨克族的传统。在自己的专著《非左非右》中，纳扎尔巴耶夫写道："对于哈萨克人来说，不了解自己七代祖先的情况是可耻的。如果这一民族传统没有保留下来，如果没有将哈萨克人与过去联系起来的那些根深蒂固的记忆，他们未必能够抵挡住当今时代遭遇到的全面而猛烈的同化进攻。……我认为，哈萨克人自古以来就形成了自己优良的传统习俗。不能回避哈萨克人注重保持亲缘关系的这种品质。当一个人高兴或悲伤时，亲人们都会来到身边。每个人从童年起就受到关于尊敬长辈和尊重妇女的教育。家中的长子从小就知道关心弟弟和妹妹。对于每一个家庭来说，家有一老如有一宝。最小的儿子必须留在父亲家中，成家后也要如此。与小儿子同住的通常有父亲、母亲、祖父、祖母，这个叫作'尚拉克'（哈萨克风格的毡房）的家，也是所有其他子女最主要的家。这样的传统怎能不促进每个年轻人的道德形成？我还认为，不能阻止人们遵守宗教习俗，只要这些习俗能给社会带来善良和仁爱。……父亲曾教导我说：见到老年人，无论你是否认识他，都要先打招呼。我们还有一个习俗，长期在外的人回到村里，在进自己家门之前必须先去看望村里最年长的人，向他表示问候并接受他的祝福。今天，先辈留下的这些习俗仍得到所有人的尊重。尽管这些做法在一些人眼里微不足道，但后人仍保留和遵循这些传统，足以令先辈们感到宽慰和骄傲。"

纳扎尔巴耶夫6岁开始在村里上学，七年级（初中）毕业后，他想参加工作以补贴家用，但父母坚持让他继续求学，于是他来到卡斯克连（区府所在地）的阿拜中学学习。这是一所寄宿学校，在校期间，纳扎尔巴耶夫惜时如金，每天都挤出一两个小时用于阅读。他如饥似渴地在学校图书馆里阅读普希金、莱蒙托夫、托尔斯泰、高尔基、穆斯列波夫、穆斯塔芬、阿乌埃佐夫、穆卡诺夫等作家的经典作品，还有仲马、柯南·道尔、别利亚耶夫、哈葛德、库柏等人的幻想作品和侦探作品。学校保留的学籍档案显示，纳扎尔巴耶夫当时的成绩非常好，整个中学期间只有一科是4分，其他全部是5分。

阿拉木图州卡斯克连区是个多民族聚居地，这里不仅生活着哈萨克人和俄罗斯人，还有在第二次世界大战前后被放逐至此的麦斯赫特土耳其人、车臣人、巴尔卡尔人和日耳曼人等。家庭的熏陶使纳扎尔巴耶夫养成吃苦耐劳和不畏艰难的性格，多民族聚居的环境则使他不仅学会多种语言，也使他头脑中初步形成了哈萨克斯坦是多民族聚居区的概念。纳扎尔巴耶夫的童年和少年在第二次世界大战和战后恢复时期度过，饱尝了战争给人们带来的苦难。他在战后上学的学校条件非常简陋，不同民族的学生在这里一起读书，打架也往往是邻居或住在同一条街道的孩子结成一帮，而不是按照民族结伙。当时有很多从外地迁徙过来的人，纳扎尔巴耶夫的家人总能与他们和睦相处。

这样的氛围下，儿时的纳扎尔巴耶夫在潜意识中产生了各民族平等的思想。他成为国家领导人后制定的民族和谐政策与此不无关系。纳扎尔巴耶夫常常想，假如当年在切莫尔甘哈俄双语学校的任教老师是一些坚持民粹思想的人，那会对他的成长造成什么样的影响？他回忆道："当时，我们学校有俄语班，也有哈萨克语班，不同民族的孩子们都可以在这两种班学习，乌克兰族和车臣族的孩子在哈萨克语班学习也很多见。我就是先在哈萨克语班学习，6年后进入俄语班，后来在10年级的时候又回到哈萨克语班。……据说，随着年龄增长，人们喜欢把过去理想化，只回忆那些美好的经历，也许真是这样。但对于我来说，各族人民之间的友谊从来不是抽象的东西，它总是体现在普通人对与自己有同样生活、同样想法和同样烦恼的其他民族人们的友好情感中。现在我们尽量回避'友谊'这个词，而代之以'民族间关系'，这令人非常遗憾。"

十年级（高中）毕业时，正赶上国家大力发展重化工业，要在列宁关于"共产主义就是苏维埃政权加全国电气化"这个著名公式中再加上"化学化"三个字。于是，纳扎尔巴耶夫萌生了报考哈萨克国立大学化学系的念头。为了支持他上学，父亲卖掉了家中唯一的一头母牛。不过，这次报考却以失败告终。这对于当时意气风发的纳扎尔巴耶夫来说是一次打击，算得上他人生第一次比较大的挫折，但并没有泯灭他对知识的追求。

不久，他收到基辅民航学院的录取通知书，但父母不舍得他离家太远，在家人和邻居的劝说下，他最终放弃去乌克兰上大学的机会。对此，虽然纳扎尔巴耶夫觉得委屈，但并不认为是挫折，因为他感受到满满的亲情。多年后，当他回忆起这件事情时写道："当时乡亲们说的那些话令我难过。他们的意思是，不能扯断家乡的根，不能离开生养自己的土地，不能不顾亲人的感受而私自安排自己的命运。当时觉得特别委屈，但或许正是那时候，我第一次深切感觉到与父老乡亲们的血肉联系，懂得我的生活和烦恼并非无关他们痛痒。"

就在纳扎尔巴耶夫为不能上大学而苦恼之际，当时的哈萨克加盟共和国正在铁米尔套市建设大型钢铁联合企业。有一天，纳扎尔巴耶夫偶然看到《列宁接班人报》刊登的一则消息，位于铁米尔套的卡拉干达钢厂技术学校招生，学习时间为一年，国家负责全部费用。于是，1958年，年仅18岁的纳扎尔巴耶夫来到卡拉干达州的铁米尔套市，开始了他的学习生涯。

当时，卡拉干达钢厂技术学校正在建设期间，尚不具备独立培养技术工人的条件，于是学员们被送往其他学校代培。纳扎尔巴耶夫被分配到乌克兰第聂伯捷尔任斯基钢厂第八技术学校。学习生活非常紧张,上午学习理论,下午车间实习。冶金车间里火花四溅,铁水流淌,热气、水汽、烟气混杂,使习惯于清新空气的农村孩子很不适应,甚至感到害怕。纳扎尔巴耶夫却不同。他立志成为一名合格的炼钢工人,全身心地投入学习。因善于待人处世,成绩优秀,俄语也流利,纳扎尔巴耶夫受到同伴拥戴,成为学生干部,还获得"摔跤能手"称号。学习结束时,纳扎尔巴耶夫获得技术八级证书(最高为十级)。

纳扎尔巴耶夫的睿智和组织能力给老师留下深刻印象。在毕业典礼上,老师为每个学生都送上祝福,说某某可以当车间主任,某某可能成为厂长。在谈到纳扎尔巴耶夫时,老师说他可以当政府首脑。谁料想,当时的一句祝福后来竟然成为现实。

第二节 钢厂工作[①]

步入社会工作后,纳扎尔巴耶夫的人生之路大体上每隔10年就上一个台阶。20世纪60年代主要在卡拉干达钢厂工作,70年代主要在卡拉干达州的国家机关工作,80年主

---

① [哈]奥莉加·维多娃:《中亚铁腕——纳扎尔巴耶夫》(中译本),韩雪译,新华出版社2002年版,第28页。

要在哈萨克加盟共和国机关工作，90 年代开始担任总统。如果没有苏联解体，纳扎尔巴耶夫有可能成为苏联的部长会议主席（即政府总理）。懂得感恩、爱岗敬业、脚踏实地等优秀品质在纳扎尔巴耶夫身上都得到体现。从山民之子成长为国家总统，他靠的不是家庭背景和运气，而是用行动、汗水和意志一步一个脚印地聚沙成塔、积水成渊。

纳扎尔巴耶夫在卡拉干达钢厂几乎干过所有工种，对冶金行业可谓异常熟悉。这期间，他始终坚持在钢厂下属的技术学院学习进修，获得冶金工程专业学历。他积极参加钢厂的共青团活动，并以优秀代表身份出席全苏共青团代表大会。这期间他加入苏联共产党，成为车间党支部书记。1962年，纳扎尔巴耶夫与萨拉·库纳卡耶娃结婚，婚后育有三个女儿。

1960 年纳扎尔巴耶夫技校毕业后，从乌克兰回到卡拉干达钢厂，被分配到亚戈维托夫班组（Борис Василиевич Яговитов）。师傅亚戈维托夫只上过四年学，虽然受教育程度不高，但具有丰富的工作经验和高超的炼钢技术。他吃苦耐劳，以身作则，成为纳扎尔巴耶夫步入职场后的第一个学习榜样。纳扎尔巴耶夫在评价自己的师傅时说道："在任何时候我都不会忘记鲍利斯·瓦西里耶维奇·亚戈维托夫……如果有人问我，他是怎样一个人？我认为，他是一个真正的布尔什维克，我永远想念他。他对待生活的态度为我树立了榜样，他对待事业的忠诚激励我加入共产党。他还是我的入党介绍人。我满怀坚定信念入党，坚信这个组织能够给人们带来正义和公正，并代表了同一切谎言和恶势力抗争的力量。"

纳扎尔巴耶夫的求知欲很强。他在钢厂一边上班，一边到钢厂下属的技术学院学习。他是当时唯一一个所有科目全部优秀的学生（没有得过3分）。纳扎尔巴耶夫的事迹被刊登在1962年10月25日的《铁米尔套工人报》上。文章一经发表，纳扎尔巴耶夫立刻成为新闻人物。许多报纸争相刊登他的照片，他成为卡拉干达钢厂年轻人学习的榜样。

1962年，纳扎尔巴耶夫加入苏联共产党（时年22岁）。他这样解释自己的入党动机："我们面前有着许多活生生的榜样，因为共产党员在车间里样样争先，在任何情况下，他们都不会往自己脸上抹灰……实际上，除了增加额外的责任，入党并不会给我带来什么其他好处。"《中亚铁腕——纳扎尔巴耶夫》的作者奥莉加·维多娃对此深信不疑："一个已经确定了志向的工人哪里会想从党那里得到什么好处呢？当时想的只是投身于国家宏大的、沸腾的生活洪流中去。"

纳扎尔巴耶夫非常孝敬父母。领到第一个月工资后，他便将其中一半寄给父母。父亲曾在乡亲面前夸耀自己的儿子当了炼钢厂的炉前工。有一次，父亲来到纳扎尔巴耶夫工作的车间，看到炼钢工人在摄氏2000多度的炼钢炉前干着繁重的体力活时，不忍心儿子这样辛苦，竟想带他回家。当时，的确有一些人受不了这份苦而离开。但是纳扎尔巴耶夫却毫不动摇地留下来，并且为自己是一名炼钢工人而感到自豪。

纳扎尔巴耶夫不畏艰苦、努力工作的精神得到领导的重视和同事的好评。他被选为哈萨克共青团第十次代表大会的代表，后来又被选为苏联共青团第十四次和第十五次代表大会的代表。1962年作为苏联代表团成员出席在芬兰举行的第三届世界青年联欢节。这是他第一次出国，当时只有22岁。一些参会的西方代表团成员质疑纳扎尔巴耶夫是通过关系才获得这次代表资格，纳扎尔巴耶夫当场举起长满老茧且伤痕累累的双手，表明他是真正来自基层的工人，令在场的所有人非常感动，成为联欢节的明星，并与苏联著名航天员加加林合影留念。在1967年庆祝十月革命胜利50周年大会上，纳扎尔巴耶夫被授予苏联共青团荣誉勋章，照片登在《共青团真理报》上，报纸还同时发表了他在授勋大会上的发言。大家对他的评价非常一致："纳扎尔巴耶夫是个干事的人。"

当时的苏联炼钢工人待遇不错，加上已经与萨拉成婚，纳扎尔巴耶夫在铁米尔套钢厂的那段生活顺风顺水，爱岗敬业的纳扎尔巴耶夫当时并未想过更换职业，更没有从政当领导的想法。他说："从未想过把自己今后的命运与政治舞台联系起来。要我改变炼钢的职业，说什么也不会干的。"

一个20多岁的年轻人获得多项荣誉，这引起上级领导的注意。时任铁米尔套市委第一书记卡特科夫（Лазарь Михайлович Катков）看中了这个聪明肯干、组织协调能力超强的小伙子，认为他是可塑之才，决定提拔他出任铁米尔套市共青团第一书记。但是，纳扎尔巴耶夫以"没有心理准备"和"铁米尔套需要更多钢铁而不是共青团干部"为由拒绝了这项职务调动，令卡特科夫始料未及。铁米尔套市委对这个年轻人不服从组织调动、辜负"党的信任"的行为非常震怒，不顾纳扎尔巴耶夫的申诉而给予他党内警告处分。后来在苏联共青团中央干预下才撤销这次处分决定。

经历这个小"挫折"后，上级领导更加赏识纳扎尔巴耶夫淡泊名利、心无旁骛的品格。不久，铁米尔套市委提议纳扎尔巴耶夫出任铁米尔套市委重工业处处长，分管钢铁冶金联合企业的工作。由于与自己的本职工作密切相关且熟悉企业情况，在与钢厂同事商议后，纳扎尔巴耶夫同意调动，从此结束了9年的炼钢车间工作，踏入机关政治生活。

1969年1月1日的《卡拉干达工业报》刊登一篇记者采访文章，这样描述纳扎尔巴耶夫："他作为一级炉前工参加了苏联共青团第十四次和第十五次代表大会，被选为苏联共青团中央候补委员。这就是那个从切莫尔甘村来的小伙子，今天的努尔苏丹·纳扎尔巴耶夫。……10年前他来到这里时，城市和钢厂都刚刚开始建设，他亲手参加了工厂的建设，炼出了钢铁。"

纳扎尔巴耶夫接受中国新华网独家访谈时曾表示[①]："我

[①] 纳扎尔巴耶夫2014年5月20日接受中国新华网独家访谈，与中国网民在线交流实录：《纳扎尔巴耶夫：我们目光始终关注于伟大邻邦中国》，http://www.xinhuanet.com/world/2014-05/20/c_126523685.htm。

曾经在工人集体里工作，所以在做决定的时候我经常会想，这些决定会对普通人有什么影响。我认为所有人都应该树立自己的目标，搞一行就必须精一行。我从来没有想过会成为总统，我以前的理想是成为一名出色的炼钢工人。生活会改变，计划也会改变，不过，我认为自己的确是一名出色的炼钢工人。正因如此，上级领导才让我担任了团的工作、党的工作。在这些岗位上，我始终努力把一切做好。所以，年轻人要完善自己，热爱所从事的职业，这对每一个人来讲都非常重要。即使遇到坎坷也不应该放弃，任何一扇门都不会对你们关闭，必须自己努力去开启。每个人都应该树立远大的理想，为自己的国家、为自己的人民多做事情，这会帮助他获得成功。"

第三节　政府工作

20世纪70年代是纳扎尔巴耶夫仕途上升的关键期。在钢厂工作9年后，纳扎尔巴耶夫1969年离开钢厂，开始在政府任职，担任铁米尔套（相当于中国的县级市）市委重工业处处长，不久转任市共青团第一书记，1971年担任铁米尔套市委第二书记，1973年出任卡拉干达钢厂党委书记，1977年任哈萨克加盟共和国卡拉干达州党委委员，不久成为州党委第二书记，1979年任哈萨克加盟共和国共产党中央委员会书记。

在担任铁米尔套市委重工业处处长期间，恰逢苏联重点建设项目——卡拉干达钢厂扩大产能建设的关键期，纳扎尔巴耶夫兼任建设指挥部主任。每天都要处理大量工作，这练就了他应对复杂局面的能力，也让他有机会接触前来视察的地方和中央领导。

1973年秋，纳扎尔巴耶夫就任卡拉干达钢厂的党委书记。卡拉干达钢厂是拥有3万多员工和3000多名苏共党员的特大型冶金联合企业，由莫斯科直接管理，党委书记由苏共中央书记处任命。由于管理出色，苏共中央曾派出一个50多人的工作组来企业蹲点考察，发布了一份《关于卡拉干达冶金联合企业党的工作的决议》，将卡拉干达钢厂的经验向全国推广。

纳扎尔巴耶夫的表现也给时任哈萨克加盟共和国共产党第一书记库纳耶夫和苏共中央书记处书记（包括苏斯洛夫、多尔基赫等）留下深刻印象，他们对这位有胆有识的30多岁的年轻人愈加看重，选送他到中央党校学习。党校培训是苏联规定的党内晋升的必要条件之一。1977年春（党校毕业后大约一年），纳扎尔巴耶夫升任卡拉干达州州委书记。两年后的1979年（时年40岁），又从卡拉干达州州委第二书记升任哈萨克加盟共和国共产党中央委员会委员和书记处书记（相当于从厅局级升到副省级），负责主抓共和国的经济工作。根据当时苏联的组织任命规定，担任该职务需要得到苏共中央的批准，中央领导也会与其谈话。纳扎尔巴耶夫来到莫斯科，与他谈话的是主管意识形态工作的苏共中央书记处书记苏斯洛夫（Михайл Андреевич Суслов）。两人早就熟悉，纳扎尔巴耶夫在担任卡拉干达钢厂党委书记时曾向他汇报过工作。苏斯洛夫高兴地说："这不，我们把你培养出来了。"话虽简短，却满怀期望。

1984年，44岁的纳扎尔巴耶夫出任哈萨克加盟共和国部长会议主席（相当于中国的省长）。20世纪80年代中期，苏联经济几乎处于停滞状态，社会风气差，贪污、行贿、浮夸盛行。哈萨克加盟共和国也不例外。纳扎尔巴耶夫对此深恶痛绝，因此与时任哈萨克加盟共和国党委第一书记库纳耶夫产生矛盾。矛盾主要集中在两个问题上：一是库纳耶夫的弟弟、时任哈萨克科学院院长的腐败问题；二是农业领域统计数据虚报问题。库纳耶夫对这些问题无动于衷，甚至要求纳扎尔巴耶夫不要声张。在1986年2月召开的哈萨克加盟共和国共产党第十六次代表大会上，纳扎尔巴耶夫公开揭露共和国各方面存在的问题，还点了库纳耶夫弟弟的名。两人矛盾开始公开化。

此时的苏共中央总书记是戈尔巴乔夫。他积极起用一批年富力强、有改革精神的干部，逐步换掉年老体衰、墨守成规、不支持改革的官员。由此，在纳扎尔巴耶夫与库纳耶夫之间，戈尔巴乔夫选择支持纳扎尔巴耶夫，接受了库纳耶夫的退休申请。但与此同时，戈尔巴乔夫却在没有征求哈萨克加盟共和国各界意见的情况下，委派时任乌里扬诺夫斯克州州委第一书记的俄罗斯族人科尔宾接替库纳耶夫出任哈共中央第一书记。1986年12月11日，苏共中央政治局会议同意库纳耶夫辞职，同时通知哈共中央，令其一周后（12月16日）举行哈共中央全会，选举哈共中央第一书记。按照苏联的惯例，全会不过是履行一道手续，名义上是选举，实际是宣布苏共中央的决定。所以会议开得很短，只有18分钟。当时，参会者对苏共中央的决定感到意外，更没料到会引发之后的政治动荡。

第四节 哈萨克加盟共和国共产党中央委员会第一书记

1989年6月，哈共中央第一书记科尔宾离任。苏共中央在广泛听取各方意见后，提议哈共中央全会选举纳扎尔巴耶夫为哈共中央第一书记（相当于中国的省委书记）。根据纳扎尔巴耶夫的建议，此次选举采用无记名投票方式进行，而不是通常采用的公开表决方式，以便更能反映代表们的真实想法。1989年6月22日，纳扎尔巴耶夫毫无争议地当选为哈共中央第一书记，从此开始领导哈萨克斯坦近30年。

根据苏联的政治改革方案，纳扎尔巴耶夫于1990年2月成为哈萨克加盟共和国最高苏维埃主席（大体相当于中国的省人大常委会主任），4月被人民代表大会选举为哈萨克加盟共和国总统。在当年7月的苏共第二十八次全国代表大会上，纳扎尔巴耶夫当选苏共中央政治局委员。

托卡耶夫（哈萨克斯坦现任总统）在其回忆录《光与影》中写道："20世纪80年代末，在老布什率领下，美国与哈萨克斯坦领导人开始有了工作接触。经过对各地区领导人的仔细观察，发现纳扎尔巴耶夫非常特殊，积极活跃，与当时僵化保守的苏联高层领导人有明显不同，认为纳扎尔巴耶夫是苏联最高决策层中最具潜力和前途的人物之一。"

1990年10月25日，在观察苏联其他加盟共和国的动向后，哈萨克加盟共和国发布《主权宣言》，像其他加盟共和国一样，宣布"哈萨克苏维埃社会主义共和国在本共和国境内拥有至高无上的、独立的和全部的权力"。在苏联各加盟共和国中，哈萨克加盟共和国最后一个发布主权宣言，由此可见，纳扎尔巴耶夫并不希望苏联解体，认为保留苏联对各加盟共和国都有利。

1991年3月，苏联在各加盟共和国就"是否赞成保留苏联"问题进行民调，哈萨克加盟共和国约80%的公民参加，其中94%的人拥护保留苏联。这次民调结果与纳扎尔巴耶夫的想法基本一致。纳扎尔巴耶夫一直认为，由于多年形成的政治和经济联系，如果每个加盟共和国都寻求独立，则未来发展都会很困难，保留苏联对各方都有利。在各加盟共和国独立意识不断高涨的新形势下，纳扎尔巴耶夫主张通过签署新的联盟条约方式保留苏联的存在，即建立"主权共和国的联盟"，各共和国在拥有主权的前提下以新的国家联盟形式保留苏联。1991年7月，戈尔巴乔夫、叶利钦和纳扎尔巴耶夫曾达成共识，即以新的主权国家联盟取代当前的苏联，主权国家联盟的总统仍是戈尔巴乔夫，叶利钦任俄罗斯总统，纳扎尔巴耶夫出任部长会议主席。由于纳扎尔巴耶夫支持签署戈尔巴乔夫制定的新联盟协议，戈尔巴乔夫也有意让纳扎尔巴耶夫担任苏联部长会议主席（相当于政府总理）。

1991年"8·19事件"后，苏联各加盟共和国独立进程加速。1991年12月8日，俄罗斯、乌克兰、白俄罗斯三国领导人签署《别洛韦日协议》，戈尔巴乔夫和纳扎尔巴耶夫组建"新苏联"的努力彻底落空。12月10日，哈萨克苏维埃社会主义共和国改名为"哈萨克斯坦共和国"（简称"哈萨克斯坦"），同年12月16日宣布国家独立。这也是苏联最后一个宣布独立的加盟共和国。

此前，叶利钦曾邀请纳扎尔巴耶夫出席别洛韦日会议，被纳扎尔巴耶夫拒绝。针对《别洛韦日协议》，有的中亚国家提议中亚五国开会商讨建立"中亚国家联盟"，纳扎尔巴耶夫也没有采纳。1991年12月21日，纳扎尔巴耶夫召集所有苏联加盟共和国领导人在阿拉木图开会（波罗的海三国和格鲁吉亚领导人未出席），商讨苏联前途问题。阿拉木图会议决定以建立"独立国家联合体"的形式正式宣告苏联解体。12月25日,戈尔巴乔夫宣布辞去苏联总统职务。次日(26日),苏联最高苏维埃通过决议宣布苏联停止存在。立国69年的苏联正式解体,各加盟共和国正式独立。

第二章 政治改革与发展

苏联解体后，哈萨克斯坦由苏联的加盟共和国成为具有国际法主体地位的独立国家。在建设主权国家的过程中，哈萨克斯坦的政治体制经历了多次调整重构。作为新独立国家的首任总统，纳扎尔巴耶夫在此进程中既是政治制度的缔造者，也是执行者。其治国理念与政治思想体现了一个负责任的领导人对国家政治发展的积极探索精神，为构建符合哈萨克斯坦国情的政治制度和体制指明了方向。

2019年3月，首任总统纳扎尔巴耶夫宣布辞去总统职位，意味着"纳扎尔巴耶夫时代"的结束和"后纳扎尔巴耶夫时代"的开始。在首任总统纳扎尔巴耶夫领导下，哈萨克斯坦完成了国家由独立到转型的政治进程。作为一个独立国家，哈萨克斯坦已经建立了适合本国国情的政治制度框架，并通过一系列制度化安排，对现有权力结构和体系进行优化调整，使其运行更加稳定和高效。在"后纳扎尔巴耶夫时代"，为适应不断发展的社会政治现实，政治改革还将继续。

什么样的政治制度和体制能够确保国家长治久安？这对

于一个新独立国家而言，是重中之重的问题。16世纪法国哲学家米歇尔·蒙田（Michel Eyquemde Montaigne）说过："对任何国家来说，最好的公共设施就是团结起来。"日裔美籍学者弗朗西斯·福山（Francis Fukuyama）在苏联解体时曾断言"自由民主是历史的终结"。但目睹2011年开始的"阿拉伯之春"所带来的后果之后，他在2014年9月出版的新著《政治秩序和政治衰败：从工业革命到民主全球化》中承认[①]：良治社会离不开强大的政府、法治和民主问责三大基石。

历史经验表明，一个国家的民主发展必须与国家治理能力相结合。判断一个国家的民主制度是否合适、政治和社会是否稳定，不仅要看其制度是否健全，更要看这些制度是否有执行力，是否符合国情，能否被普遍接受并有效实施，能否提升国家治理能力而让国家和民众获得实实在在的好处。如果政治和社会民主制度虽赋予人各种权利，但国家治理能力不足，则人的权利和自由也是"无源之水"，无法实现。国际实践证明，一个国家在不具备有效治理能力的情况下就效仿西方进行民主化改革，往往会遭到失败。仓促推行西方民主制度往往会加剧国内混乱局面，错过集中精力建立秩序和发展经济的良机。

从国家治理这个角度去考察，那些饱受西方指责的"领

[①] Francis Fukuyama, *Political Order and Political Decay. From the Industrial Revolution to the Globalization of Democracy*, New York, Farrar, Straus and Giroux, 2014, p. 36.

导人长期执政""威权体制""大总统、小议会"等中亚国家普遍存在的政体特点将获得新的解读。换句话说，这是符合其国情的发展模式，具有现实合理性，决不能简单机械地套用西方民主理论评价。对快速发展和制度改革力度较大的国家来说，稳定总比动荡好。

西方曾批评哈萨克斯坦不够民主，认为总统权力太大，国内反对派长期受到压制。在西方看来，民主最重要的标志之一是国内存在反对派，特别是能与执政当局势均力敌并相互制衡的反对派。各派代表充分表达民意，才能确保公民权利得到有效实现。如果执政当局太强势，反对派力量弱小，就会认为该国没有民主。而这一点，恰恰是哈萨克斯坦最不赞同的地方之一。哈萨克斯坦认为，一个国家要发展，需要听取各方面的声音，需要满足所有国民的需求，需要保障每一位公民的利益，但这一切并不必然需要一个强大的反对派存在才可实现。实践证明，反对派过多更容易造成混乱，让国家整日陷入争吵，反而不能集中精力发展。

2005年10月，时任美国国务卿赖斯访问阿斯塔纳，在欧亚大学演讲时提醒哈领导人注意民主建设，不同意纳扎尔巴耶夫"先经济后政治"的观点。赖斯认为：政治和经济自由应同时起步，二者相辅相成。历史经验和教训告诫世人，真正的稳定和安全只存在于民主国家；美国并不要求伙伴和朋友依照美国的方式行事，美国只希望伙伴国实现稳定和发展，但稳定需要法治，而真正的法制需要民主；民主具有普适性，适用于任何地方；必须给予民众言论和集会自由，这有助于解放民众的创造力，确保国家的稳定、安全和繁荣[①]。

哈萨克斯坦领导人当然不赞同美国的说法。2006年3月，纳扎尔巴耶夫会见时任欧安组织轮值主席国代表、比利时外交大臣德古赫特时，双方曾就民主问题达成四点共识[②]：第一，民主是一项非常复杂和综合的概念；第二，民主社会必须具备五个条件，即市场经济、强大的中产阶级、遵守基本的公民权利、社会稳定、存在非政府组织；第三，选举不是衡量民主社会的唯一标准，没有一个国家的选举制度是无可挑剔的；第四，在民主问题上的冒进做法往往会导致悲惨的结局。

从纳扎尔巴耶夫的著述、讲话和答记者问等材料可知，纳扎尔巴耶夫的政治民主思想主要包括：

第一，建立符合国情的哈萨克斯坦政治模式。纳扎尔巴耶夫明确指出，在整个历史长河中，世界上没有一个完美无缺的政权体系，人类总在不断探索最佳的管理方式。哈萨克斯坦将取长补短，吸收各种模式的有利因素同本国历史传统相结合，走出具有哈萨克斯坦特色的国家与社会发展之路。在独立之初选择国家发展道路的时候，纳扎尔巴耶夫分析当

---

① ［哈］卡西姆若马尔特·托卡耶夫：《光与影》，弓为东译，世界知识出版社2010年版，第11—13页。

② ［哈］卡西姆若马尔特·托卡耶夫：《光与影》，弓为东译，世界知识出版社2010年版，第236页。

时的局势后认为①，尽管当时民众的思想意识十分混乱，但在混沌的迷雾中却有三个远景像灯塔一样闪耀：一是强烈的苏联社会主义思想；二是传统主义思想；三是自由主义思想。就苏联社会主义思想而言，对于经历过苏联经济统计浮夸的人来说，有一点非常明确，就是绝不走回头路；就传统主义思想而言，这种意识形态建立在复活古老社会结构和部族心理基础之上，容易出现部族之争，在政治上也没有出路；就自由主义思想而言，这不是一个放之四海而皆准的意识形态，不能机械地搬到哈萨克斯坦。纳扎尔巴耶夫认为："我们需要在各种方案之间进行选择。正是那个时候进行的形势分析让我明白：不是所有现成的、已被很多国家尝试过的社会发展方案都适合我们。"

纳扎尔巴耶夫始终强调②，哈萨克斯坦是一个欧亚国家，有自己的历史和未来，所以发展模式也不会跟其他国家一样。哈萨克斯坦模式应该利用不同文明的成就，吸收不同社会发展模式的精华。哈萨克斯坦不会偏离民主化发展方向，但民主作为一个发端于西方文化价值观的产物，不能强行植入东方社会的肌体中，需要通过文明的对话和融合才能被接纳。哈萨克斯坦的民主化发展不能盲目遵从西方民主发展道路，而是要将西方民主价值观与哈萨克斯坦的文化与政治传

---

① Нурсултан Назарбаев. Казахстанский путь. Караганда. 2006 г. С. 22 – 24.

② Нурсултан Назарбаев. Демократию нельзя объявить, ее можно лишь выстрадать//Женев дипломатик мэгэзин (Швейцария); Казахстанская правда. 1 февраля 2003.

统相结合，走出具有本国特色的发展道路。简单克隆政治模式的道路具有明显的缺陷。西方世界制定的民主原则与哈萨克人的传统价值观并无任何冲突。由于国家的历史特性，民主的普遍原则若想真正在哈萨克斯坦土地上发芽还需要时间。只有当欧洲民主思想与哈萨克斯坦人民的民族历史文化融为一体，并以特殊的民族形式表现出来的时候，才能说民主在哈萨克斯坦赢得了胜利。

第二，坚持总统制政体。建立以总统为核心的"强力的总统、权威的议会、负责的政府"国家权力架构。总统既是国家元首，也是行政首脑，行政机关（政府）从属于总统而非议会。总统由公民定期直接选举产生，独立于议会之外，只向选民负责，不对议会负责。纳扎尔巴耶夫认为，政治稳定和社会团结是确保哈萨克斯坦实现国家战略的前提条件。在行政体制实现民主化的同时，国家不会削弱以总统为核心的垂直权力体系；在建设市场经济的同时，国家也要明确保留调节功能。

2007年4月9日，在回答哈萨克斯坦各电视频道节目主持人提问时，纳扎尔巴耶夫以乌克兰和吉尔吉斯斯坦为例，认为议会制不符合哈萨克斯坦国情。他指出[①]："乌克兰现在怎么样了？乌克兰现任总统维克托·尤先科两年前在一次集会上曾谈到大规模宪法改革，说全部权力将赋予议会，由议

---

① Интервью Главы государства Н. А. Назарбаева ведущим авторских программ казахстанских телеканалов. Астана. 9 апреля 2007 года. https://online.zakon.kz/Document/.

会组建政府等。现在这一切已全部实现，议会已经拥有自己的权力，而总统像英国女王一样履行礼仪性职能。但这一切却导致国家动荡。这位全民选举产生的总统无法保障国家的稳定，于是他现在要求收回总统权力。类似的事情在吉尔吉斯斯坦也曾发生。我们也要这样吗？正如戴高乐将军所说，政党的权力导致法国崩溃。第二次世界大战期间，法国虽然拥有欧洲最强大的军队，却因议员们整整一个月未能达成一致意见而不得不向德国投降，但当时却没有人为此承担责任。我和你们在1995年以前也经历过这样的时期，那时有360位议员，可以说有360位总统。"

第三，民主建设要循序渐进，要"先经济后政治"。纳扎尔巴耶夫毫不隐讳地表示推崇新加坡总统李光耀的治国理念和模式，即经济发展高于一切，纪律和秩序比民主更重要，民主应逐步发展。纳扎尔巴耶夫认为[1]：在国家独立和建设的初期，充满活力的经济改革要优先于政治改革，而不应像苏联那样把政治放在人民的福利和安宁之上。民主化进程要为社会各阶层所接受，要坚持本国传统并循序渐进地进行。在国情咨文《哈萨克斯坦走在经济、社会与政治加速现代化的路上》中，纳扎尔巴耶夫指出[2]："多年来，哈萨克斯坦一直在朝着民主化的方向前进，国家的现实是先经济后政

---

[1] Н. А. Назарбаев. Казахстанский путь. Караганда. 2006 г. Глава I. Стратегияназависимости, "Стратегия Казахстан – 2030".

[2] Послание Президента Н. А. Назарбаева народу. Казахстан на пути ускоренной экономической, социальной и политической модернизации. 18 февраля 2005 г.

治。这是值得的,渐进式并没有让我们失望。"

纳扎尔巴耶夫认为,民主不是口号,需要实实在在惠及民众的成果。民主化进程要为社会各阶层所接受,要循序渐进地进行。他在 2003 年发表文章《民主不能宣布,民主只能争取》中指出[①]:民主是目标,而不是道路的起点;民主需要感知而接纳,不能用法令去强迫接受。在 2005 年国情咨文《哈萨克斯坦走在经济、社会与政治加速现代化的路上》中,纳扎尔巴耶夫指出[②]:"其他国家的经验显示,民主是一个广泛的过程,所有社会阶层都必须学习。几百年来,许多国家都有自由主义的传统,但都没有达到完美。我们从零开始,我们必须记住,民主是人类思想和行为的文化。我认为这些想法值得尊重。我们必须坚持东方的智慧、渐进和谨慎的传统。"

第一节 宪法的产生与改革

作为国家的根本法,宪法及其相关法律是确保国家政治稳定的决定性因素,也是促进公民和平以及社会和民族和谐

[①] Нурсултан Назарбаев. Демократию нельзя объявить, ее можно лишь выстрадать//Женев дипломатик мэгэзин (Швейцария); Казахстанская правда. 1 февраля 2003.

[②] Послание Президента Н. А. Назарбаева народу. Казахстан на пути ускоренной экономической, социальной и политической модернизации. 18 февраля 2005 г.

的保障。从实践看，每次宪法改革都会引起国内各利益集团和政治势力的力量结构调整，尤其是总统、议会和政府三者间的权力分割、中央与地方的权力划分、总统和议会的任期以及总统、议会、地方代表机构和自治机构的选举产生办法等。

对哈萨克斯坦来说，今天的宪法来之不易，在国家独立后经过尖锐政治斗争才得以确立。围绕国家基本制度的争斗虽未引发战争和内乱，却也多次造成政局紧张。宪法改革的核心问题是总统制，总统由此成为各派力量的焦点。纳扎尔巴耶夫的压力可想而知！哈萨克斯坦首任总统图书馆至今保留着当年纳扎尔巴耶夫在宪法草案文本上密密麻麻的修改字迹。宪法的每一项条款和每一个字都由他亲自敲定。

哈萨克斯坦以宪法为根本的政治体制经历了从无到有的创建进程。哈萨克斯坦独立以来，不断完善宪法的法律体制框架，不断丰富其内涵，使独立的哈萨克斯坦走上法制化道路。宪制思想是纳扎尔巴耶夫重要的治国理念和政治思想。

一 1993年首部《宪法》

1991年"8·19事件"后，苏联共产党宣布解散，苏联解体已不可避免。当年12月8日，俄罗斯、乌克兰、白俄罗斯三国签订《别洛韦日协议》，实际上标志"苏联作为国际法主体和地缘政治实体已终止存在"（法律上的标志是1991年12月26日苏联最高苏维埃会议宣布苏联解体）。在此背景下，哈萨克斯坦于 1991 年 12 月 16 日通过《国家独立法》，正式宣布并在法律上确立了哈萨克斯坦的国家独立，"作为一个拥有完整、不可分割和神圣领土的主权国家，按照国际法与所有国家建立关系。它授予最高苏维埃代表人民的最高权力，还授予总统国家元首的权力"[①]。

国家独立后，哈萨克斯坦便着手制定基本法。首部《宪法》的首要任务是巩固国家的独立、建立开放和民主的社会。纳扎尔巴耶夫指出[②]："宪法建设的初期，我们面临的挑战极其复杂多样。首先，必须加强新独立国家的地位，加强整个国家的权力和治理体系；其次，从根本上解决经济改革的紧迫问题，摆脱最严重的危机；再次，制定外交政策；复次，确保国内政治稳定；最后，需要解决一大批与文明世界的公民权利和公民自由普遍相关的民主体制发展问题。"纳扎尔巴耶夫认为，哈萨克斯坦的基本法应该是"吸收前人的经验与自信，并一步步走向美好未来"。

当时争论比较激烈的问题有五个：一是关于双重国籍；二是俄语地位；三是关于土地制度（是否允许私有）；四是立法机关的结构（一院制还是两院制）；五是国家结构形式（单一制还是联邦制）。经过近一年时间的讨论和酝酿，哈萨克斯坦第十二届最高苏维埃（沿用苏联时期的名称）第九次会议于 1993 年 1 月 28 日以 309 票赞成（共有 312 名人民代

[①] Нурсултан Назарбаев. Казахстанский путь. Караганда. 2006 г. С. 53.
[②] Нурсултан Назарбаев. Казахстанский путь. Караганда. 2006 г. С. 50.

表参加投票）高票通过独立后的第一部《宪法》。

总体上，1993年《宪法》具有三个特征：一是保留了苏联后期的诸多改革成果，如尊重公民权利和自由、公民享有言论、迁徙和集会游行示威权利、坚持人民主权、三权分立、多党制、只有最高苏维埃和总统才有权以人民名义发表讲话、意识形态多元化、保护多种所有制等；二是突出哈萨克族的主体性，规定哈萨克语为国语、哈萨克斯坦是自决的哈萨克族的国家等；三是赋予最高苏维埃（立法机构）最高权力机关地位。

哈萨克斯坦独立初期的主要任务是巩固国家独立与转型，确立国家基本制度，摆脱苏联解体给国家造成的政治与经济危机。1993年《宪法》以法律的形式确立了哈萨克斯坦的独立与主权国家地位，开启了哈萨克斯坦现代制宪之路。虽然很多条款都具有政治体制转型的过渡性特征，但却是哈萨克斯坦从苏维埃政治体制向新独立国家政治体制转型过程中的一次体制与制度构建的尝试与探索。这部《宪法》遵循人民主权、国家独立、三权分立的原则，将国家权力划分为立法、行政和司法三部分。这是哈萨克斯坦人民在自主发展道路上的历史性大事件。从这个意义上讲，1993年《宪法》完成了自己的使命。

可以说，1993年《宪法》是两种社会势力相互妥协的产物，即反对社会经济和政治改革的社会势力与认为改革具有必要性和不可避免性的社会势力。该《宪法》赋予最高苏维埃在国家权力体制中发挥立法与决策的职能，既是立法机构，也是国家最高权力机关。尽管其规模小于苏联时期的哈萨克加盟共和国最高苏维埃，但保留了很多苏维埃体制的特征。作为分权制衡的重要环节，其苏维埃的执行方式以及在国家政治生活中的决定性地位，决定了其在立法和政策制定方面的巨大影响力，导致总统和最高苏维埃之间的矛盾越积越深，在涉及国家改革方向和措施等大政方针问题上产生严重分歧。最高苏维埃批评总统领导的行政体系施政不力，不能有效改善经济社会形势，造成民众生活水平严重下降。总统则抱怨最高苏维埃决策机制低效，所有事情都要经过苏维埃代表讨论，无法适应迅速变化的国情。

纳扎尔巴耶夫指出[1]，在最高苏维埃，大多数人并没有准备好进行坦率的对话和讨论替代方案。他们的主要任务是在新的宪法权力中保留最高苏维埃的领导地位。因此，"最高苏维埃保留了很多决定性权力，而当时的总统权力却仍在形成阶段。在这样的形势下，为防止社会和国家的分裂，只能采取妥协的办法，以维护新独立国家的和平与稳定。最终，维护国内政治稳定的需要压倒了解决国家改革进程中最基本和最关键问题的需要"。在纳扎尔巴耶夫看来，最高苏维埃的解散不可避免。因为大规模的经济改革需要解决苏联制度所造成的问题，但许多最高苏维埃代表既是立法机构的

---

[1] Нурсултан Назарбаев. Казахстанский путь. Караганда. 2006 г. С. 55.

代表，又是行政部门的代表，经常利用最高苏维埃作为阻止改革的工具，扰乱行政部门的工作。

1993年《宪法》颁布后，一些地方苏维埃开始自行解散。最早作出决定的是阿拉木图市阿拉套区苏维埃，于1993年11月16日发表《致最高苏维埃和地方苏维埃人民代表的公开信》①，认为"苏维埃在很大程度上依然是旧制度和旧意识形态的同义语。规范人民代表工作的法律已经过时，形成很多条条框框，人民代表的工作热情也逐渐下降，这些问题都使得苏维埃离现实生活越来越远，越来越不能代表民意。但这不是人民代表的错，而是苏维埃权力过大、完全脱离现实所致"。此后，很多地方苏维埃陆续跟进并向全国蔓延。在此情况下，最高苏维埃于1993年12月8—13日召开会议，决定提前终止苏维埃职能，在停止工作期间，国家元首有权以"总统令"方式代行最高苏维埃职能，总统令与法律具有同等效力。从苏联时代延续下来的最高苏维埃自行解散，使哈萨克斯坦在独立初期得以和平解决行政机关与立法机关之间的冲突，总统制得到巩固。第十二届（哈独立后的第一届）最高苏维埃解散后，经过3个月的筹备，新一届最高苏维埃选举于1994年3月7日举行。

---

① Нурсултан Назарбаев. Казахстанский путь. Караганда. 2006 г. Глава II. Конституция 1995 года.

二 1995年《宪法》

早在1992年5月发表的文章《哈萨克斯坦作为主权国家的形成与发展战略》中，纳扎尔巴耶夫便提出要建立总统制的主权国家。但1993年《宪法》却规定国家最高权力机关是最高苏维埃，并没有明确确认总统制。独立初期最高苏维埃与总统之间的权力之争迫使纳扎尔巴耶夫产生制定新宪法的想法。在1995年6月30日第二届哈萨克斯坦人民大会会议上，纳扎尔巴耶夫正式提出宪法改革的动议，明确指出1993年《宪法》具有一定的局限性，未能回答迫切需要的公共发展问题。宪法层面没有明确界定各国家机关的职权范围，造成各部门之间不必要的紧张关系。这种不确定性阻碍了系统性的社会经济和政治法律改革，已成为完善国家体制、经济社会发展和政治改革道路上的法律障碍。"作为一个历史妥协的产物，1993年《宪法》已无法满足整个社会的期待。"[①]

为制定新宪法草案，纳扎尔巴耶夫于1995年5月组建了宪法草案专家咨询小组，由时任最高苏维埃副主席的费多托夫（З. Федотов）负责，成员有若干顶级的法律专家、律师、法律工作者等。草案主要执笔人是著名法学家沙伊克诺夫（Нагашыбай Шайкенов）。据小组成员苏雷梅诺夫（Майдан

[①] Нурсултан Назарбаев. Казахстанский путь. Караганда. 2006 г. С. 56.

Сулейменов）回忆①："纳扎尔巴耶夫总统亲自监督宪法文本的设计和讨论。他深入研究所有细节，仔细研究每一项条款和每一个字，并作出非常重要的更正和补充。他经常给沙伊克诺夫和小组成员打电话，讨论文本内容。"工作组在开始起草宪法草案之前，研究了其他几十个国家的宪法，吸收借鉴了西方民主国家和亚洲国家的经验。纳扎尔巴耶夫亲自对20多个国家的宪法做了大量参阅笔记。他指出②："工作组成员的任务不是照抄别国宪法，而是在分析他国经验的基础上，起草我们自己的基本法草案，最大限度地符合哈萨克斯坦的需要。因此，我们宪法的所有条款都能体现哈萨克斯坦的特征，体现哈萨克斯坦人自己的'我'，体现符合哈萨克斯坦人心态、传统以及未来特点的风格。"

1995年6—7月，哈萨克斯坦将新宪法草案向全社会公布并进行全民讨论，公民通过个人或地方各级社会组织机构提出了大约3万份建议和意见，使新宪法成为"人民宪法"。举行全民大讨论的意义在于，纳扎尔巴耶夫希望借助此举让全体公民了解、熟悉和接受新宪法，为新宪法的颁布与合法化奠定社会共识基础。1995年8月30日，哈萨克斯坦首次以全民公决的形式通过独立后的第二部《宪法》。公民在关于"是建立自由平等的社会，还是继续停留在过去和未来"

---

① Как зарождалась и изменялась Конституция Казахстана. 30 августа 2019. https：//yandex.com/turbo? text = https%3A%2F%2Fbnews.kz%2Fnews%.

② Нурсултан Назарбаев. Казахстанский путь. Караганда. 2006 г. С. 75.

这两个问题之间作出了自己的选择①。

1995年《宪法》在一定程度上参考了法国《宪法》，在政治领域进一步强化了民主和世俗国家的政治价值理念，宣布"哈萨克斯坦共和国是一个民主、世俗、法制和社会国家，其最高价值是人及其生命、权利和自由"。《宪法》序言写道："我们，哈萨克斯坦人民，由共同的历史命运联系起来，在世代居住的哈萨克斯坦土地上建立起自己的国家和体制，承认自己是热爱和平的公民社会，忠于自由、平等与和睦的理想，希望在国际社会中拥有有尊严的地位，意识到自己对当代和子孙后代所肩负的重大责任，凭借拥有的主权，通过本宪法。"

1995年《宪法》是哈萨克斯坦发展史上一部具有里程碑意义的宪法。与1993年首部《宪法》相比，1995年《宪法》的最大特点之一是废除了最高苏维埃，议会被分为参众两院，还取消了副总统职位，修订了1993年《宪法》对国家权力结构、形式和权限的模糊规定，确立了总统制的国家权力结构形式，解决了总统、议会、政府和司法机关的职能与权力分配问题。尽管后来在1998年、2007年、2011年、2017年和2019年曾五度修宪，但都是在此部《宪法》基础上的局部调整和完善，而不是形成一部新宪法。如果说1993

---

① Конституция – 23：какие изменения претерпел основной закон РК. 30 августа 2018. https：//forbes. kz/life/observation/konstitutsii_ -_ 23_ kakie_ izmeneniya_ preterpel_ osnovnoy_ zakon_ rk/.

年首部《宪法》实现了哈萨克斯坦独立与建国的使命，那么1995年颁布的第二部《宪法》则是保障国家持续稳定发展。它符合哈萨克斯坦的经济、社会和政治发展的现实需要，奠定了总统制政体的法律基础，有利于总统在国家和社会发展进程中发挥决定性作用，是构建哈萨克斯坦政治体制以及维护政治稳定与社会发展的奠基石。因此，通过该部《宪法》的8月30日也被确定为哈萨克斯坦的"宪法日"，每年都举行盛大的庆祝和纪念活动。

纳扎尔巴耶夫认为，1995年《宪法》选择总统制政体并非偶然，符合哈萨克斯坦国情。新独立国家需要建立新的机构、推进各领域改革、维护国内和边界稳定，这些都需要大量的财政资源和果断的行动。总统权力可以使整个国家集中力量解决紧迫问题，而不是把精力消耗在说服和妥协中。他指出[1]："这种治理方式在哈萨克斯坦是最理想的，它为成功改革社会政治和经济制度创造了所有的有利条件。不过，哈萨克斯坦总统的权力是有限的，会受到制衡制度的约束，不允许滥用权力。……当拥有广泛社会基础的大型政治联盟数量不足，或者政治联盟尚不成熟的时候，不可能建立议会制共和国。发达民主国家的经验也证明了这种模式在哈萨克斯坦不可接受。议会制的特点是会经常发生诸如政治危机、立法机构重组和政府更迭等现象。对于一个诞生在最严重经济

---

[1] Нурсултан Назарбаев. Казахстанский путь. Караганда. 2006 г. С. 78.

危机中的年轻国家而言，这将不可避免地导致混乱和停滞。对于改革事业而言，没有什么比国家稳定更重要。"

三 "强力的总统、权威的议会、负责的政府"

以总统为核心的政体对总统的执政能力要求较高。为保障整个国家机器的正常运转，总统需要拥有调动和整合社会政治资源、协调精英集团内部各种关系、引导社会发展等多方面能力。一旦总统制政体出现变形或权力核心发生位移，总统的权威地位也将难以为继。为防止出现国家权力体系过度失衡，避免由此造成政治危机或社会动荡，哈萨克斯坦总能根据变化的国内外形势不断改革和完善自身政治体制。

总体上，2005年之前，哈萨克斯坦宪法改革的趋势是增加总统权力，强化总统治理，提高总统相对其他权力机关的比较优势。2005年之后则是逐渐减少总统权力，增加议会和政府的权力，目标是建立"强力的总统、权威的议会、负责的政府"政体。

1995年《宪法》使纳扎尔巴耶夫总统在国家权力体系中的地位得到巩固和加强，为哈萨克斯坦继续进行法治和市场经济改革扫除了前进道路上的障碍。凭借宪法赋予的执政空间、垂直权力体系提供的有利政治资源，以及个人的政治威望和影响力，纳扎尔巴耶夫成为哈萨克斯坦政治稳定和经济发展的稳定器，不仅领导哈萨克斯坦成功克服了经济危机，还遏制了"颜色革命"在哈萨克斯坦的蔓延。

1995年《宪法》颁布后，哈萨克斯坦进入平稳发展期，于1997年发布"2030战略"，但随后暴发了1998年亚洲金融危机和俄罗斯金融危机。为保持国家发展战略的稳定性与政策的连续性，哈萨克斯坦于1998年对宪法进行修改补充，进一步加强总统权力，使其能够带领国家走出危机困境：首先，将总统任期由5年延长至7年，取消总统资格的年龄上限，总统候选人的年龄下限由35岁提高到40周岁；其次，延长议会任期，参议院的任期由5年增至6年，议会下院（马日利斯）由4年增至5年，并增加10个政党比例制产生的席位。同时，为了保证议会和总统选举能够公正地进行，哈萨克斯坦相应修改了《选举法》，以便公民和政党可以更多地参与选举活动。

纳扎尔巴耶夫坚持公正自由的民主选举制度，努力维护民主选举环境。在1998年度的国情咨文中，纳扎尔巴耶夫表示："作为哈萨克斯坦的总统，我明确而坚定地说，我们国家的任何选举都将是诚实、公开和透明的……任何民主的核心都是自由公正的选举。选举过程必须诚实且有代表性，鼓励候选人和选民积极参与；必须完善《选举法》，规范候选人的参选资金，以便人民能够更容易地参与政治竞争，适龄选民无论财产或社会地位如何，都能够自由行使参加下院议员竞选的权利；欢迎哈萨克斯坦公民和国际社会的观察员监督选举过程。"①

2003—2005年独联体地区发生"颜色革命"后，总统、政府和议会三者关系问题再次提上议事日程，成为后苏联空间的最热点政治话题。哈萨克斯坦也着手完善总统制政体。考虑到哈萨克斯坦未来的总统候选人将不会拥有纳扎尔巴耶夫这样的威望和影响力，因此，培育和提升具有广泛代表性的立法机关与政党在国家权力中的作用，使国家的权力结构更加平衡，成为哈萨克斯坦政治体制改革的重要内容之一。通过调整国家机关的职能和职权分配，哈萨克斯坦努力避免权力体系失衡，并为"后纳扎尔巴耶夫"时代的政权平稳过渡做好法律和制度准备。

2005年年初，纳扎尔巴耶夫为发起新一轮政治改革而号召全民大讨论。在总结社会各界意见反馈时，纳扎尔巴耶夫表示："这些意见和建议不是模仿别人的经验或抽象理论，而是考虑到我们的社会需要并顾及哈萨克斯坦的现实。我们正在建立自己的政治改革模式，即符合自身特点的哈萨克斯坦模式。哈萨克斯坦道路的特点是保持总统制政体、分阶段渐进改革、保持决策平衡、开展国家对话、巩固基本的政治力量。……这里汇集了各政党、公众团体、专家、公民的意见，提出进一步政治改革的具体建议。政治变革的主要目标是建立一种现代化的民主权力形式，既可以提供最有效的社

---

① Послание Президента Республики Казахстан Н. А. Назарбаева народу Казахстана. Сентябрь 1998 г.

会和国家治理制度，同时又能保持国家政治稳定，确保所有公民的宪法权利和自由。强大的国家权力与民主这二者并不对立。"①

2007年5月，在广泛吸纳社会意见基础上，纳扎尔巴耶夫提出新一轮政治改革建议，并提交《宪法修正案》②。法案于当年5月21日通过，将总统任期由7年缩短为5年；取消首任总统纳扎尔巴耶夫的连任限制（但此项条款仅适用于首任总统纳扎尔巴耶夫一人，其继任者不再适用）；增加议会两院议席数量（议会下院由77人增至107人，其中98人按政党比例代表制选举产生，另有9人由哈萨克斯坦人民大会推选。议会上院由39人增至47人，其中15人由总统提名推荐）；议会下院实行政党比例制选举；简化议会对政府和内阁成员的不信任案程序；获得7%得票率的政党有权进入议会下院；议会中议席过半的政党或政党联盟拥有政府总理提名权，总统在任命政府总理时要获得议会和执政党的同意。

《宪法修正案》通过后，在当年8月进行的新一届（独立后第四届）议会下院选举中，只有祖国之光党跨过7%门槛（得票率88.41%），独得按照政党比例制选举产生的98个议席，其余6个参选政党全部落选（社会民主党、光明道路民主党、农民社会民主党、共产主义人民党、爱国者党、

---

① Послание Президента страны народу Казахстана 2007 г.
② Владислав Воробьев. Нурсултан Назарбаев изменит конституцию в пользу парламента. 17.05.2007. https://rg.ru/2007/05/17/nazarbaev.html.

精神复兴党)。这样的选举结果让议会下院的合法性在一定程度上遭到外界质疑,不仅损害哈萨克斯坦的开明和民主形象,也给国家发展带来诸多不利影响(如很难听到不同意见、社会政治生活容易出现僵化等)。为了让更多政党有机会进入议会,形成多党竞争的格局,哈议会于2009年2月9日通过《选举法修正案》,规定如果议会选举中只有一个政党得票率超过7%,那么得票率第二的政党无论其得票率多少,也必须进入议会。议会席位按照两个政党的得票数量重新分配,并保证得票率第二的政党席位不少于两席。

2010年开始,关于宪法改革的呼声再次高涨。其背景:一是纳扎尔巴耶夫已经连续担任三届总统(独立后已执政近20年),年龄已达70岁,国内一直盛传他可能在选定接班人后退休;二是2008年国际金融危机后,各国政治改革的压力加大,都希望建立良好的权力架构,确保独立后第一代领导人退休后,新一代领导团队能够稳定和顺利实施国家治理,避免出现权力争斗。为此,要求宪法改革的重点:一是完善政权交接制度,尤其是总统在任期内不能履职的特殊情况下的政治安排;二是进一步将总统权力向议会和政府转移,形成更加均衡稳定的权力运行机制,为未来政治运行做好制度性安排。

纳扎尔巴耶夫相信"宪法的稳定就是社会的稳定,不计后果的变化将使国家陷入混乱"。他要求所有的改革计划都通过与整个社会的对话等方式来实现。"这个工作应该引起所有哈萨克斯坦公民、舆论领袖和政治精英的关注，也不排除邀请外国专家进行合作。如果反对派的意见是为了国家和人民的利益，也要尊重他们的意见。"2017 年 1 月 25 日，纳扎尔巴耶夫发表电视讲话[1]，宣布就修改宪法问题开展全国辩论，并专门成立工作小组，收集整理各界建议。纳扎尔巴耶夫希望将宪法赋予总统的部分权力让渡给议会和政府，以提高立法和行政机关的工作效率和监督职能。当年 3 月，哈议会上下两院联席会议通过《宪法修正案》，对 23 项宪法条款进行补充和修改，将大约 40 项总统权力移交给政府和议会。改革后，政府不仅向总统，还要向议会负责，政府集中精力发展经济社会事务，总统掌握全局并负责外交和国家安全，在议会和政府间扮演终极裁判的角色。

纳扎尔巴耶夫指出[2]："改革是将总统的权力分散到其他权力机关。其他国家的宪法改革是加强总统权力，而哈萨克斯坦则是分散总统权力。我们与他们不同，因为哈萨克斯坦以前的总统治理体系经过 25 年实践已经完成了其使命。"他解释道[3]："在哈萨克斯坦的建国阶段，需要克服巨大困难时，我们需要一个强有力的总统。强总统制的合理性已经得到证

---

[1] Обращение Президента Республики Казахстан по вопросам перераспределения полномочий между ветвями власти. 25 января 2017. https：//www. akorda. kz/ru/speeches/internal_ political_ affairs/in_ speeches_ and_ addresses/.

[2] Назарбаев о конституционной реформе: казахстанцы указали на недочёты в системе власти. Kazday. 01. 03. 2017. https：//kazday. kz/2017/03/01/nazarbaev-o-konstitucionnoy-reforme-kazakhstancy-ukazali-na-nedochetakh-v-sisteme-vlasti/.

[3] Полуотречение Нурсултана Назарбаева: игра в царя и плохих бояр или транзит власти? 27. 01. 2017. http：//nomad. su/? a = 3-201701270027.

实。我们所有的成就都在这个体系中实现。我们建立了新的国家、新的经济、新的社会。但当今世界正在发生变化，哈萨克斯坦社会发展进程的速度和复杂性也在增加。我有意识地将总统的部分权力转移出去，这样做的唯一目的是建立一个更有效、更可持续、更现代化的国家治理系统。世界上没有万能的国家管理模式，大家都在探索。我们从来不复制他国的国家体制模式，尽管有时在某些方面也借鉴国际经验，但我们总是努力探索自己独特的解决方案。我们提出的改革首先基于哈萨克斯坦自身的经验和需求。"

2017年的宪法改革旨在促进社会民主化进程，加强议会权威，巩固政府的独立性和责任，改善执法和司法机构工作，完善宪法监督机制。改革的目的不是取消或削弱总统制，而是在总统、议会和政府之间形成权力制衡，建立有效、稳定和现代化的国家管理体制，提高三者工作效率，构建更加民主的社会。这次宪法改革可谓哈萨克斯坦政治发展的新分水岭，开启了"后纳扎尔巴耶夫时代"的制度安排。

第二节 探索交接班制度

实现政权平稳过渡，确保独立后第一代领导人开创的事业获得继承和发展，这对所有原苏联加盟共和国都是一个严峻且现实的重大课题。苏联解体后，欧亚地区的新独立国家出现多种政权交接模式，如阿塞拜疆的子承父业、普京和梅德韦杰夫的"梅普组合"、格鲁吉亚的"颜色革命"等。哈萨克斯坦根据本国国情，创造了具有自身特色的政权交接模式。2019年3月19日，纳扎尔巴耶夫发表电视讲话，宣布于3月20日辞去总统职务（正常应该到2020年年底届满）。3月20日，议会上下两院一致同意托卡耶夫接任总统。6月9日，哈萨克斯坦举行新一届总统选举，托卡耶夫顺利当选。哈萨克斯坦独立史上完成了首次政权交接。

纵观哈萨克斯坦独立后的政治发展历程可知，纳扎尔巴耶夫提前交出总统权力并非一时性起，而是对政权交接的制度与法律设计早有安排：

第一，"颜色革命"加速纳扎尔巴耶夫考虑政权交接班事宜。2003—2005年，格鲁吉亚、乌克兰和吉尔吉斯斯坦发生"颜色革命"，反对派利用民众不满心理，通过街头暴力，在总统或议会选举之际，以现任总统自独立后长期执政为由，试图借机夺取政权，造成社会动荡。2005年12月，纳扎尔巴耶夫以91.15%的得票率获得连任，打破了原苏联地区"逢选必乱"的"颜色革命"咒语。尽管成功连任，但"颜色革命"也促使纳扎尔巴耶夫开始认真思考接班人问题，着手为未来政权交接进行法律和制度上的准备。

第二，2007年宪法改革促进国家权力结构平衡发展，总统、政府和议会三者权力更加均衡，相互制衡能力增强。宪法修正案将一部分原属总统的权力转交议会和政府，扩大议会和政府的权力与职能范围，赋予议会多数派组阁权，提高了政党和议会在国家政治生活中的地位。宪法修订案虽取消纳扎尔巴耶夫总统的连任限制，但明确规定此条仅限于纳扎尔巴耶夫本人，不适用其他人。这项规定使得"后纳扎尔巴耶夫时代"不会再出现"长期执政"的超级总统，各政治集团也不会再纠结于连任问题。

2011年1月，哈社会各界人士代表组成的修宪动议小组收集了超过500万名选民的签名，要求通过全民公决的方式将纳扎尔巴耶夫的总统任期延长至2020年12月6日。该修订案在议会两院联席会议上获得通过，并赋予总统提前举行总统选举的权力。纳扎尔巴耶夫则建议提前举行总统选举，不同意通过全民公决延长总统任期。此举回避了民众和议会对其"终身总统"地位的动议，也避免了被西方将其与西亚、北非地区的部分领导人进行类比[①]。

第三，2010年纳扎尔巴耶夫获得"民族领袖"称号，解决了历史地位和卸任后的待遇问题。早在2000年，哈议会就通过了宪法性法律《首任总统法》。纳扎尔巴耶夫卸任后的地位不是"前总统"，而是"首任总统"。该法赋予纳扎尔巴

---

① Советник президента Казахстана Ермухамет Ертысбаев заявил, что на предстоящих досрочных выборах Нурсултан Назарбаев наберет 95.9 процента голосов. С таким заявлением он выступил в интервью газете "Литер". http：//forum-history. ru/showthread. php？ t＝2781.

第二章 政治改革与发展

耶夫"首任总统"独特的政治权力。2010年,执政的祖国之光党向议会提议授予纳扎尔巴耶夫"民族领袖"称号,议会随即将宪法性法律《首任总统法》修订为《首任总统——民族领袖法》。

"民族领袖"即国父,通常是对国家政权奠基者和开创者的称谓。除政治待遇外,"民族领袖"的最主要价值是对纳扎尔巴耶夫历史功绩的肯定,说明他不是一个普通的国家领导人和政治家,而是一个带领国民开创一代伟业的领袖。在历经近两个世纪生活在沙俄和苏联体制内之后,纳扎尔巴耶夫带领人民建立了独立的主权国家"哈萨克斯坦"。这份功绩无人可以替代。正如哈尔穆拉托夫议员(Р. Халмурадов)所说[①]:"世界因伟人而了解某民族,而哈萨克斯坦则因纳扎尔巴耶夫才被世人所了解。我们应向文明国家学习如何尊敬与景仰自己的领袖。"

值得注意的是,"民族领袖"称号是民众自发的和习惯性的对纳扎尔巴耶夫的称谓。2010年,哈议会本想通过一项宪法修正案正式赋予纳扎尔巴耶夫"民族领袖"称号并写进宪法,但遭到纳扎尔巴耶夫拒绝。纳扎尔巴耶夫2010年6月4日在《哈萨克斯坦真理报》发表致议会两院的公开信。信

---

① Досье на проект Закона Республики Казахстан "О внесении дополнений в некоторые законодательные акты Республики Казахстан по вопросам совершенствования законодательства в сфере обеспечения деятельности Первого Президента Республики Казахстан - Лидера нации"(май 2010 года). http://online.prg.kz/doc/lawyer/.

中说道[①]："民意调查显示，绝大部分哈萨克斯坦公民支持这一法案。我衷心感谢议会决定以法律形式确立我的'民族领袖'地位，也感谢哈萨克斯坦民众对我的支持以及对我工作的高度评价。尽管这一法案旨在维护哈萨克斯坦的稳定和发展，但我仍决定予以否决，请两院议员对我的决定予以理解。因为'民族领袖'的地位不应通过法律、命令或其他司法手段来确立。"

第四，2018年7月12日通过的宪法性法律《安全委员会法》为卸任后的纳扎尔巴耶夫继续发挥政治影响力提供了法律保障。根据该法律，安全委员会是负责国家安全事务的重要部门，拥有维护国内政治稳定，保护国家宪法秩序、主权独立、领土完整，以及在国际政治舞台上保障哈萨克斯坦国家利益等职责。安全委员会由哈萨克斯坦总统组建，鉴于首任总统的历史地位，授予首任总统纳扎尔巴耶夫安全委员会终身主席权力。这意味着，纳扎尔巴耶夫在2019年3月卸任总统职务后，从台前走到幕后，但依然拥有调动国内安全力量的权力，依旧保留着对国家政局的影响力。

由此可见，政权交接的"哈萨克斯坦模式"重视交接的制度建设，而不是简单地选择接班人。首先，法律建设为权力交接提供制度安排与保障，使权力交接的各个环节都有法可依。哈萨克斯坦多次修改宪法，同时还颁布了宪法性法律《首任总统——民族领袖法》和《安全委员会法》等，为总

[①] Н. А. Назарбаев. Гражданам Республики Казахстан. Парламенту Республики Казахстан. Политсовету Народно-демократической партии "Нур Отан". Казахстанская Правда. 04. 06. 2010.

统权力的平稳交接提供了法律依据。其次，没有选择终身制。依据宪法和法律规定，纳扎尔巴耶夫无连任限制，其个人威望在哈萨克斯坦也无人能及，但他没有选择终身制，而是适时隐退到幕后，平稳地完成了政权更替，从而既避免了终身制，又防止了可能出现的政治动荡和权力危机。最后，让贤举能。虽然哈萨克民族的传统文化观念中有子承父业和家族承袭的传统，但纳扎尔巴耶夫最终没有将权力交给自己的家人，而是根据宪法规定程序，完成政权交接。

纳扎尔巴耶夫高度评价他的继任者托卡耶夫。他说："自哈萨克斯坦独立的第一天起，他就一直和我在一起工作。我很了解他。他是一个诚实、负责任和勤奋的人。他完全支持我国正在实行的国内外政策。所有计划都是在他的参与下制订和通过的。我相信，托卡耶夫是可以将哈萨克斯坦托付给他的人。"

辞职之后，针对国内外关于哈萨克斯坦存在"双重政权"的说法（即首任总统纳扎尔巴耶夫和现任总统托卡耶夫），纳扎尔巴耶夫予以坚决驳斥。在接受哈萨克斯坦哈巴尔电视台记者采访时，他解释道："关于'双重政权'的说法不过是庸人自扰。这些谣言八卦都是由那些不希望哈萨克斯坦稳定的人故意放出来的消息。他们希望哈萨克斯坦出现纷争打架、分裂等。这些说法都是那些逃亡在外的盗贼、祖国的叛徒——他们这些人从国外散布出来，目的是破坏人民的宁静生活。哈萨克斯坦是一个总统制和单一制的国家，在法国、俄罗斯、美国也是这样的政体。因此双重政权的说法没有根据。托卡耶夫总统是全民选举出来的总统。至于我,你们也知道,根据法律,我是安全委员会主席。是的,这个机构负责解决内政和外交问题,委员会成员讨论这些事情。但它是一个合议机构。我只是委员会的主席,所有国家领导人都是该机构的成员。我们共同决策,避免错误。我作为首任总统和民族领袖的地位由宪法性法律确定。我的任务是保障安全委员会的工作,领导祖国之光党,领导哈萨克斯坦人民大会。此外,我参与创建的许多国际机构建议我担任这些机构的名誉主席。这些工作足够我做的了。如果他们邀请我,我就去参加,因为在那里有哈萨克斯坦的利益,为哈萨克斯坦找到新朋友和投资者,所以我会继续朝着这个方向努力。当然,托卡耶夫总统遇事会与我协商。当他们找我时,我会从我的生活和实践经验的高度出发,为国家着想,给出我的建议。不过建议就是建议而已,决定则是由接受这些建议的人作出。现任总统本人也宣布总统日程的第一要务是'连续性',即接续和继承已经开始的事业。我也希望国家有连续性,将国家的发展与稳定继续进行下去。丘吉尔有句话说得非常好,他说:'毫无疑问,给予权力比接受权力要愉快得多。'我认同这个说法。因为接受就意味着承担责任,为了人民,为了所有人而承担重大责任。所以要想好能否做到这一点。如果不能,就不要做这事。希腊哲学家曾经说过这样的谚语:'必须将权力赋予愿意为之努力工作的人,而不是给予那些对其有欲望的人。'我就是从这些完全不同的角度来看待这个（权力）问题。"①

第三节　打造负责任的政府

苏联解体后，哈萨克斯坦面临重新处理国家建设和治理的问题。确保新的独立国家在法律框架内稳定运行，维护社会和政治稳定，实现国家的善治，是哈萨克斯坦政府的优先发展方向。独立以来，哈萨克斯坦一直在探索适合本国国情的政权体制和国家治理模式，积极推进政治体制和行政体系改革，提高政府公共服务的水平和效率，推进国家权力结构和国家治理的现代化，打造高效、廉洁、现代化的行政体系。

纳扎尔巴耶夫指出，国家应当逐步放弃履行那些不应由国家垄断的权力和多余职能。政府应当明确哪些是国家职能，哪些仅仅是公共服务。公共服务可以逐步地交给社会竞争领域。政府要向有效的国家治理与行政职能转变，在"高

---

① Телеканал Хабар. Интервью Главы государства Нурсултана Назарбаева представителям республиканских СМИ. 10 октября 2019. https：//khabar. kz/ru/aktualno/item/77282-intervyu-glavy-gosudarstva-nursultana-nazarbaeva-predstavitelyam-respublikanskikh-smi. Нурсултан Назарбаев. Быть с народом，знать его чаяния，доносить их до власти. 11 Октября 2019. Первый Президент РК - Елбасы Нурсултан Назарбаев дал большое интервью телеканалу Хабар. https：//liter. kz/interview/10018-nursultan-nazarbaev-byt-s-narodom-znat-ego-chayaniya-donosit-ih-do-vlasti/.

效、透明、对社会负责"原则指导下，建立新的国家治理模式，建立高度专业的公共服务体系和有效的管理结构。为实现该目标，需要从精简机构，完善公务员的选拔、评估、培训和竞争机制，推进反腐败，改革地方选举，建立高效现代化政府等方面入手①。

纳扎尔巴耶夫 2016 年 3 月在哈萨克斯坦第六届议会下院第一次会议开幕式上总结行政体制改革成果时指出②：哈萨克斯坦采取了各种措施，努力让国家机关能够在没有任何暗箱操作和偏见的精英治理条件下工作。停止了以行政命令调动官员的做法。在机会均等的体系内确立了新的国家公务员晋升模式。实行了选拔最有权威和最有学识的人才进入国家机关的公务员选拔和任用体系。对腐败现象设置了新壁垒。

一 行政改革——简政放权

面对行政机关存在的公共服务弱化、公务人员腐败、管理效率低下等问题，纳扎尔巴耶夫在 1997 年度国情咨文《哈萨克斯坦——2030：全体哈萨克斯坦人民的繁荣、安全和福利改善》中，提出了行政机构改革的设想，以形成高效且现代化的公共服务体系和有利于市场经济发展的国家治理框架，组建一个能够实现国家发展优先目标的政府，建立能

---

① Выступление Президента РК Н. А. Назарбаева на Антикоррупционном форуме НДП "Нур Отан". 6 ноября 2008.

② Выступление Президента Казахстана Н. Назарбаева на открытии первой сессии Парламента шестого созыва. 25 марта 2016.

够维护国家利益的行政队伍。他指出:"管理不善是发展中国家和后共产主义国家的通病,致使许多问题都无法迅速解决,因此需要彻底改革公务员制度和政府公共管理体系,加强政府的公共服务职能,让'专业化的政府'职能局限在其基本职能范围内,这是哈萨克斯坦国家发展的优先任务。必须加快政府机构和公共服务领域改革,以最严厉的方式遏制这些恶习的蔓延。"

为提升公共服务质量与效力、完善国家治理体系与能力、建设现代化的行政管理制度与机制,哈萨克斯坦相继出台了"2030年战略"和"2050年战略"。2015年4月和5月又提出"五项改革"和《100个具体步骤国家计划》(简称"百步计划"),围绕建设专业化的国家机关、加强法制、落实工业化和保障经济增长、国家统一与人民团结、建立责任型政府五大领域,提出深化改革的目标与措施。总体上,哈萨克斯坦独立后,令人印象深刻的行政改革措施主要有:

第一,调整行政区划。影响较大的调整有两次:第一次是1997年,将原来的19个州缩减到14个,原来的230个区缩减到169个,同时裁减了2.5万名工作人员,节省了数百万坚戈的预算资金并用这些钱支付退休金和工资。与此同时,将首都由南部的阿拉木图搬迁到北部的阿斯塔纳(2019年3月更名为"努尔苏丹"),国家建设资金和南部人口也随之北上,有效带动了中部和北部地区的发展,缩小了地区差距。第二次是2018年6月19日,将人口过百万的奇姆肯特市由南哈萨克斯坦州州府升级为中央直辖市（成为哈第17个行政区，也是哈独立后出现的第二个人口超过百万的城市），同时将南哈萨克斯坦州更名为"图尔克斯坦州"，州府由奇姆肯特市迁移至图尔克斯坦市。纳扎尔巴耶夫表示："奇姆肯特市将成为哈萨克斯坦乃至整个中亚地区吸引投资、技术和知识资源的新中心，它具备成为新中心的各种条件和潜力，必将推动地区社会经济的均衡发展，不断改善整个地区人民的生活质量。"

第二，调整机构设置。纳扎尔巴耶夫认为，政府及国家机关在政策制定、执行和监督领域的功能应合理划分。国家政策的制定由各部负责，而政策的执行和监督由部属各委员会负责。委员会应分为两类：一类具有执行功能，即执行国家纲要、标准和法律文件、提供服务、管理国有实体等；另一类具有监督和协调功能，即监督法律和政策的执行情况，并负责发放许可证、认证、注册等工作。因此总体上，哈萨克斯坦机构设置改革关注的重点不仅是精简机构，更是充分协调和发挥各部门职能，该减的减，该增的增，评价指标不是规模大小，而是工作效率。独立后，大规模机构改革主要有三次：第一次是1997年[①]。此次改革的主要动因是国家启动"2030年战略"，需要与之适应的"大部制"改革。改革

[①] Указ Президента РК от 4 марта 1997 г. №3377 "Об очередных мерах по реформированию системы государственных органов Республики Казахстан"; Указ Президента от 10. 10. 1997 №3655 "О мерах по дальнейшему повышению эффективности государственного управления в Республике Казахстан".

的力度和成果非常显著。部（内阁成员）的数量由20个降到14个，国家委员会（内阁成员）的数量由13个降到6个，部分原属政府的职能交给私营部门。第二次是2010年①。主要原因是为消除2008年国际金融危机的后果，加快落实非资源领域发展战略，以及应对当年计划启动的俄白哈三国关税联盟的挑战。2010年3月，纳扎尔巴耶夫宣布改组能源、经济、财政、工业贸易、文化和信息6个部门系统。当年10月，纳扎尔巴耶夫宣布裁撤15%的国家公务员，涉及议会、法院、中央选举委员会、紧急情况部、总统直属机构等2.6万个岗位。第三次是2014年至今②，调整的动因是落实"2050年战略"，以及应对2014年到来的新一轮经济下滑。主要特点是次数频繁但幅度不大，基本上每次都是部委下属的个别职能部门改变隶属关系（导致部委名称变化），但政府内阁成员的增减变化不大。

第三，权力下放。针对政府各部门权责划分不明的问题，纳扎尔巴耶夫指出：世界经验表明，赋予机构领导广泛权力远远好于滥用权力所造成的危害；国家协调系统必须高效而透明，其工作成果必须提交所有责任机关，赋予部长和地方长官以广泛权力；要减少制度层级和中间环节，明确权力划分；在市场经济条件下，平衡权力机关的权力与责任，

---

① Указ Президента Республики Казахстан от 13 декабря 2000 года №507 "О реорганизации, упразднении и образовании отдельных государственных органов Республики Казахстан".

② Указ Президента Республики Казахстан "О мерах по дальнейшему совершенствованию системы государственного управления РК".

将权力下放或转移到执行对象，这方面改革将提高执行权力机关的工作效率，体现哈萨克斯坦在本地区的竞争力。

权力下放是哈萨克斯坦行政改革的首要任务之一，不仅是部门系统内部下放权力，还包括在中央和地方层面的放权改革。通过下放权力、调整职能、完善规划系统、加强预算管理等措施，使中央各部以及地方行政机构拥有更多的自主权，这也有利于改善各机构相互约束并加强政府问责。纳扎尔巴耶夫总统在2015年3月的祖国之光党代表大会上表示[①]，通过大规模的行政改革，哈政府已将（截至2015年年初）60%的政府职能转交各部委和地方行政机关。内阁部委的数量得到优化，从17个减至12个，原有的署则作为部下属的委员会并入各部。实行了区辖市行政长官和农村地区行政长官选举制。每位部长都在其监管领域内拥有一切必要的职权，同时对自己的决定全权负责，未能履行其职能或未完成工作计划的官员将被停职。

2007年的宪法修订案提出"地方自治选举"的概念。2013年8月5—9日，哈萨克斯坦放弃原先的地方自治机构负责人委任制，改为根据差额选举原则，由地方代表机构选举产生区辖市、农业专区、未纳入农业专区的乡和镇的行政长官。这是独立的哈萨克斯坦历史上首次地方政权机关领导

---

① Выступление Президента Республики Казахстан, Председателя партии Нур Отан Н. Назарбаева на XVI съезде партии. Современное государство для всех: пять институциональных реформ. 11 марта 2015.

人选举。共产生 2454 名地方自治机构的行政长官（占地方行政机构负责人总数的 91%），任期为 4 年，拥有 67 项权力。地方自治机构行政长官由委任制改为选举制，有利于当地民众和政府之间形成直接联系，增加了公民监督地方行政长官的机会，也有助于增强地方代表机构和公民对所在地区的影响力，使当地民众更多地参与相关政策的制定和实施。随着时间推移，在制定和执行地方发展政策和计划方面，基层地方行政机关将获得越来越多的自主权。

二 公务员改革

对于苏联时期的机构臃肿、人浮于事以及各部门和各地区之间缺乏协调的现象，纳扎尔巴耶夫有着深刻的认识。他认为[1]：如果官员数量众多，法律就会退避三舍。国家机构应只停留在基本的职权范围内，否则法律将失去约束力。因此，需要以创新的方式，有计划分阶段地进行改革，通过精简机构，防止政府因机构庞杂而造成管理和治理上的弊端。行政改革的目标之一，就是构建"专业化的国家"，打造一个规模不大却灵活的国家机器，建立高效和现代化的、忠于职守的、职业化程度高且能自主行事的、在实现国家优先目标过程中能够充当人民代表的国家公务员队伍。

---

[1] Выступление Президента Республики Казахстан, Председателя партии "Нур Отан" Н. Назарбаева на XVI съезде партии. Современное государство для всех: Пять институциональных реформ. 11 марта 2015.

截至 2019 年 1 月 1 日，哈萨克斯坦在职公务员共有 9.8726 万人（2001 年为 6.386 万人，2007 年为 10.0257 万人）。纳扎尔巴耶夫认为[①]，国家公职人员应当遵守八项道德准则：第一，善用权力，为人正派；第二，在国家公务机关里要为国家的利益，而不是为一己私利工作，不要把国家的钱装进自己的口袋；第三，官员在生活中不应害怕面对"你靠什么生活"这类问题，因为没有任何理由出现有关他的别墅、周围高高的围栏和昂贵进口车的照片；第四，生活上要遵纪守法；第五，在任何岗位和职位上都要尽职尽责地工作，任何情况下都不能失去本国人民的信任；第六，国家公职人员应当成为公正和谦逊的榜样，要善于与人相处、举止得当；第七，在成为团队领导之前，自己首先要学会服从，与同事精诚团结；第八，遇到损害国家利益或腐败行为，应立即采取措施阻止。对国家机关工作人员的道德要求而言，上述这八项准则只是其中一部分，而不是全部。

哈萨克斯坦公务员改革的主要成果体现在《国家公务员法》。该法几经修订，容纳了哈萨克斯坦多年的实践经验和教训。总体上，哈萨克斯坦公务员改革的主要特点是：

第一，根据业务性质分类管理。将公务员分为政务公务员和行政公务员两大类。行政公务员又分为 A 组（岗位录用和解除需要经过专门的程序，具有相应的资质）、B 组（A

[①] Выступление Президента РК Н. А. Назарбаева на Антикоррупционном форуме НДП "Нур Отан". 6 ноября 2008.

组之外的公务员）两大类。分类管理的好处是有利于公务员队伍和国家行政管理体系的稳定，不会因领导干部（政务公务员）的更替而影响国家机关正常工作。

第二，选拔和晋升均需竞争考核。公务员录用通过竞争方式进行，并从基层做起。竞争的目的是确保公民享有平等进入公共服务机构的宪法权利。公务员在其职业生涯的每一阶段都需要证明自己所具备的专业素质，晋升必须建立在竞争的基础上。公务员的晋升将取决于其工作能力和经验。晋升的主要标准是其专业素质、爱国主义精神、落实长期目标的能力、解决问题的能力和意愿。公务员队伍需要不断更新，新一代官员必须是爱国、公正，愿意献身于事业和职业的国家公仆。不过实践中，过于严格的考试也会导致公务员选拔困难，以至于个别单位和地区仍延续内部选拔的做法，而不是公开竞聘。

第三，较完善的薪酬体系。《国家公务员法》规定，公务员的薪酬根据其在工作中的贡献大小来支付。岗位工资和绩效工资由工作性质、工作量和工作业绩等因素决定。对卓有成效的工作人员给予奖励。根据每年的考核业绩来确定公务员的奖金发放，干得好的有奖金；干得不好的、经济没搞上去的、没有成果的，会相应降低报酬。

三　廉政建设

反腐败是国家行政管理的长期国策，整肃官僚体系是行政体制改革的重头戏，也是提升政府工作效率与透明度的重要步骤之一。哈萨克斯坦是后苏联国家中首个颁布《反腐败法》的国家。在反腐败问题上，纳扎尔巴耶夫的态度坚定而明确。他认为，建立和维护公共服务的声誉是哈萨克斯坦必须解决的战略问题，无论职位高下，对腐败现象必须严厉打击，对官员腐败实行零容忍。纳扎尔巴耶夫认为[①]："腐败就像流行病，会阻碍社会发展，对国家造成损失。如果不能从根本上解决腐败问题，国家将无法稳定发展和繁荣。我们正在全面发展经济和完善政治体制。我们设立了战略目标，即建设有素养的、文明的和有竞争力的民族。不过，如果我们不加强反腐败工作，不取得具体成果，就不能实现我们的目标。反腐败不是普通的例行工作，不是只属于某些机构的职责，而是全体国民的事情。……哈萨克人有句谚语：'谁掩盖病情，谁就离死不远了。'反腐工作要公开、公正、持续和全面地进行，只有这样才能实现我们既定的高标准目标。"

哈萨克斯坦存在一定的腐败现象。据哈国家反腐败署署长什别克巴耶夫2019年6月透露，影子经济约占哈萨克斯坦GDP的30%，为腐败滋生提供了条件。2016—2019年，腐败给哈萨克斯坦造成约400亿坚戈的损失。未来，反腐没收的赃款将用于资助社会弱势群体，让民众切实感受到反腐带来

---

① Выступление Президента РК Н. А. Назарбаева на Антикоррупционном форуме НДП "Нур Отан". 6 ноября 2008.

的变化①。

总体上，哈萨克斯坦的反腐败工作卓有成效。根据透明国际的清廉指标②，2018年哈萨克斯坦在政府权力的制约、根除腐败、开放政府、基本权力、秩序与安全、法规执行、民事司法、刑事司法8个项目中的排名均有所提高，在全球113个国家排名中位居第64位。正如纳扎尔巴耶夫所言，腐败是全球性问题，世界各国都会遇到这一祸害。尽管哈萨克斯坦存在腐败现象，但这并不意味着腐败情况比其他国家严重。就反腐败工作水平来看，哈萨克斯坦在独联体国家中居于领先地位。

为打击腐败，哈萨克斯坦于2002年成立总统领导的反腐败委员会，作为指导和制定国家反腐政策的总协调机构。除此之外，哈萨克斯坦设有专门负责调查和打击腐败的机构。早在1994年，哈就在财政部系统内组建了税务警察，2001年改组为哈萨克斯坦金融警察署，2001年获得反腐败职能，2003年发展为哈萨克斯坦打击经济与腐败犯罪署（金融警察），2014年改组为哈萨克斯坦国家公务员事务和反腐败署，2015年年底成立国家公务员部后，在该部成立国家反腐败局，2016年国家反腐败局重新更名为国家公务员事务和反腐败署，仍隶属于国家公务员部，2019年6月独立出来，成为哈萨克斯坦反腐败

---

① 《哈萨克斯坦官方称将出台一揽子新反腐举措》，2019年6月6日，人民网，http://yn.people.com.cn/BIG5/n2/2019/0606/c378441-33015331.html.

② 《哈萨克斯坦廉政度指数在国际机构中正在不断上升》，2018年2月1日，https://www.inform.kz/cn/article_a3141576.

署。从反腐败机构的合并与重组历程可以看出，哈萨克斯坦将经济领域和公务员队伍视作腐败的最大滋生地，管理好公务员队伍，就能在很大程度上遏制腐败的高发趋势。

在反腐败方面，哈萨克斯坦的成功措施主要有：

第一，完善法律和机制，依法依规反腐。对所有法律和有法律效力的文件进行强制性反腐败评估。例如，1998年，哈萨克斯坦在原苏联地区第一个通过了《反腐败法》。1999年7月23日通过《行政机关法》，规范国家和公职人员之间的法律关系。2000年1月21日发布《公职人员道德规范》总统令，规定一系列有关公务员的道德、纪律处分、考核、人才储备等措施，对公职人员的行为提出了具有约束力的基本要求，以提高公职人员的责任和职业道德。自2001年起，哈萨克斯坦开始制定并落实反腐败战略，当前正在落实的是2014年12月发布的《2015—2025年反腐败战略》[1]。

为消除依靠牺牲社会和国家利益来提升小团体利益的腐败行为，哈萨克斯坦在涉及政府采购、税收、海关事务、许可证发放以及其他经济活动的一系列法律文件中专门规定了反腐败措施。在《刑事法典》中明确列出可视为腐败犯罪的罪种，对受贿行为的刑事责任追究更为严厉。因腐败违法行为被解除工作的人，终身禁止在国家机构和组织中担任公职。在审判体制方面，将原先的五级审判结构改为三级审

---

[1] Указ Президента Республики Казахстан от 26 декабря 2014 года № 986 "Об Антикоррупционной стратегии Республики Казахстан на 2015-2025 годы".

判，压缩法官的寻租空间。在金融方面，完善现金流动监管体制，减少洗钱行为和影子经济。

第二，培养公民对腐败现象的零容忍意识，纳扎尔巴耶夫认为[①]，需要加强社会舆论对腐败行为的监督作用，营造绝不容忍腐败的社会氛围。战胜腐败不能只靠国家机关和护法机构的力量，必须与公民社会的各种制度结合起来，广泛吸收非政府组织参加专项工作，吸引社会广泛支持和积极参与反腐败行动计划，夯实反腐败的社会基础。

在纳扎尔巴耶夫看来，官员的培训和选拔是杜绝腐败行为的一道屏障。他指出："我们的战略任务就是造就新一代国家管理者。这些人应当经过职业培训，有文化，符合现代要求，能够诚实地为国家工作，不被各种利益所引诱。我们应当提高国家公务机关的威望。吸收有才华的年轻人进入国家机构，对他们进行培训。同时，坚决将各种腐败分子清除出去。我们为国家机关和政府培养和输送的人，应该是那些真正热爱祖国的人，能够为祖国的繁荣而竭尽全力的人。"

纳扎尔巴耶夫认为，执政的祖国之光党应该在反腐败工作中起表率作用。他指出："祖国之光党应当领导这项工作。党内的监察委员会在这方面应当发挥重要作用。隶属于祖国之光党的监察委员会作为党的常设机关，应当保证反腐败行动计划得到社会的广泛支持和积极参与。监察委员会可以与

---

① Выступление Президента РК Н. А. Назарбаева на Антикоррупционном форуме НДП "Нур Отан". 6 ноября 2008.

各个青年组织共同采取行动,揭露和清除教育机构中的腐败现象。祖国之光党应当让国民看到自己卓有成效的预防腐败的机制。这项工作应当全面系统地展开,并成为祖国之光党思想纲领建设的一个主要方面。"①

四 电子政府

"电子政府"就是实施电子政务的政府,就是国家机构应用现代信息和通信技术,通过网络技术集成,优化重组组织结构和工作流程,从而提供高效率、高质量、高透明度、高监管性的行政管理与服务,包括机构内部的组织管理,以及机构与机构之间的工作往来、机构与企业和公民之间的管理与服务等。与传统的政务相比,电子政务的特点是方便快捷(远比人工有效率)、公开透明(减少腐败)、公平公正(程序面前人人平等)、容易监督(减少人为因素)。可以说,电子政府是顺应信息化时代要求的必然产物。随着网络时代和网络经济的来临,政府的组织形态和管理方式也逐渐由金字塔式的垂直结构向错综复杂的水平网状结构转变,减少中间层次,建立网上办事大厅,借助网络,与企业和居民建立直接联系。因此,"电子政府"不是简单的"电子+政府"(即将现有工作通过计算机、手机和网络完成),而是全新的管理和服务体系,伴有体制、机制和管理模式创新,甚至需

---

① [哈] 努·纳扎尔巴耶夫:《纳扎尔巴耶夫文集》,中国社科院俄罗斯东欧中亚研究所等联合课题组译,人民出版社2017年版,第167页。

要转变政府职能和调整机构设置。与此同时，信息安全问题提上日程，成为影响国家安全稳定的重大事项。

哈萨克斯坦政府特别重视"电子政府"的发展，虽然起步较晚，但发展较快。2003年7月，哈政府专门成立了主管信息化建设的通信与信息化署。纳扎尔巴耶夫在2004年3月19日发表的国情咨文《建设有竞争力的哈萨克斯坦、有竞争力的经济、有竞争力的国家!》中，首次提出要建立"电子政府"。"是时候开始真正组建'电子政府'了。这是一个小政府，活动透明，能够减少民众与官员之间的直接接触，提高服务质量并减少提供服务的时间。'电子政府'将带动新的行政改革，减少国家机构数量。为了进行此类工作，我们需要一个大型的工作计划，努力消除计算机文盲，确保公众能够访问互联网。我要求政府，我呼吁我们的公民，尤其是年轻人，开展大规模的学习计算机活动，就像20世纪30年代的扫盲斗争一样。"[1]

在法律建设方面，哈萨克斯坦陆续通过《信息化法》《信息获取法》《电子文件和电子数字签名法》《国家服务法》《许可和通告法》《政府采购法》等法律，旨在保证公民和各类机构能够有效利用信息通信技术，及时准确地获取政府信息，通过互联网获得政府的电子化服务。这些法律为

---

[1] Послание Президента Республики Казахстан Н. А. Назарбаева народу Казахстана. 19 март 2004 г. К конкурентоспособному Казахстану, конкурентоспособной экономике, конкурентоспособной нации!

建设"电子政府"提供了法律保障，也为规范政府服务提出了标准和规则。

在工作计划方面，哈政府2004年发布《2005—2007年建立"电子政府"国家纲要》，2007年发布《2008—2010年发展"电子政府"纲要》，2013年发布《信息化的哈萨克斯坦——2020国家纲要》[①]。其中，《信息化的哈萨克斯坦——2020国家纲要》分2013—2017年和2018—2020年两个阶段实施，确定哈萨克斯坦2020年前的信息化发展指标是：第一，电子政务指数（根据联合国E-Government Survey指标）排名进入世界前25个国家之列；第二，信息通信基础设施的入户普及率达到100%；第三，互联网用户数量达到75%；第四，信息通信技术产业（ICT）占GDP的比重达到4%；第五，以电子形式提供的政府服务比重达到50%；第六，以电子方式提供的公共服务达到服务总量的80%。这些规划文件以电子政府的基础设施、服务机制和信息安全建设为重点，同时推动现代信息技术在教育、科研、医疗、社会保障等经济社会领域的应用。

在具体落实措施方面，哈政府于2007年4月开通电子政府网站（www.egov.kz），作为国家发布信息和提供服务的平

[①] Указ Президента Республики Казахстан № 1471. 10 ноября 2004 года. Государственная программа формирования "электронного правительства" в Республике Казахстан на 2005－2007 годы. Постановление Правительства Республики Казахстан № 1155－1. 30 ноября 2007 года. Программа развития "электронного правительства" Республики Казахстан на 2008－2010 годы. Указ Президента Республики Казахстан № 464. 8 января 2013 года. Государственная программа "Информационный Казахстан－2020".

台；2010年7月20日发布《针对自然人和法人的国家服务清单》；2016年1月组建非营利性机构"为了公民的政府"，任务是发展电子政务，完善国家服务。遭遇2008年国际金融危机冲击后，哈政府采购大幅增加，为提高政府采购的透明度和电子化服务，规定自2010年1月1日起，所有国家机关的采购只接受电子文件的报价表。2014年，纳扎尔巴耶夫提出推行"电子地方行政长官"，简化为居民和企业提供国家服务的程序和手续，扩大针对投资者的"一站式"服务范围，按照"一个窗口"原则办事[①]。随着哈政府努力发展信息数字化，打造智慧产业、智慧城市、智慧政府，电子政府的新任务是完善"移动电子政府"，建设可以随时随地无障碍享受政府服务和公共服务的移动政务服务模式。

第四节 多党制发展与执政党建设

在现代社会中，政党和其他社会政治组织是将国家机构与公民社会制度联系起来的机制，在国家政治生活中的作用至关重要。哈萨克斯坦《宪法》规定实行多党制。独立以来，首任总统纳扎尔巴耶夫一直努力发展多党政治，发挥政

[①] [哈]努·纳扎尔巴耶夫：《纳扎尔巴耶夫文集》，中国社科院俄罗斯东欧中亚研究所等联合课题组译，人民出版社2017年版，第186—187页。

党作为政治生活主体的作用，推动国家政治体系的民主化与自由化。纳扎尔巴耶夫认为，只有优秀的政党代表进入新的议会下院，才能培养议会领袖；只有政党等政治力量更广泛地参与，才能造福人民，巩固国家的地位；无论各政党的政治立场和方向如何，其活动都要尊重和珍惜国家的稳定，因为这决定着哈萨克斯坦的未来和民主本身的未来。

纳扎尔巴耶夫在历年的总统国情咨文中都不断强调推进政党制度改革，呼吁支持政党发展。他在1998年的国情咨文中指出："社会政治民主化的重要步骤是加强政党在我们政治体系中的作用。政党是建设民主这座大厦的建筑材料，无论是在法律还是其他领域，我们都必须尽一切努力确保政党在社会中的地位，使它们成长和发展。具有法律效力的关于选举的总统令必须明确规定政党在政治进程中的作用。"

一 政党作用逐步提升

独立初期，哈萨克斯坦采取了较为宽松的政党政策，鼓励意识形态多元化发展，促进本国多党政治发育。在1992年发表的文章《哈萨克斯坦作为主权国家的形成与发展战略》中，纳扎尔巴耶夫表达了一系列社会现代化的思想[①]。1994年3月，哈萨克斯坦举行了以多党政治为基础的独立后第一

---

① ［哈］努·纳扎尔巴耶夫：《纳扎尔巴耶夫文集》，中国社科院俄罗斯东欧中亚研究所等联合课题组译，人民出版社2017年版，第10页。

届最高苏维埃选举[①]，政党和政治运动真正获得了参政议政的权利。

独立初期的政治热情和宽松的政治环境造成多党政治的过度发育，导致多党林立局面出现。在民族主义和反极权主义运动激发下，民众的政治热情和民族主义情绪被点燃，涌现出一批以恢复和保护民族文化、语言和传统为目标的社会组织与政党。其后果之一，是政治团体和政党受国内民族、部族、地方势力和宗教等因素影响，加剧社会的政治分化；后果之二，便是在国内政治生活中培育了强有力的反对派势力，并在议会内外挑战总统权威，致使社会矛盾和政治冲突加剧。

鉴于社会政治中出现的各种矛盾与问题，为避免政党和社会组织对国家主权和政权稳定造成负面影响，哈萨克斯坦宪法和《政党法》规定：第一，哈萨克斯坦承认意识形态和政治的多元化，但不允许将社会制度与国家制度混同，国家机关中不得建立政党组织；第二，社会组织在法律面前一律平等，国家不得非法干涉社会组织的事务，社会组织也不得非法干涉国家事务，不得将国家机关的职能赋予社会组织，国家也不得向社会组织提供拨款；第三，禁止建立旨在以暴

[①] 1993年《宪法》颁布后，很多民众认为苏维埃在很大程度上依然是旧制度和旧意识形态的同义语，越来越不能代表民众。一些地方的苏维埃（地方议会）开始自行解散。在此情况下，哈萨克斯坦最高苏维埃（即苏联时期的哈萨克苏维埃社会主义共和国第十二届最高苏维埃）于1993年12月8—13日召开会议，决定提前终止人民代表苏维埃职能，在停止工作期间，国家元首有权以"总统令"方式代行最高苏维埃职能，作出与法律同等效力的决定。第十二届最高苏维埃解散后，经过3个月的筹备，独立后的新一届（沿袭上届则是第十三届）最高苏维埃选举于1994年3月7日举行。

力改变宪法制度、破坏共和国的完整、危害国家安全以及挑起社会、种族、民族、宗教、阶层仇视的社会组织及其活动，也禁止成立未经法律规定的军事武装；第四，在共和国境内禁止其他国家的政党、工会和建立在宗教基础上的政党进行活动，也禁止外国法人和公民、其他国家和国际组织对政党和工会组织提供资助；第五，外国宗教组织在共和国境内的活动以及外国宗教中心对共和国境内宗教组织领导人的任命，须经共和国有关国家机关同意[①]。

从政党发展历程看，政党在哈萨克斯坦政治生活中的作用总体上日益增加。影响政党格局变化的因素主要有《政党法》的修改和完善、选举制度的变化以及总统与政党关系的变化等三个方面，具体是：

第一，《政党法》的修改和补充。《政党法》规定政党的成立条件、权利与义务、活动保障，以及政党与国家机关和其他团体的关系等。第一部《政党法》于1996年颁布。与独立初期相比，此时哈萨克斯坦国内政治经济环境已发生质的变化：政局稳定、经济止跌回升，整个国家从混乱衰退转向稳定发展。因此，《政党法》出台后，哈政党格局也越发规范并呈现两大特点：一是政党的区别主要在于政治主张不同，而不是族群、宗教、地区和行业。独立前后形成的代表族群利益的政党逐渐弱化或消失。例如，强调俄罗斯族利益

---

① Конституция Республики Казахстан от 30 августа 1995 года. https://base.spinform.ru/show_doc.fwx?rgn=1162.

的俄罗斯人党多次申请注册，均遭司法部拒绝。二是政党格局总体趋势为"缩小政党数量，扩大单个政党规模"。通过提高政党注册门槛，限制小党发展，鼓励政党联合。

独立前，哈萨克斯坦有很多政治性社会组织。截至1993年年底，在哈萨克斯坦司法部共注册有396个社会团体，其中有3个政党，即社会党、人民大会党和共和党。到1995年9月，司法部注册的政党共有16个，其中有7个全国性政党（在各地均有分部），9个地方性政党（没有地方分支机构）。截至2000年9月，在哈萨克斯坦司法部共注册有16个政党。

1996年版《政党法》规定，注册政党必须拥有3000名以上党员，在一半以上的州（直辖市）有基层组织。为严格规范政党活动，针对法律缺失、财务透明、防止具有政治极端主义、民族或宗教性质的政党进入政治领域等问题，纳扎尔巴耶夫支持一些议员提出的重新修订《政党法》的建议。哈议会于2002年7月15日通过新修订的《政党法》，规定只有党员人数超过5万，并在全国各州和直辖市均设有分支机构且每个分支机构成员达到700人以上的政党才能够在司法部获准注册。这个标准较1996年有大幅提高。据统计，2002年年初哈全国人口只有1485.11万，其中14岁以上成年人口有1091.5万。因此"5万"和"全国各地"这两个标准阻挡了大部分小党。新版《政党法》出台后，最终有7个政党获准登记。

纳扎尔巴耶夫评价2002年修订《政党法》的意义时表

示："我们将继续发展我们的政党和政治制度，完善管理政党和社会组织的法律准则。当我们修改法律，规定政党人数不少于5万时，我们称其为必要的门槛。但到目前为止，已经有9个政党轻松通过了这一门槛，没有人质疑这一修订案的民主。新《选举法》的条款旨在提高各级选举委员会工作的专业度和透明度。需要以法律的形式确定党团在议会和地方选举机构中的职权。需要对国内法人和自然人为政党和非政府组织提供活动资金的事项作出法律规定。"[①]

在2002年度的国情咨文中，纳扎尔巴耶夫重申政党对于推动国家政治民主化的重要意义。政党建设的任务是确保有强大而负责任的政党得到广泛的支持和权威。为此，哈萨克斯坦需要规范政党参政的方式，归并小党，改变政党林立和政党政治碎片化的局面，向大党政治发展。

2007年哈萨克斯坦举行议会选举，只有祖国之光党进入议会。为提高其他政党的参政积极性，除修订《选举法》外，哈议会于2009年2月6日再次修订《政党法》，简化政党成立程序、降低成立标准、规范活动准则等，将允许注册的政党标准改为"党员人数不少于4万人，在全国各个州和直辖市都有分支机构且每个分支机构的人数不得少于600人"。据此标准重新注册的政党有10个。此后随着国内形势

[①] Послание Президента Республики Казахстан Н. А. Назарбаева народу Казахстана. 19 март 2004 г. К конкурентоспособному Казахстану, конкурентоспособной экономике, конкурентоспособной нации.

变化，各政党不断分化组合，截至2019年年初，司法部共有7个政党注册，分别是祖国之光党、光明道路党、阿吾勒人民民主爱国者党、共产主义人民党、统一党、阿扎特民主党、社会民主党。

纳扎尔巴耶夫在2007年7月4日接受记者采访时曾表示[①]："如果哈萨克斯坦存在两个实力强大的政党，像美国那样，每个政党都有自己的纲领，那将是最理想状态。整个国家就可以稳定发展，不再有动荡。"他认为："过去政党进入议会的门槛很低，致使很多政党得以进入议会，结果是整天争吵不休，而国家利益却被丢在一边。现阶段比较理想的状态是存在3—4个政党。"

第二，选举制度（议会选举和总统选举）。哈萨克斯坦议会选举制度大体分为三个阶段：第一阶段（独立后至1995年），立法机构仍沿袭苏联后期的最高苏维埃制，实行一院制和单一选区选举。第二阶段（1995—2007年）实行两院制，议会下院的选举方式是单一选区和政党比例相结合，只有得票率超过7%的政党有权进入议会。尽管此时政党比例制的名额很少（66个议席中只有9席），但毕竟向政党比例制过渡迈出了第一步。第三阶段（2007年至

---

① В резиденции Акорда состоялась пресс-конференция Главы государства Нурсултана Назарбаева для региональных средств массовой информации. 04. 07. 2007. http：//www. ak-orda. kz/ru/speeches/press_ conferences/.

今）开始实行政党比例制，规定议会下院107个议席中，除9席由人民大会推举外，其余98席全部按政党比例制产生。在议会下院获得简单多数席位的政党或议会党团拥有政府组阁权。

议会选举实行政党比例制并增加议席数量，这项改革完善了多党竞争机制，有效提升了政党在国家政治生活中的地位，无疑是扩大政党（包括反对派）的政治空间和提高其参政地位的重要手段。设置进入议会的门槛（7%），将那些规模较小的政党排除在议会门槛之外，有利于各政党整合社会资源，加强政党间的分化组合，降低多党纷争的风险，促进大党政治的发育。对政党建设而言，政党在议会选举和参政议政中不断得到历练而逐步成熟，政党政治发展异常活跃，政党力量格局也随之优化。对议会而言，议会党团格局的改变标志着哈萨克斯坦已经成功度过府院之争的政治危机期，亲政权势力的上升有利于缓和行政系统与立法系统之间的矛盾，总统与议会的关系进入"蜜月期"，实现了国家政令畅通，可以集中精力发展建设。

与此同时，受选举竞争影响，哈萨克斯坦各政党主张的差别逐渐具体化为针对纳扎尔巴耶夫个人。虽然哈萨克斯坦给予多党政治发展的政策与空间，但多数政党的规模和影响力都相对较小，稳定性弱，因而很难进入议会，无法真正参与国家的决策，结果不是被边缘化，就是被碎片化。在政党分化组合过程中，一些政党和政治团体在治国方略和方法上出现分歧，逐渐以纳扎尔巴耶夫总统为界，形成两大阵营，即支持纳扎尔巴耶夫的"亲政府派"和反对纳扎尔巴耶夫的"反对派"。

由于2007年议会选举只有祖国之光党进入议会，哈萨克斯坦因此招致部分西方国家对其民主化改革的质疑。在此情况下，哈萨克斯坦修改了《选举法》，规定在只有一个政党进入议会的情况下，允许得票率居于次位的政党进入议会下院，与得票率第一的政党或政治联盟按比例分享席位。在2012年1月15日举行的新一届议会选举中，执政的祖国之光党赢得议会83席，反对派的光明道路党赢得8席、共产人民党赢得7席。在2016年3月举行的新一届议会选举中，祖国之光党、光明道路党和共产人民党分别获得84席、7席和7席。尽管执政的祖国之光党在议会中保持"一党独大"的局面，但随着两个反对派政党进入议会，哈萨克斯坦逐渐形成"三大政党越来越强，其他政党逐渐式微"的局面。同时也表明，哈萨克斯坦的多党制议会民主制度越来越成熟。尤其是共产人民党的入围，更被各界认为是议会多元化的表现。哈萨克斯坦学者认为，哈议会内已形成左、中、右三个阵营，其中祖国之光党是中间派，共产人民党是左翼，光明道路党是右翼；多党制议会构建了一个多党争鸣的平台，议会党团之间的竞争有助于代议制发展成熟，光明道路党和共产人民党虽然是少数派，但代表着不同地区和社会阶层的人群，可以通过推进各自倡议而对国家决策施加影响[①]。

第三，总统与政党的关系。独立之初，宪法规定总统当选后应中止其政党活动，主要原因是当时政党制度不发达，数量较多但规模较小，在这种情况下，支持总统的政党力量不一定能占据议会多数席位。为了平衡各党派力量并赢得议会支持，总统需要与所在政党"脱离"关系，保持"超党派"形象。2007年修改宪法，废除总统不得参与政党活动的限制，主要原因是：同独立初期相比，国家的政治、经济和社会环境已经发生较大变化，总统所属政党可以占据议会多数席位，成为执政党，若允许总统参与政党活动，既可方便施政，又有利于规范政党活动，使政党制度朝更健康和更健全方向发展。这项改革使得纳扎尔巴耶夫可以名正言顺地成为祖国之光党的主席，该党也因此成为名副其实的执政党。祖国之光党在哈萨克斯坦境内拥有广泛的行政资源和良好的组织基础，在中央和地方国家机关中拥有众多党员。

二 祖国之光党

早在苏联时代后期，哈萨克共产党解体后，纳扎尔巴耶夫的支持者便组建人民统一运动（属政治运动，不是政党），1995年注册为"人民统一党"。1998年，为了保证纳扎尔巴

[①] Новый Мажилис Казахстана - три в одном？（мнения экспертов）. 22.01.2012. http：//www.centrasia.ru/newsA.php？st=1327206540.

耶夫参加并赢得1999年总统选举，人民统一党联合其他几个同样支持纳扎尔巴耶夫的政治力量组成"支持纳扎尔巴耶夫参加总统选举的社会指挥部"，并于1998年10月21日在司法部登记。这个组织由前政府总理捷列先科领导，成员广泛，但具有一个共同目标，就是赞同纳扎尔巴耶夫的治国纲领，支持他参加1999年1月10日的总统大选。在竞选过程中，该组织始终起着竞选总部的作用。纳扎尔巴耶夫获胜后，该组织于1999年1月19日在阿拉木图召开会议，决定改组成政党，取名"祖国党"。

2004年议会选举后，进入议会的三个党团——祖国党、阿萨尔党以及农业党与公民党联盟宣布组成亲政权的议会多数。2006年12月22日，祖国党第五次非常大会同意将祖国党、阿萨尔党、公民党和农业党合并为一个新的政党——祖国之光人民民主党（简称"祖国之光党"），并于2007年1月15日在司法部注册。2007年7月选举纳扎尔巴耶夫担任主席至今。纳扎尔巴耶夫指出，成立祖国之光党是为了加强政权内部的团结，防止政权内部的政治竞争，联合后的祖国之光党应该是涵盖国内所有文化、民族和信仰的政党，在国家需要巩固独立和发展经济的历史时刻，应当有一个政治力量长期奉行一种政策。

祖国之光党是哈萨克斯坦最大的政治力量，是国家政治稳定的保障。该党一直是议会第一大党，掌握议会绝大多数议席，成为名副其实的执政党，代表了"议会类型的政党和社会民主主义倾向"。在哈萨克斯坦的政治发展进程中，祖国之光党一直被纳扎尔巴耶夫委以重任，为政权提供稳定的社会支持，并肩负着促进社会政治发展的使命。纳扎尔巴耶夫的很多政治主张都是先在祖国之光党大会上发布，并由该党组织落实。

  祖国之光党与纳扎尔巴耶夫总统相互依存的党政结合关系模式具有中亚国家政治转型的普遍特征。这种模式提高了执政者的执政能力，有利于总统意志在立法机关的表达以及在行政机关的上传下达，有助于总统整合社会精英，为总统搭建稳定的社会政治环境和权力基础。政权党的政治纲领和竞选战略也同总统基本保持一致，充当着总统权力维护者的角色。在现实政治生活中，二者相辅相成、彼此互动，总统依靠政权党的组织系统扩大其自身的社会政治基础，政权党则借助总统威望不断扩大其影响力，在总统和议会选举中相互支持，从而保证总统权力的巩固与政权党的壮大。总统是政权党的形象代言人，其个人的威望与政治魅力是该党的重要品牌标签。

第三章　经济调整与实践

相对于哈萨克斯坦国情（气候恶劣、地广人稀、无出海口、经济结构较单一），发展经济并非易事。尽管有许多客观情况制约，但哈萨克斯坦人民在纳扎尔巴耶夫领导下，巧妙利用国际市场和国际形势变化，不断改革创新，努力调整经济结构，夯实自身经济基础，提高应对危机的能力，增强经济调控和管理，取得了巨大的经济成就。之所以称得上"巨大"，原因在于哈萨克斯坦是世界上经济增长最快的国家之一，被称为"哈萨克斯坦经济奇迹"。

据哈国家统计委员会数据[①]，1991—2018 年这 28 年间，哈萨克斯坦经济规模从 1991 年的 859 亿卢布（约合 114 亿美元）增至 2013 年的 36 万亿坚戈（约合 2366 亿美元）和 2018 年的 61 万亿坚戈（约合 1793 亿美元），人均 GDP 从 1991 年的 696 美元增至 2013 年的 1.36 万美元和 2018 年的 9812 美元，达到中高收入国家水平。以 1991 年不变价格计

---

① Комитет по статистике Министерства Национальной экономики РК. Казахстан за годы независимости. http：//stat. gov. kz/edition/publication/booklet.

算（本币坚戈），2018年哈萨克斯坦的GDP总量相当于1991年的2.4倍，工业产值相当于1991年的1.4倍，固定资产投资规模相当于1991年的2.5倍，人均名义月工资相当于1991年的94倍。全国人口从1991年的1645万增至2018年的1839万，人均寿命从1991年的67.6岁增至2018年的73.15岁。

从经济规模、对外开放程度、金融业和服务业发展水平等因素看，哈萨克斯坦是公认的中亚经济领头羊，发展成就得到世界公认。从联合国开发计划署发布的人类发展指数看，哈萨克斯坦得分一路攀升，从1991年的0.684到2000年的0.7，再到2010年的0.772和2018年的0.8（排名世界第58位）。在世界经济论坛发布的2019年度《全球竞争力报告》中，哈萨克斯坦得分62.9，在全球141个国家中名列第55位[1]。

表3—1　　　　　　1991—2019年哈萨克斯坦宏观经济指标

指标	1991年	1995年	2000年	2010年	2013年	2018年	2019年
GDP（万亿坚戈）	859（亿卢布）	1.0142	2.5999	21.8156	35.9990	61.8195	68.9564
GDP（亿美元）	114.04	166.39	182.92	1480.53	2366.33	1793.37	1801.49
GDP增长率（与上年同比）	-11.0%	-8.2%	9.8%	7.3%	6.0%	4.1%	4.5%
人均GDP（万坚戈）	0.5（万卢布）	6.4	17.4	133.6	207.1	338.2	372.4

---

[1] World Economic Forum, the Global Competitiveness Report 2019, The Global Competitiveness Index 4.0 2019, http://www3.weforum.org/docs/WEF_ TheGlobalCompetitivenessReport2019.pdfRankings.

续表

指标	1991年	1995年	2000年	2010年	2013年	2018年	2019年
人均GDP（万美元）	0.0696	0.1052	0.1229	0.9071	1.3611	0.9812	0.9731
职工月均工资：万坚戈（美元）	—	0.4786 (79)	1.4374 (101)	7.7611 (527)	10.9141 (717)	16.2673 (472)	19.4530 (508)
财政收入（万亿坚戈）	—	—	—	4.2991	6.3824	10.8086	12.8000
国际储备（亿美元，年底）	—	16.53	20.96	282.75	247.15	309.27	289.58
进出口总额（亿美元）	—	90.56	138.52	913.97	1335.06	947.69	960.79
年均汇率（1美元=坚戈）	5255（1993年）	60.93	142.13	147.35	152.13	344.71	382.75

注：2019年数据为初步统计结果。

资料来源：Комитет по статистике Министерства Национальной экономики РК. Казахстан за годы независимости. http://stat.gov.kz/edition/publication/booklet.

哈萨克斯坦的经济发展成就与纳扎尔巴耶夫总统的经济思想及其发展实践密不可分。从纳扎尔巴耶夫的讲话、著作、答记者问以及哈政府发布的各项文件看，纳扎尔巴耶夫的经济思想及实践具有以下三个明显特征：

一是始终坚持"社会市场经济"和"先经济后政治"模式。强调"为民谋幸福"这一宗旨，兼顾公平与效率，而不是单纯追求经济利益和发展速度。强调国家的重中之重是发展经济，努力提高民众生活水平，不能为单纯追求政治民主而牺牲经济和民生利益，必须避免领导阶层意见分歧导致国家发展陷入停滞的混乱现象。

二是坚持长期发展战略。各项经济发展战略规划分阶段渐进、稳妥地推进落实，其内容通常包括：加强制度建设，降低经济运行成本；重视基础设施建设；在利用能源资源优势的基础上调整和完善经济结构；以务实开放、融入世界经济体系促进发展；以城市集群建设、经济特区和各类园区建设带动地区发展；与时俱进，力求创新。

三是在克服危机过程中走向成熟。哈萨克斯坦经济发展与克服经济危机相互交织。危机基本不是由内部经济问题导致，主要由外部国际环境变化而引发，如国际大宗商品市场价格波动、国际投资资金匮乏等。哈始终强调以"增长、改革、发展"应对危机，在"危"中寻"机"，不断改革创新。尽管经济危机在一定程度上延缓了部分国家计划和战略的落实实施，但同时也让国家发展战略在克服危机过程中不断成熟和丰富，让经济体的抵御风险能力更加强大。

第一节　制定发展战略

纳扎尔巴耶夫表示："我们绝不建设那些模糊且令人难以理解的所谓的'光明的未来'。但这是否意味着任何未来前景对我们来说都是陌生的？当然不是。古希腊人曾经说过：对于一艘不知道应该驶往哪个港口的船而言，没有一股风是公平的。如果缺乏明确的目标，任何个人、权力结构或社会都将难以生存。人们如果没有理想和梦想，则生活就会不可避免地被琐碎或短暂的物质利益所俘获，结果就是引发社会衰退。这就是为什么今天必须有一个清晰和具体的经济社会发展构想的原因。构想可以使每个人都能看到前进的方位和方向，让事件具有可预测性，增强我们对未来事物的信心，并实现最终目标。"[①]

实践中，哈萨克斯坦的国家规划体系分为三个层次，各层次战略和计划的精神实质与目标任务一脉相承，有机结合，相互裨益，形成统一整体。

第一层次文件用于确定国家长期发展愿景、指导方针和重点发展方向，体现国家长远发展的全国性目标和任务。通常以总统国情咨文、总统令、构想等形式提出，如1997年发布的"2030战略"、2012年发布的"2050战略"、2015年提出的"五项改革"、《国家安全构想》，10年期的国家发展战略、《军事学说》等。

第二层次文件是地区和行业发展战略，是为实现全国性目标和任务而针对各地区和各行业制定的发展目标和任务。通常以总统令等形式发布，作为指导和规划具体行业、地区、国家机构发展的中期和长期方案，如《2013—2020年农

[①] Н. А. Назарбаев. Рынок и социально-экономическое развитие. Москва. Экономика. 1994. С. 4.

工综合体发展纲要》《2014—2020年水资源管理国家纲要》《2015—2019年工业创新发展国家纲要》《2016—2019年卫生发展国家纲要》《2020年前商业路线图》《生产力——2020》《经济适用房——2020》《出口——2020》《投资者——2020》《2020年前地区发展国家纲要》《2011—2020年语言使用和发展国家纲要》等[1]。

第三层次文件是为落实第一层次和第二层次文件而制定的具体落实措施计划，通常以政府令或部门计划等形式发布，包括国家机构、国有企业、行业部门、地方等各领域的具体任务指标和措施办法，如《100个具体步骤国家计划》等。

一　独立后初期的改革

在独立后的最初5年，哈萨克斯坦的任务是既要尽快恢复经济增长和渡过经济难关，还要建立新国家的各项体制和机制。为应对危机和加速改革，哈政府陆续出台一系列调控政策和措施，其中比较重要的文件有五个，被称为"反危机文件"或"稳定经济文件"：一是1991年12月6日的《稳定哈萨克苏维埃社会主义共和国经济和向市场经济转型纲要》；二是1992年5月16日的《作为主权国家的哈萨克斯坦的形成与发展战略》；三是1992年12月15日的《在稳定经济和向市场经济转型阶段刻不容缓的反危机措施以及深化经

---

[1] Перечень государственных и отраслевых программ, реализуемых в Республике Казахстан. http://egov.kz/cms/ru/articles/program_kz.

济社会改革的纲要》；四是 1994 年 7 月 15 日的《深化改革及走出经济危机政府行动纲要》；五是 1995 年 12 月 13 日的《1996—1998 年深化改革政府行动纲要》[①]。

纳扎尔巴耶夫认为："1992 年年初制定的《哈萨克斯坦作为主权国家的形成与发展战略》是我们制订中期计划的首次尝试，也是在那个混乱年代里探索发展道路的首次尝试，可以确切地称之为第一个国家'三年计划'。获得独立之后，哈萨克斯坦需要解决一系列重要任务。必须作为一个国家存在下去。就是说，需要建立国家的权力机关，在国际舞台上得到承认并加入各种国际组织。现在回想起来，可以明确地说，这个计划完成了自己的使命，它在很大程度上是一个确保生存的战略。正是它确定了'我们是谁'，以及在最近和遥远的未来'我们将是谁'。这个战略为哈萨克斯坦奠定了自己的思想基础，成为哈萨克斯坦自主解决问题的最早的正式文件之一。在简要回顾历史之后，这个战略说明，当代哈萨克斯坦领土在历史上曾是后来构成哈萨克民族的各个部族以及占据着现代哈萨克斯坦全部领土的各个民族的居住地。我们正式宣告，目前的独立国家是我们历史悠久的祖国，不

---

① Постановление Верховного Совета Казахской ССР от 6 декабря 1990 года №374 – XII "Программа стабилизации экономики Казахской ССР и перехода к рынку". "Стратегия становления и развития Казахстана как суверенного государства от 16 мая 1992 года". Утверждена Президентом РК 9 апреля 1993 г. "Программа неотложных антикризисных мер и углубления социально-экономических реформ (на период стабилизации экономики и перехода к рынку)". Постановление Президента РК от 15.07.1994 №1802 "О программе действий Правительства по углублению реформ и выходу из экономического кризиса". Указ Президента РК от 13.12.1995 №2680 "Программа действий Правительства по углублению реформ на 1996 – 1998 годы".

是别人赐予哈萨克人的礼物，它自古以来就是哈萨克人的土地。我们为人民指出了明确的方向。我们也发出了一个明确信号，即现政权将利用一切宪法手段来保障单一制国家的完整、统一和领土不可侵犯。在当时那个非常不稳定的时期，宣告这一点十分重要。"①

苏联解体后，包括哈萨克斯坦在内的所有新独立国家都认为苏联经济体制已经不适应时代要求，只有走市场经济道路才能挽救经济，才能改善和提高民众生活水平。但市场经济道路具体该怎么走，各国的选择并不相同。纳扎尔巴耶夫说："经过多次不成功的试验后，哈萨克斯坦开始论述一条为世界实践所检验过的正确道路，这就是市场经济。除市场外，发展经济的其他捷径迄今尚未找到。没有市场经济，就没有哈萨克斯坦真正意义上的独立。"②

纳扎尔巴耶夫的经济思想深受德国市场经济改革之父路德维希·艾哈德（Ludwig Wilhelm Erhard）理念的影响，认为市场经济是有意识地从社会政策角度加以控制的市场经济，即"为所有人谋福利"的"社会导向型市场经济"。由此，哈萨克斯坦从计划经济转向社会导向型市场经济须坚持两项基本原则：一是社会导向型市场经济建立在竞争基础之上；二是为实现人的经济自立而完善法律环境和其他条件。

---

① Н. А. Назарбаев. Путь Казахстана. Алматы. 2016. Глава Ⅰ. Старатегия назависимости.
② ［哈］努·纳扎尔巴耶夫:《探索之路》，陆兵、王嘉琳译，新疆人民出版社1995年版，第169、209页;《哈萨克斯坦——2030战略》，哈萨克斯坦驻中国大使馆，1999年，第12页。

在上述原则基础上，社会导向型市场经济致力于建立市场经济的法律基础，实现经济自由化，通过为经营者提供经营自由，为其在所选择的任何活动领域提供施展才能的机会，并争取谋求全民福祉，重视提高国民生活水平，发展教育、科技、医疗卫生、公共服务、文化艺术等促进经济社会综合发展。自此，哈萨克斯坦开始建立以"财产私有、公平竞争、开放原则、为民谋福"为基础的现代社会市场经济模式。

哈萨克斯坦曾计划用15—20年时间分三个阶段建立较完备的市场经济体制：第一阶段，努力实现国有资产非国营化和私有化，充实国内消费品市场；第二阶段，努力改变和优化国民经济结构，建立各类要素市场；第三阶段，加快发展外向型经济，逐步与国际接轨，跻身工业化国家行列。为此，哈萨克斯坦独立不久便接受国际货币基金组织的建议，仿效俄罗斯实行"休克疗法"，希望在尽可能短的时间内打碎旧体制并建立新体制和新经济关系。

纳扎尔巴耶夫在其1994年出版的《市场和经济社会发展》一书中阐述了以下观点[①]：

哈萨克斯坦在政治领域的战略目标和任务包括：总统制；民族间和谐；多党制；维护政治稳定；军事联盟；尊重民主、自由和人权；扩大国际合作。

在经济领域的战略目标和任务包括：建立基于竞争原则

---

① Н. А. Назарбаев. Рынок и социально-экономическое развитие. Москва. Экономика. 1994. С. 5–9.

的社会导向型市场经济，将所有制的主要形式（私营和国有）结合并相互作用，每种形式都可在普遍的经济和社会关系体系中发挥作用；降低国有资产的比重，发展个体和私营经济；注重国家宏观经济管理；发展集约经济；发展加工业；发展出口和进口替代；扩大消费市场；调整经济结构；吸引外资等。

在社会发展领域的战略目标和任务包括：确保所有人的福祉；保护竞争；促进就业；反对平均主义；提高社会保障；维护民族文化多样性；提升国际形象等。

纳扎尔巴耶夫在书中写道："哈萨克斯坦的发展模式要求建立一个开放的、民主的、热爱和平的国家。这个国家是总统制共和国，保障人权和自由，维护政治和思想的多元化，确保公民和睦与民族和谐，可靠的国防与安全，在国际社会中享有尊严和平等地位。这个国家以发达的市场经济为基础，拥有各种形式的所有权和对社会负责的企业家精神，有健康的竞争，有外国投资者的合理参与。这个国家具有明确的社会目标，为每个人创造平等的条件和机会，使他们能够发挥自己的能力和享受物质丰富的生活，维护和发展每个民族的民族认同，奉行民族和谐政策，维护可持续的发展。为了使这种哈萨克斯坦模式成为现实，每个人，无论其国籍、宗教和政治立场，都必须明白，如果我们的经济不发生深刻的转变，哈萨克斯坦将与独联体其他国家一样，永远没有美好的未来。一个繁荣的社会只有通过市场，通过开放的经济，通过全面支持企业家精神才能实现。具体地说，未来几年，我们将努力使消费市场正常化，然后再用7—10年时间采取重大步骤，改变原料依赖型经济结构并发展基础设施，接着再用5—7年时间让哈萨克斯坦成为新兴的工业国家。这个任务和目标可以被视作政府与人民之间达成的社会契约，但前提是双方必须履行契约的义务。"

二 "2030年战略"

1996年，独立后的哈萨克斯坦GDP首次出现0.5%的正增长，传达出经济止跌回升的信号。纳扎尔巴耶夫认为，"救火"时期已经结束，应当思考国家的长远发展问题，需要制定国家长期发展战略。1996年4月，纳扎尔巴耶夫成立了由其亲自担任主席的最高经济委员会，召集各领域专家，着手制定经济社会长期发展战略。一年半之后，最高经济委员会起草的文本以国情咨文的形式问世，这就是1997年10月纳扎尔巴耶夫在议会发表的国情咨文《哈萨克斯坦——2030：所有哈萨克斯坦人民的繁荣、安全和福利改善》（简称"2030年战略"），确定哈萨克斯坦经济发展的总目标是：到2030年进入世界前50个最具竞争力的国家行列（主要指标是经济总量的世界排名进入前50位）。

纳扎尔巴耶夫解释道[①]："规划年限选择30年的原因主

---

① Н. А. Назарбаев. Путь Казахстана. Алматы. 2016. Глава Ⅰ. Старатегия назависимости.

要有两个：第一，30年是一代人积极生活的时间；第二，按照石油储量和使用替代能源的可能性估算，哈萨克斯坦的能源开发可维持30—40年。……根据能源储量和价格，战略提出了乐观、基本和悲观三种国家发展方案。需要指出的是，后来几年的石油价格水平甚至超过了这个战略的乐观方案指标，原定指标水平为大约每桶18美元，而2000年石油价格平均已达每桶28.2美元，2006年达到60美元水平。……如何在政治上宣布这个战略的问题，曾让我深感苦恼，有两个原因：首先，将来能否成功实施这个发展战略，取决于人们如何接受和能不能接受这个发展战略。如果没人对其抱有信心，那么它就不可能实现其使命。其次，在付出了如此多的劳动、努力和思想以后，工作小组中的每一个人，包括我在内，都深深地将与战略文件有关的一切视作自己的事。也许，这种情况恰恰帮助我们找到了解决如何宣布这个战略的最好办法。'2030年战略'及其初期落实措施于1997年10月10日正式宣布。这一天，我在议会发表了第一个国情咨文。我喜欢发表国情咨文这个主意。让人感到高兴的是，这一做法得以延续。现在，每年一度的总统国情咨文已成为传统。但在当时，这正是我们所需要的。我向全体人民，向共和国的全体公民发表讲话，突出表明这个战略的特殊作用和地位。"

"2030年战略"从现实条件出发，简明扼要、言简意赅地确定了国家优先发展的七大领域，即国家安全；政治稳定与社会和谐；立足于发达市场经济与高水平吸引外资基础上的经济增长；医疗保健、教育和社会福利；能源；基础设施；精简且专业化的国家机构。概括而言，该战略是在维护哈萨克斯坦全部国土安全、确保国内政治稳定和民族团结的基础上，通过吸引外资和增加国内储蓄、扩大石油和天然气的开采量及出口量、改善交通和通信基础设施、廉洁高效的国家管理等途径和方式，实现经济稳定和快速增长，改善公民的健康、教育和福利状况。

为落实"2030年战略"，哈萨克斯坦计划以10年为一个阶段分步落实。2001年12月4日，纳扎尔巴耶夫以总统令的形式发布《关于进一步实施2030年哈萨克斯坦发展战略的措施》，主要目标是增强哈萨克斯坦经济竞争力，提出2010年的GDP规模在2000年的基础上实现翻番[①]。由于该文件是落实"2030年战略"的第一阶段实施计划，又被称为"2010年前战略"。该文件规定：在经济发展模式的选择上，鉴于国内市场规模所限，哈萨克斯坦致力于发展外向型经济；在产业选择上，因本国产品竞争力不足且劳动力成本较高，哈萨克斯坦应选择邻近国家缺失或竞争力较弱的高附加值产业进行发展，如高科技产业和信息产业等。到2008年，哈GDP总量已是2000年的6.2倍（从2000年的2.59万亿坚戈增至2008年的16.05万亿坚戈），提前完成"2010年前

---

① Указ Президента Республики Казахстан от 04.12.2001 № 735 "О дальнейших мерах по реализации Стратегии развития Казахстана до 2030 года".

战略"确定的目标。

2008年国际金融危机后，哈萨克斯坦经济发展速度一度减退，政府立刻采取刺激性经济政策，加上国际油价快速反弹高涨，很快摆脱危机影响。2010年1月29日，纳扎尔巴耶夫总统发表题为《新的十年，新的经济增长，哈萨克斯坦的新机会》的国情咨文，指出2010—2020年是"2030年战略"实施的关键阶段，具有承上启下的重要意义。当年2月1日，纳扎尔巴耶夫以总统令形式批准《2020年前哈萨克斯坦战略计划》（也称"2020年前战略"）[①]，确定2020年GDP在2009年的基础上增长1/3，进入世界前50个最具竞争力的国家行列。同时还设定2020年前需要完成的各领域具体指标，如营商环境、清廉指数、非资源产业发展、高等教育发展、预期寿命、失业率和贫困率等。

"2020年战略"旨在实现经济多元化、加强地区一体化、大力吸引外资、发展商业、提高"哈萨克斯坦含量"、促进地区发展等。为此，各行业也相继出台2020年前发展规划，如《生产力——2020》《出口——2020》《投资者——2020》《2013—2020年农工综合体发展纲要》（又称为《农业经济——2020》）、《旅游——2020》《2020年前商业路线图》《信息化的哈萨克斯坦——2020国家纲要》《2010—2014年加速工业创新发展国家纲要》《2015—2019年"光明大道"

[①] Указ Президента Республики Казахстан от 1 февраля 2010 года № 922 "Стратегический план развития Республики Казахстан до 2020 года".

基础设施发展国家纲要》《2010—2014年农工综合体发展纲要》《2015—2019年工业创新发展国家纲要》等。

2011年1月28日，纳扎尔巴耶夫发表题为《我们共同建设未来！》的国情咨文，提出加快经济现代化和发展社会现代化两大任务和目标。经济现代化是指：继续落实工业创新计划，发展非资源领域经济；增加农业产量；努力节能和降低能耗；改善商业环境；促进地方发展；加强区域一体化，建设俄白哈关税联盟。社会现代化是指：改善和提高民众福利，尤其是教育、卫生和语言三个领域；政府应关注就业、饮用水质量、住宅建设等涉及广大民众日常生活的事务。

2012年1月27日，纳扎尔巴耶夫发表题为《社会经济的现代化：哈萨克斯坦的主要发展方向》的国情咨文，提出未来10年的主要任务是发展经济和提高人民福利水平，具体有10项：就业；经济适用房建设；地区发展；国家行政机关的服务质量；国家管理人才培养；司法和执法体制改革；人力资本教育质量；养老金制度；工业创新项目开发建设；农业发展。

2012年，哈萨克斯坦GDP总量约为2000亿美元，人均GDP达1.2万美元。按照IMF的统计数据排名，哈GDP总量和人均GDP水平在世界的排名分别为第50位与第60位。这意味着，"2030年战略"确定的主要战略目标业已实现。因此，纳扎尔巴耶夫2012年1月发表国情咨文时，也正式宣布

1997年制定的"2030年战略"的主要目标已经实现，国家的新任务是制定"2050年战略"。

三 "2050年战略"

2012年12月14日，纳扎尔巴耶夫发表题为《"哈萨克斯坦——2050"战略：健全国家的新政策方针》的国情咨文，正式提出"2050年战略"，目标是进入世界前30个最具竞争力的国家行列（各界普遍认为该目标的主要衡量标准是达到经合组织成员水平）。

2014年1月17日，纳扎尔巴耶夫在议会发表年度国情咨文《哈萨克斯坦之路——2050：共同的目标、共同的利益、共同的未来》，围绕"战略机遇期"，重点阐述"2050年战略"的7个优先发展方向，即加强创新工业发展、加强农业经济、大力发展技术密集型产业、发展基础设施、发展中小企业、发展社会领域、提高行政效率；同时提出要加强国内团结，实现国家发展的终极目标"永恒的国家"。

纳扎尔巴耶夫指出："1997年制定的'2030年战略'是一份开放性文件，从一开始就保留了修订的可能性。我们知道世界局势在不断变化，因此，我要求成立一个工作组，专门负责跟踪分析形势并制定适应新条件的战略规划。根据文件的制定情况，我建议出台一份2050年前的国家新政策方针，其中包括继续落实'2030年战略'等内容。我们都很清楚，时间和各种条件会要求我们不断调整方案，当时制定

第三章　经济调整与实践

'2030年战略'即是如此。2050年，这不是一个单纯的时间节点，而是一个现实的期限阶段，整个国际社会都依照它进行规划。联合国已制定2050年全球文明展望报告，联合国粮农组织公布了2050年预测报告。越来越多的国家开始制定和通过类似的长期战略。中国也为自己制定了类似的战略规划。就连跨国公司都在制定指导未来半个世纪的发展战略。15年前（1997年），当'2030年战略'刚刚通过的时候，国家独立后出生的第一代人刚刚准备上小学。而现在他们已经参加工作或即将大学毕业。再过两三年，独立后的第二代也要降生。因此，我们现在就要考虑为他们选择一个正确的方向。我们的主要目标是：到2050年跻身世界30个最发达国家之列。我们已取得的成就和现行的哈萨克斯坦发展模式应当成为新政策方针的基础。哈萨克斯坦'2050年战略'是'2030年战略'在新阶段的有机延续，是对'我们是谁''往哪里去''想处于什么位置'等问题的回答。"

纳扎尔巴耶夫在描绘哈萨克斯坦到2050年会是什么样子时，曾设想这样一个场景："在2050年年初，当政府评价和总结哈萨克斯坦走过的道路时，一位历史学家（'2050年战略'提出时，只是一个大学生）将记录下这样一段文字：2012年12月，当时的总统宣布了跻身世界30个最发达国家行列的目标。我们实现了这一目标。在短短的40年里，我们国家从人均1.2万美元的中等收入水平达到了让我们得以进入世界30个最发达国家之列的收入水平。我们建立了支持个人发挥主动性、能够有效保护弱势居民阶层的种种制度。我们合理利用我们的自然资源，使它们对我们的发展起到推动，而不是阻碍作用。我们大部分经济成就的取得得益于快速工业化和各服务领域的迅速发展。我们实现了向'绿色经济'的转变。哈萨克斯坦在夯实劳动力资源基础方面取得了杰出成就。我们的教育体系是世界上最先进的教育体系之一。我们国家在满足本国公民的医疗救助需求方面居于国际领先地位。我们是一个和平的国家。哈萨克斯坦不会给任何一个国家造成威胁，并且无一例外地是所有国家的朋友，它理所当然地在世界领先国家中占有一席之地。现在，我们要继续巩固我们的领先地位。但愿新的一代人能够以饱满的热情和必胜的信心接受这一挑战。"[1]

四 第三次现代化

2017年1月31日，纳扎尔巴耶夫发表年度国情咨文《哈萨克斯坦第三次现代化：全球竞争力》，提出要利用好第四次工业革命提供的机遇和有利元素，加快发展创新经济和社会现代化，落实"五项改革"，国家建设要关注五个优先方向：加快经济技术现代化；改善和拓宽商业环境；稳定宏观经济；提高人力资源的质量；体制改革、安全与反腐败斗争。

---

[1] Доклад Главы государства Н. А. Назарбаева на Евразийском форуме развивающихся рынков. Вхождение Казахстана в 30 - ку наиболее развитых государств мира. 10 сентября 2013.

2018年1月10日，纳扎尔巴耶夫发表国情咨文《第四次工业革命背景下的发展新机遇》，指出当今世界正在朝着第四次工业革命时代迈进，哈萨克斯坦启动了独立后的第三次现代化建设（第一次是独立，第二次是建国，第三次是高质量发展），提出未来的工作重点是：利用新技术发展工业，进一步开发资源潜力，发展智慧农业，提高交通物流基础设施利用效率，在建筑和市政建设方面应用新技术，金融创新和加强监管，开发人力资源，提高公共管理水平，打造智慧城市，打击腐败和加强法制。

纳扎尔巴耶夫认为："哈萨克斯坦的第一次现代化改革始于20世纪90年代初。在这段时期，国家成功地在经济、社会和政治领域实现了'三重转型'，建立了新的政治体系，形成了市场经济机制，为建设法治国家奠定了基础，使社会中各民族和宗教和谐共存，并获得了世界的认可。1992年第一个战略计划制订的任务全部完成。独联体国家中几乎没有哪个国家没经历过混乱和内战、经济崩塌和赤贫、犯罪肆意横行等情况，但哈萨克斯坦所做的一切努力都是为了能够避免这些灾难。第二次现代化始于20世纪90年代中期，并于2015年左右结束。我们保持了经济稳定增长，建立了现代化国家体系，形成了中产阶级，人民生活质量得到显著提高，建成了新的首都，通过推行平衡和负责任的外交政策提升了国家的国际威望，展现了自己在中亚地区的领导地位。经历了两次国际经济危机之后，哈萨克斯坦的损失并不大，这得益于国家稳定所带来的财富。在 2012 年，我们提前完成了'2030 年战略'的全部任务，成为全世界最有竞争力的 50 个国家之一，并成为中等发达国家。在'2050 年战略'实施的日子里，我们正在为向新目标迈进铺路，即我们要跻身世界 30 个最发达国家行列。2017 年年初，我宣布实施的'第三次现代化'能够保障我们向这一新的目标前行。我们已经进行了宪法改革，确定了下一个阶段经济改革的首要任务，并根据《放眼未来纲要》发展社会意识。第三次现代化与当前任务之间并不矛盾，二者基于相同内容和考量，总体上构成改革与发展的完整过程。我们所制定的基本原则是其发展的基础，需要我们在整个历史发展新阶段始终坚持。"[①]

人类历史上至今共发生了四次工业革命：第一次是蒸汽工业革命（蒸汽时代），第二次是电气化革命（电气时代），第三次是计算机和信息化革命（信息时代），第四次是量子力学、大数据、云计算、物联网、人工智能和新能源革命（智能与绿色工业时代）。在纳扎尔巴耶夫看来，面对世界第四次工业革命浪潮，哈萨克斯坦不能错过时代赋予的机遇，必须迎头赶上，发展经济现代化（尤其是数字经济和创新经济），优化营商环境，确保经济社会稳定，提高人力资源质量，改善国家管理，努力学习英语，这样才能实现"2050 年战略"确定的进入世界 30 个最发达国家行列的目标。哈萨

---

① Нурсултан Назарбаев. Эра Независимости. 2017. Предисловие.

克斯坦前两次现代化的成果，为国家建设第三次现代化奠定了良好基础（法律、市场、人才、基础设施、国际关系等），使得哈萨克斯坦具备了利用人类历史上第四次工业革命实现国家第三次现代化的能力。如果错失机遇，哈将被赢得机遇的国家超越，永远无法进入发达国家行列，"2050年战略"目标也将无法实现。

第二节 克服经济危机

哈萨克斯坦独立后的发展过程伴随"发展—危机—发展"这样一个循环往复的螺旋式上升的经历，可谓在不断总结经验教训的基础上逐渐成熟。纳扎尔巴耶夫指出："哈萨克斯坦独立后曾面临四次挑战。在苏联的废墟上，我们创建了一个现代化市场经济国家。在1997—1998年亚洲金融危机紧张时期，我们不仅制定了'2030年战略'，还开始了新首都阿斯塔纳的建设，这不仅是哈萨克斯坦最大的基础设施项目，也是展望未来的国家象征。在2008—2009年国际金融危机期间，我们用'加速工业创新发展纲要'应对挑战。结合2012—2017年全球实际情况，我们制定了'2050年战略'，用'光明大道'这一大规模基础设施发展计划、'五项改革'和'第三次现代化'来应对挑战。完全有理由肯定，哈萨克斯坦建立了独一无二的国家建设和发展模式。如果说国家是一个活生生的机体，那么哈萨克斯坦模式就是形成这一机体的母体，使这一机体沿着明确的目标方向、充分发挥每个环节的作用而平稳运行。"

一　多次经历经济危机

哈萨克斯坦独立以来，先后遭遇了四次较大的经济危机：

第一次经济危机发生在20世纪90年代初期，因苏联解体和国家刚刚独立，苏联原有的统一的经济联系被破坏，导致国家经济急剧衰退。1991年独立后至1995年，国家经济始终处于下降阶段，从1996年开始才实现正增长，2004年GDP规模恢复到独立前的1990年水平。

以1990年为基准的不变价值计算，1991年的GDP只相当于1990年的89%、1992年相当于84.3%、1993年相当于76.5%、1994年相当于66.9%、1995年相当于61.4%。1995年的职工实际工资相当于1990年的69.9%，退休金相当于77.3%，建筑投资相当于64.1%。可以说，短短5年时间，整个国家的生产能力下降约40%，人民收入水平下降约30%。

1992年年初，哈萨克斯坦开始推行价格自由化政策，除部分商品外，放开绝大部分商品价格，1994—1995年又放开粮食和能源价格，至此，基本全部实现价格自由化。但价格自由化导致这个时期的通货膨胀极其严重，尽管国家调控后通胀水平逐年降低，但绝对值仍然很高。消费品物价指数同比：1992年为1614.8%、1993年为1758.4%、1994年为1977.4%、1995年为276.2%；工业品物价指数：1992年为2565.1%、1993年为1142.8%、1994年为3020.4%、1995年为239.8%。

纳扎尔巴耶夫曾说过[①]："当代青年很难想象哈萨克斯坦在20世纪90年代初是什么样子，我们当时是怎样起步的？如果仅仅简单地说，我们当时的状况在苏联15个加盟共和国中占倒数位置，那等于什么也没说。老一代人还记得，当时商店里的主要日用品均需凭票购买。例如，每人每月供应不超过1千克糖、400克油、10个鸡蛋等。为了给孩子们买到牛奶，早晨五六点钟就得去商店排队。有一段时间，在我们这个粮食高产、小麦收成不错的国家，面包竟然也严格按定额销售——巴掌大的一块面包啊！而购买电视机、电冰箱、洗衣机的票证被争来夺去。没有人敢设想买汽车。人们都在工作，却几个月拿不到工资，退休人员领不到退休金。药品奇缺，需要做手术和治疗的患者须自带一切必需品，自买药品。当时的情况就是这样！这比任何数字和统计都更直观地说明了那时的经济和人们生活的可悲状况。"

为应对危机，这个阶段哈政府的经济工作重点集中在四

---

① Выступление Президента Казахстана Н. Назарбаева на XXII сессии Ассамблеи народа Казахстана. Мәңгілік Ел: одна страна, одна судьба. 23 апреля 2015 г.

个领域：一是私有化。采取多种形式深化并加速私有化进程。二是财政金融。努力抑制通货膨胀，遏制物价飞涨速度；减少财政赤字，减少政府补贴；规范原材料进出口关税、企业增值税、超额利润税等。三是投资政策。发展能源、冶金、农业等能够丰富民众生活必需品或者增加财政收入的行业。四是关注民生，发展基础设施，稳定与民众生活息息相关的物价，如铁路、公交、电力、热水、燃气、住房等。为保障各项措施得到贯彻落实，哈政府于1993年1月12日成立国家经济改革委员会，由政府总理领导（委员会主席），成员有主管经济改革的副总理、财政部部长、经济部部长、央行行长、国有资产管理委员会主席、国家反垄断委员会主席等。委员会每季度向总统提交报告，汇报反危机纲要的落实执行情况以及下一步工作建议[1]。

经过近5年的努力，哈萨克斯坦终于遏制住经济下滑趋势，经济体制改革也取得一定进展，表现在：第一，基本克服了苏联解体带来的经济危机。虽然1996年GDP仅比1995年增长0.5%，以不变价值计算仅相当于1990年的61.7%和1991年的69.3%，但经济下降趋势已经得到控制，开始止跌回升，走上复苏轨道。第二，基本建立起市场经济体系，如放松价格管制，主要依靠市场自发调节商品价格；实现了所有制形式多样化，各经济领域都有私营成分，尤其是商业、

---

[1] Указ Президента от 12.01.1993 №1069 "О создании национального совета экономических преобразований Республики Казахстан" вместе с Положением о совете.

服务业等流通领域；发行了本币坚戈，初步建立起证券市场。第三，丰富了消费市场。尽管通胀严重，但物资远比苏联时期丰富。第四，对外联系不断扩大，加入了多个国际组织。

第二次经济危机是1997—2000年，因俄罗斯经济危机而引发。1997年7月东南亚爆发金融危机后，韩国等国际资本从俄罗斯金融市场撤出，大量抛售股票，导致1997年10月底至11月中旬俄股市价格平均下跌30%，并殃及债市和汇市。发生在东南亚和俄罗斯的金融危机对哈经济也造成一定冲击，止跌回升不久的哈萨克斯坦经济于1998年再度受挫。当年GDP较1997年下降2.5%，工业产值下降2.1%，农业产值下降18.9%。1998年共引进外国直接投资12.33亿美元，较1997年21.07亿美元明显减少。由于对坚戈的贬值预期增加，商业银行和居民纷纷将坚戈兑换成美元。尽管哈政府采取严格的监管和限制措施，国家外汇储备还是大量减少，1998年商业银行共卖出69亿美元的外汇，只买进30亿美元的外汇。

为增强抗御危机的能力，除加强金融监管外，哈政府采取的措施还有：第一，成立国家发展银行和国家基金，为建设项目积累资金。第二，修改税法，降低增值税和社会税的税率，为企业减负。第三，2001年4月2日颁布《公民非法收入大赦法》（也有译为《大赦影子资本法》），旨在整顿经济秩序，增加发展资金。在规定的20天期限内（2001年6月14日—7月3日），哈萨克斯坦公民只要将其存放在国内或境外的、通过违反税法或金融法等方式获得的资产存入政府指定的19家商业银行专门账户，就可免予承担刑事和行政责任。据统计，全国共赦免影子资本4.8亿美元[①]。

第三次经济危机发生在2008—2009年。美国次贷危机和国际金融危机引发全球大宗商品价格暴跌，造成哈经济下滑。国际金融危机是金融创新的衍生品所致，它由美国次贷危机而起，2008年9月16日美国第四大投资银行雷曼兄弟公司破产倒闭，标志次贷危机升级为严重债务危机，从而引发国际金融危机。国际金融危机2008年波及哈萨克斯坦，造成股市急剧下挫，本币坚戈大幅贬值，外资大量撤离，流动性出现短缺，国内各银行的贷款规模也相应缩减，一些建设项目被迫中止，失业人数增加。

2009年1—2月，哈萨克斯坦主要股指从31424.1点跌至25915.1点，跌幅达17.53%，其中金融板块首当其冲，迫使政府紧急注资99亿美元并控股部分商业银行。货币大幅贬值。哈央行从2008年10月至2009年2月的4个月期间共动用约60亿美元来维持本币坚戈兑美元的汇率，但最终于2009年2月4日决定将坚戈贬值25%，坚戈兑美元的基准价从120∶1调整为150∶1，允许3%的上下浮动，同时官方再融资利率从10%下调至9.5%。哈2009年共吸引外国直接投

[①] Закон Республики Казахстан от 2 апреля 2001 г. №173 – II "Об амнистии граждан Республики Казахстан в связи с легализацией ими денег" (внесены изменения и дополнения Законом РК от 29.06.01 г. №218 – II);《哈萨克斯坦："大赦影子资本行动"结束》，2001年7月17日，新华网，http：//news.sina.com.cn/w/2001-07-17/304581.html.

资 184.29 亿美元，比 2008 年减少 13.26 亿美元。可以说，此时的哈萨克斯坦金融危机、粮食危机、就业危机等同时存在并相互作用，应对金融危机已经不再是一个单纯的经济问题，处理不当或不及时，就很可能演变成为政治危机和社会危机。

为应对国际金融危机，2008 年 11 月哈政府通过反危机计划，推出一揽子刺激措施，通过综合运用财政、货币、产业、投资、社会和宣传等政策手段，利用中央财政预算、国家基金、国家开发银行、减税措施释放的资金、应急资产基金等多渠道融资，共筹资 2.2 万亿坚戈（约合 180 亿美元，占 GDP 的 14%）用于保障就业、稳定不动产市场、建设与维修道路、发展城乡经济，此外还资助银行、农业以及中小企业。

第四次经济危机发生在 2014—2017 年，国际市场石油价格大幅下挫以及欧美对俄制裁对哈经济造成巨大冲击。2014 年下半年，随着石油价格下降以及俄罗斯遭受西方制裁，与俄罗斯经济联系紧密的哈萨克斯坦经济亦受到较大影响，出口收入明显下降，坚戈大幅贬值，资本净流出大幅增加，经济美元化程度加深。当时，哈经济脆弱性还表现在两个方面：一是外债水平，当时哈萨克斯坦国家担保的外债余额约占 GDP 的三成，短期外债和当期应还利息总计占 GDP 比重超过 70%，而这两项指标的国际公认警戒线分别是 20% 和 70%；二是银行业的不良贷款比重。当时哈萨克斯坦银行业的整体不良贷款率约为12%，高于《巴塞尔协议》规定的10%风险线，而且外币贷款占总贷款的30%左右，企业外币还款压力较大，违约风险较高。

为应对此次危机，哈萨克斯坦采取刺激性经济政策和加快改革措施。2014年11月11日，纳扎尔巴耶夫发表国情咨文《光明大道：通往未来之路》，宣布实施"光明大道"新经济政策，核心是加强基础设施建设（交通、工业、农业、能源、公用事业、供水系统、住房、社会事业）。计划分5年实施，拟吸引100多家外国企业参与，预算总规模约500亿美元，其中拨付中央预算333亿美元（6万亿坚戈），2015—2017年将从国家基金中划拨90亿美元（每年30亿美元），另外，世界银行、亚洲开发银行以及欧洲复兴开发银行等国际金融机构准备向哈提供90亿美元资金用于实施90个优先项目。2015年3月11日，纳扎尔巴耶夫在祖国之光党第十六次全国代表大会上发表讲话，提出"五项改革"方针，即建设专业化的国家机关；加强法制建设；落实工业化和保障经济增长；团结与统一；建立负责任的政府。当年5月，哈政府发布《100个具体步骤国家计划》，作为针对"五项改革"的100项具体落实措施。"光明大道"新经济政策、"五项改革"和"百步计划"既是应对危机的措施，也是为实现"2050年战略"所提出的长远改革措施。

2015年11月30日，纳扎尔巴耶夫发表题为《全球新形势下的哈萨克斯坦：增长、改革、发展》的国情咨文，阐述哈在遭遇新一轮国际经济危机形势下的挑战与机遇、国家的应对策略以及未来主要任务和目标，提出反危机三项基本原则，即经济增长、制度和体制改革、经济社会现代化发展；提出反危机五项主要措施，即稳定金融、优化财政和税收、促进私有化和经济竞争、吸引投资、改善社会福利。

二 引发经济危机的主要因素

国际上将一国（特别是中小国家）某一初级产品部门异常繁荣而导致其他部门衰落的现象称为"荷兰病"。"荷兰病"的经典模型是假设一国经济起初处于充分就业状态，如果突然发现某种自然资源以及该资源价格意外上涨，在某一自然资源产业繁荣影响下，制造业和服务业不但未能借势发展，相反还会陷入衰落状态。"荷兰病"不是所有资源丰富国家的通病。其产生原因并不在于开发利用资源本身，而是未能合理使用资源收益。如果一个国家能够理性对待资源收入，将其合理分配在不同领域或进行适当储蓄，就有可能避免发生"荷兰病"。相反，如果一个国家过分追求高利润，将经济资源全部投向盈利部门，而忽视各部门均衡发展，则很容易引发"荷兰病"。

据BP公司2019年度《世界能源统计年鉴》[①]，截至2018年年底，哈萨克斯坦已探明石油储量为300亿桶（约合39亿吨），2018年产量为9120万吨，消费量为1860万吨；天然气储量为1万亿立方米，2018年开采量为244亿立方米，消费量为194亿立方米。煤炭储量为256亿吨，2018年生产0.51亿吨油当量，消费0.41亿吨油当量。

哈萨克斯坦是典型的资源依赖型国家，矿产资源的开采、加工和出口在国民经济中占主导地位。2004年前，因矿产品（石油、煤炭、铁矿等）的国际市场价格较低，采掘业对哈经济的贡献排在加工业之后，加工业一直占工业产值的一多半。从2004年开始，采掘业产值规模超过加工业。此后，采掘业（尤其是石油，还有铜、煤、铁、铀等）成为哈萨克斯坦最主要的工业部门、财政收入的最大来源、出口的主打产品、外国投资的青睐领域。高峰时期，油气工业约占国内工业总产值的2/3、GDP的1/3（2018年占21.3%）、出口总额的3/4、财政收入的1/3。另外，从1998年开始，哈萨克斯坦国家预算方案的制定与安排主要根据石油出口收入测算。

从经验看，引发哈萨克斯坦经济危机的主要因素之一，是国际大宗商品（尤其是石油）市场的价格下跌导致国家财政和外汇收入减少、本币贬值，甚至企业资金链断裂。由

[①] 《BP世界能源统计年鉴2019》，https://www.bp.com/content/dam/bp-country/zh_cn/Publications/2019SRbook.pdf.

此，调整经济结构和发展非资源领域经济成为哈克服经济危机的主要措施之一。

表3—2　　　　1991—2018年国际市场现货原油价格　　　单位：美元/桶

年份	迪拜原油	布伦特原油	尼日利亚福卡多斯原油	美国西得克萨斯中质原油	哈原油产量（亿吨/万桶·日）	哈原油消费量（万桶·日）	哈炼厂加工量/炼厂产能（万桶·日）
1991	16.63	20.00	20.11	21.53	—	—	—
1992	17.17	19.32	19.61	20.57	—	—	—
1993	14.93	16.97	17.41	18.45	—	—	—
1994	14.74	15.82	16.25	17.21	—	—	—
1995	16.10	17.02	17.26	18.42	—	—	—
1996	18.52	20.67	21.16	22.16	—	—	—
1997	18.23	19.09	19.33	20.61	—	—	—
1998	12.21	12.72	12.62	14.39	—	—	—
1999	17.25	17.97	18.00	19.31	—	—	—
2000	26.20	28.50	28.42	30.37	—	—	—
2001	22.81	24.44	24.23	25.93	—	—	—
2002	23.74	25.02	25.04	26.16	—	—	—
2003	26.78	28.83	28.66	31.06	—	—	—
2004	33.64	38.27	38.13	41.49	—	—	—
2005	49.35	54.52	55.69	56.59	—	—	—
2006	61.50	65.14	67.07	66.04	—	—	—
2007	68.19	72.39	74.48	72.20	—	—	—

续表

年份	迪拜原油	布伦特原油	尼日利亚福卡多斯原油	美国西得克萨斯中质原油	哈原油产量（亿吨/万桶·日）	哈原油消费量（万桶·日）	哈炼厂加工量/炼厂产能（万桶·日）
2008	94.34	97.26	101.43	100.06	7070 /148.5	24.0	23.6 /33
2009	61.39	61.67	63.35	61.92	7650 /160.9	19.8	23.5 /33
2010	78.06	79.50	81.05	79.45	7970 /167.6	21.1	25.7 /33
2011	106.18	111.26	113.65	95.04	8010 /168.4	24.3	32.6 /33
2012	109.08	111.67	114.21	94.13	7930 /166.4	24.5	33.1 /33
2013	105.47	108.66	111.95	97.99	8230 /173.7	26.0	34.1 /35
2014	97.07	98.95	101.35	93.28	8110 /171.0	26.2	36.1 /35
2015	51.20	52.39	54.41	48.71	8020 /169.5	29.5	34.2 /35
2016	41.19	43.73	44.54	43.34	7860 /165.5	30.5	33.9 /35
2017	53.13	54.19	54.31	50.79	8700 /183.8	31.7	35.5 /36
2018	69.51	71.31	72.47	65.20	9120 /192.7	35.7	37.4 /39

资料来源：《BP世界能源统计年鉴2019》，https://www.bp.com/content/dam/bp-country/zh_cn/Publications/2019SRbook.pdf.

表3—3　　　　　　　　1991—2018年国际市场天然气价格

单位：美元/百万英热单位

年份	液化气		天然气					原油经合组织国家到岸价格	哈天然气开采量/消费量（亿立方米）
	日本到岸价格	普氏日韩到岸价格	德国平均进口门站价格	英国（国家平衡点指数）	荷兰天然气交易中心价格	美国亨利中心价格	加拿大阿尔伯塔价格		
1991	3.99	—	3.23	—	—	1.49	0.89	3.33	—

续表

年份	液化气 日本到岸价格	液化气 普氏日韩到岸价格	天然气 德国平均进口门站价格	天然气 英国（国家平衡点指数）	天然气 荷兰天然气交易中心价格	美国亨利中心价格	加拿大阿尔伯塔价格	原油经合组织国家到岸价格	哈天然气开采量/消费量（亿立方米）
1992	3.62	—	2.70	—	—	1.77	0.98	3.19	—
1993	3.52	—	2.51	—	—	2.12	1.69	2.82	—
1994	3.18	—	2.35	—	—	1.92	1.45	2.70	—
1995	3.46	—	2.43	—	—	1.69	0.89	2.96	—
1996	3.66	—	2.50	1.87	—	2.76	1.12	3.54	—
1997	3.91	—	2.66	1.96	—	2.53	1.36	3.29	—
1998	3.05	—	2.33	1.86	—	2.08	1.42	2.16	—
1999	3.14	—	1.86	1.58	—	2.27	2.00	2.98	—
2000	4.72	—	2.91	2.71	—	4.23	3.75	4.83	—
2001	4.64	—	3.67	3.17	—	4.07	3.61	4.08	—
2002	4.27	—	3.21	2.37	—	3.33	2.57	4.17	—
2003	4.77	—	4.06	3.33	—	5.63	4.83	4.89	—
2004	5.18	—	4.30	4.46	—	5.85	5.03	6.27	—
2005	6.05	—	5.83	7.38	6.07	8.79	7.25	8.74	—
2006	7.14	—	7.87	7.87	7.46	6.76	5.83	10.66	—
2007	7.73	—	7.99	6.01	5.93	6.95	6.17	11.95	—
2008	12.55	—	11.60	10.79	10.66	8.85	7.99	16.76	183/106
2009	9.06	5.28	8.53	4.85	4.96	3.89	3.38	10.41	190/101
2010	10.91	7.72	8.03	6.56	6.77	4.39	3.69	13.47	204/110
2011	14.73	14.02	10.49	9.04	9.26	4.01	3.47	18.56	201/122

续表

年份	液化气		天然气					原油经合组织国家到岸价格	哈天然气开采量/消费量（亿立方米）
	日本到岸价格	普氏日韩到岸价格	德国平均进口门站价格	英国（国家平衡点指数）	荷兰天然气交易中心价格	美国亨利中心价格	加拿大阿尔伯塔价格		
2012	16.75	15.12	10.93	9.46	9.45	2.76	2.27	18.82	198/130
2013	16.17	16.56	10.73	10.64	9.75	3.71	2.93	18.25	214/136
2014	16.33	13.86	9.11	8.25	8.14	4.35	3.87	16.80	217/150
2015	10.31	7.45	6.72	6.53	6.44	2.60	2.01	8.77	220/153
2016	6.94	5.72	4.93	4.69	4.54	2.46	1.55	7.04	229/158
2017	8.10	7.13	5.62	5.80	5.72	2.96	1.60	8.97	234/159
2018	10.05	9.76	6.62	8.06	7.90	3.13	1.12	11.69	244/194

资料来源：《BP 世界能源统计年鉴 2019》，https：//www.bp.com/content/dam/bp-country/zh_cn/Publications/2019SRbook.pdf.

三 "危"中有"机"

纳扎尔巴耶夫认为，任何一场危机终将过去，成为一段历史。只要共同努力，就能克服和战胜所有的困难。哈萨克斯坦不会被困难击倒，相反，这些困难会更加激发人民的斗志，促使哈萨克斯坦更加努力地跻身全球最发达 30 个国家行列。在国家发展过程中，不可避免会经常遭遇经济危机浪潮，但"危机之中并不总是危险，也蕴含着新的机遇。许多全球性大型企业就是在危机时期取得了成功。几乎所有在近半个世纪崛起的国家都是从零开始"①。

从哈萨克斯坦历次应对经济危机的措施中可以看出，哈政府总是通过综合运用经济、社会、行政和宣传等手段，采取刺激性经济政策，加大投入，在克服危机的同时兴利除弊，完善国家管理，发展人力资源，不仅很快走出危机，而且国家实力更加壮大，抗风险能力得到加强。例如，2008年国际金融危机期间，纳扎尔巴耶夫认为，尽管金融危机给世界经济带来灾难，但也必将成为世界历史的转折性事件，促使世界呈现四个发展新趋势：一是世界货币体系变化，可能加快形成新的统一的世界货币和结算体系；二是国际力量格局重新洗牌，多极化进程加速，东方的力量不断增强；三是低碳节能理念愈加被接受和应用，新能源革命的领导者可能是未来世界经济的领袖；四是国家的调控功能得到越来越多的认可，对行政管理和人力资源的要求也越来越高。哈萨克斯坦应该适应并利用变化了的国际环境，加速自身发展②。

纳扎尔巴耶夫认为：哈萨克斯坦应对危机的战略方针由三个简单却非常重要的概念组成，即增长、改革、发展。第一是增长。主要是指经济增长，应通过发挥私营部门潜力开

---

① Послание Президента Республики Казахстан Н. Назарбаева народу Казахстана от 30 ноября 2015 г. "Казахстан в новой глобальной реальности: рост, реформы, развитие".

② Лекция Президента Республики Казахстан Н. А. Назарбаева в КазНУ им. аль - Фараби "Казахстан в посткризисном мире: интеллектуальный прорыв в будущее"（Алматы, 13 октября 2009 года）.

启新的内生驱动力。第二是改革。改革应保障经济、社会以及国家的稳定发展，对于哈萨克斯坦来说，政府部门、企业、金融、财政等领域更深层的改革非常重要且必要。第三是发展。不断推进社会各领域的现代化进程。依据建设全民劳动型社会、树立社会责任感以及帮助弱势群体等原则，对政府、社会以及私营部门进行结构性改革①。

纳扎尔巴耶夫认为：落实国家各项工作须坚持四大原则：一是实用主义和进化主义原则。既脚踏实地，又不断改革创新，不能有任何跳跃行为以及鲁莽的实验和冒险。二是互利共赢的开放原则。努力吸引外国投资、技术和创新，同时加快一体化合作，深度融入世界经济体系，尤其是欧亚经济联盟和世界贸易组织。三是提高公民福利水平原则。一切发展须以普通民众的切身体验为准，发展成就应惠及民众。四是全民参与原则。国家发展建设是关系每一位公民的大事，不是某个人或某个单位的事，每一位部长、市长、企业家和公民都应该积极投身于国家建设事业，在工作岗位上努力奋斗②。

---

① Послание Президента Республики Казахстан Н. Назарбаева народу Казахстана. 30 ноября 2015 г. Казахстан в новой глобальной реальности: рост, реформы, развитие.
② Послание Президента Республики Казахстан Н. Назарбаева народу Казахстана. 17 января 2014 г. Казахстанский путь － 2050: Единая цель, единые интересы, единое будущее.

第三节　调整经济结构

苏联解体后，原有的统一分工被打破，所有新独立国家都在继承苏联遗产基础上选择适合本国国情的发展战略，努力改善本国经济结构，希望建立比较完整的工农业体系，提高抵御风险和维护独立与主权的能力。所谓经济结构调整主要是指调整产业结构和区域经济结构，发展非资源领域经济，完善基础设施，减轻对油气等自然资源的依赖。独立伊始，纳扎尔巴耶夫就已经意识到本国经济结构的优势和缺陷。但独立初期，因政局动荡和经济衰退，国家的当务之急是遏制经济下降，无暇顾及经济结构调整。1997年提出"2030年战略"不久，受1998年俄罗斯金融危机影响，哈萨克斯坦经济发展速度再次下降，发展战略被迫推迟实施。纳扎尔巴耶夫总统越发认识到稳定经济、摆脱单一结构、发展非资源领域工业和创新经济、实现经济多元化和均衡化的重要性。进入21世纪，国际市场原材料价格，特别是石油等能源价格高涨，以能源等原材料出口为主的哈经济也得到稳定发展，在此基础上，有关调整经济结构和经济多元化问题再次被提上日程。

纳扎尔巴耶夫认为，单纯依赖油气和采掘业发展经济没有出路，大量开发造成资源越来越少，必须在资源枯竭之前调整经济结构，为资源耗尽后的国家建立新的经济基础。由此，发展非资源领域经济意义重大：一是依赖资源开发的单一经济结构难以承受市场波动，不利于经济稳定，只有多元化经济才能更有效地防范风险；二是发展民族工业，巩固国家独立与主权，减少对日用品和工业制成品的进口依赖，增加本国就业；三是建立可持续发展经济，对资源枯竭后的国家未来早做打算，防患于未然。

不过，发展非资源领域经济并非易事。在规划行业发展和产业政策时，政府和企业需要在就业、财政收入、投资规模、未来市场、区位布局、发展条件、大国平衡等诸多因素间进行综合平衡和考量。例如，在国际油价高涨时期，是继续投资开发高附加值的加工业，还是投资油气开采获取高利润？发展创新产业需要高新技术和设备，但"机器排挤人"，又该如何解决就业问题？在国家地广人稀的情况下，厂址选在哪里？在俄罗斯和中国两大邻国技术标准和需求差异较大的情况下，选择哪个目标市场？在国家优质资源有限的情况下，如何确定外资招标对象和平衡大国关系？

换句话说，发展非资源领域经济不是单纯的经济问题，而是涉及国内和国际政治。在国内，尤其是在国际油价高涨的大好形势下，如果不扩大油气产能、增加外汇收入，利益集团和民众就会批评政府错失良机；但如果将大部分财政资金用于增加石油开采，一旦将来国际油价下跌，而其他产业却因发展不足而无法弥补石油收入下降的亏空，经济社会可能陷入危机，同样会引发社会不满甚至动荡。国际上，剩余储量丰富的油田一直都是各国竞相争夺的对象，分配石油资源成为平衡国内利益集团和国外大国力量的有效手段。进驻哈萨克斯坦的外国石油企业中，美国雪弗龙公司控制着田吉兹和卡拉恰干纳克两大油田，这两个油田的年产量约占哈石油开采总量的一半。这就是说，哈近一半的石油权益被美国公司控制。这是哈美关系始终良好的重要保障。

一 确定产业优先发展方向

发展非资源领域是哈萨克斯坦的既定战略。纳扎尔巴耶夫认为，工业创新和发展非资源领域并非"另起炉灶"，而是以传统产业为中心，逐渐发展相关产业，以此获得全面发展，即所谓的"增量改革"。尽管资源开发仍是国家的重要产业，但各项政策和财政预算已经开始向非资源领域（矿产开采以外的其他领域）倾斜。哈政府希望通过促进经济多元化（优化产业结构）和提高竞争力（扩大规模和能力）等方式实现稳定、均衡与可持续发展，提高抗御经济风险能力，防止"荷兰病"。

从 2001 年起，哈政府在不断探索过程中逐渐明确了优先产业方向。2001 年 12 月 4 日发布的《哈萨克斯坦 2010 年前发展战略计划》认为，随着世界经济发展，必然出现资源短缺，而哈国内资源丰富，恰好可以借力腾飞；哈人口少，国内市场狭小，适合发展外向型经济，而不适用进口替代战略；哈国内产品竞争力低且劳动力成本较高，适合发展邻国欠缺或竞争力较弱的、高附加值的高科技产业和信息产业等。为此，哈萨克斯坦将产业分为三大类型：一是以出口导向为主，如石油、冶金、铀、煤炭、石化和化工等；二是以满足内需为主，包括食品、油气加工、电力、机械制造、建材、纺织、皮革、制鞋、木材加工等；三是以发展高新技术为主，包括信息、航天技术、生物化学、生物医药等。

2004年3月19日纳扎尔巴耶夫总统发表题为《建设有竞争力的哈萨克斯坦、有竞争力的经济、有竞争力的国家！》的国情咨文后，哈政府聘请国内外知名研究机构对国内约150个经济领域进行分析研究，最后选定7个领域作为优先发展对象，即建材、纺织、冶金、食品、油气机械制造、旅游和运输业。

2010年哈政府制定《2010—2014年加速工业创新发展国家纲要》时，将国内工业部门划分为四大类：一是传统产业，包括油气开采、石化、矿冶、化学、核铀这五个传统的采掘和炼制行业；二是满足国内市场需求的产业，包括机械制造、制药、建材这三个国内短缺、每年需大量进口的行业；三是有出口潜力的产业，包括农业、轻工业、旅游业这三个具有开发潜力并大量出口的行业；四是未来产业，包括信息、航天技术、生物工程、可再生能源、核能这五个高新技术行业。

2014年发布的《2015—2019年工业创新发展国家纲要》（又被称为"第二个工业五年计划"）将产业分为基础性产业、市场导向型产业和创新型产业三大类。其中，基础性产业是指开采资源和能耗较高的行业，包括黑色和有色冶金、采掘、油气加工、化工等；市场导向型产业是面向国内和区域大市场需求的行业，包括交通工具及其配件、电力机械、农用机械、矿山机械、石油开采和加工机械、建材等；创新产业主要是航天技术、机器人、生物工程、新能源等。

与2010年工业创新发展纲要相比，2014年工业创新发展纲要更加讲求实际，注重与国情相结合：第一，在确定优先产业时，侧重于油气炼化、冶金、化工等发展基础较好、市场需求和出口潜力较大的一些行业，去掉了制药、核能、通信技术、替代能源等不切合国情的行业；第二，更加重视利用"国家—私人"伙伴关系，努力吸引私人资本和外国投资；第三，将工业预算总投资的80%用于优先行业，非优先行业仅留20%的资金量；第四，注重生命科学、医学、基因工程、通信等未来产业的科技研发。鉴于工业化水平整体较低和科研力量总体薄弱，这些产业不具备大规模产业化推广的可能性，即以研发为主、产业为辅。

在规划经济政策时，"创新"是纳扎尔巴耶夫使用频率最高的词汇。实践中，创新包括产业创新（发展高新技术产业）、制度创新（打造良好的规则和管理体系）、观念创新（提高创新意识和理念）。纳扎尔巴耶夫认为，发达国家的经验证明，只有向科技密集型经济转变，才能同时保证经济发展的灵活性、活跃性和稳定性以及整个国家的繁荣。若想跻身世界30个发达国家行列，就应当以建立科技密集型经济为基础。为此，需要调整工业化的优先方向，放弃"夕阳产业"；要限制优先部门的数量，以便集中使用有限资源；要在高技术生产和服务领域实现专业化，加强清洁能源、机器人、纳米技术、农业基因工程和航空航天工业等一些存在技术空白的生产领域的研究能力。另外，需要坚持开放的市场经济、精英治理、务实合作、法律至上、彼此包容以及不断创新等原则，为创新营造公平和公正的良好环境。

在确定产业优先方向的同时，纳扎尔巴耶夫始终重视基础设施建设。在纳扎尔巴耶夫执政期间，基础设施落后始终是掣肘哈经济发展的最主要因素。大力开展基础设施建设，客观上相当于实施积极财政政策，不仅带动相关产业发展，增加就业，还可为未来发展积累优良资产。2014年11月哈萨克斯坦宣布实施"光明大道"新经济政策。这是一个以基础设施建设为重点的发展规划，是在国内和国际环境发生巨大变化的形势下（世界经济总体低迷、俄罗斯遭受西方制裁等），为确保实现"2050年战略"所采取的中长期战略规划。该政策与《2015—2019年工业创新发展国家纲要》及其他国家战略规划相呼应，打造经济增长新引擎。哈政府测评后认为，国家道路建设可创造20万个新工作岗位，不仅扩大就业和增加收入，还将带动水泥、钢铁、机械、石化及相关服务领域发展。可以说，从基础设施建设入手提升经济活力和发展动力，是找到了推动国家经济繁荣的钥匙。

经济多元化政策在加工行业已取得良好成效，哈萨克斯坦正在稳步摆脱原材料行业占主导地位的局面。2010—2018年，哈加工业产值从3.8446万亿坚戈（约合261亿美元）增至2018年的10.4038万亿坚戈（约合302亿美元），对外出口新增70余种非原材料性商品，出口额超过10亿美元，哈萨克斯坦"经济复杂性指数"（The Economic Complexity Index，ECI）在世界的排名已从2010年的第108位攀升至2017年的第81位[①]。

二　以建设城市集群、经济特区和各类园区带动区域发展

根据各地地理特点和历史分工布局，哈萨克斯坦将境内分为六大地区，即南部、北部、中部和东部、西部、阿拉木图、努尔苏丹[②]。

[①] Казахстан планомерно отходит от доминирования сырьевого сектора. Об этом сообщил Роман Скляр на глобальном саммите производства и индустриализации. 07.09.2019. https://kapital.kz/economic/79670/kazahstan-planomerno-othodit-ot-dominirovaniya-syrevogo-sektora.html.

[②] Указ Президента Республики Казахстан от 25 августа 2015 года №73 "Прогнозная схема территориально-пространственного развития страны до 2020 года".

表 3—4　　　　　哈萨克斯坦六大地区及其主要经济特点

地区	主要经济特点
南部地区 江布尔州、图尔克斯坦州、南哈萨克斯坦州、克孜勒奥尔达州、阿拉木图州、奇姆肯特市	劳动密集型的农业，食品工业，克孜勒奥尔达州有石油开采
北部地区 科斯塔奈州、阿克莫拉州、北哈萨克斯坦州	冶金，矿产开采，农业种植业
西部地区 阿特劳州、曼吉斯套州、西哈萨克斯坦州、阿克托别州	石油开采，有色金属开采和冶炼，农业
中部和东部地区 东哈萨克斯坦州、卡拉干达州、巴甫洛达尔州	冶金，煤炭，电力
努尔苏丹	政治，商业，金融，教育，科技
阿拉木图	商业，金融，教育，机械制造，制药，农业，食品工业

纳扎尔巴耶夫提出[①]，哈萨克斯坦国土辽阔，但人口密度低，因此在地区发展问题上，将优先发展城市群并将其作为带动周边卫星城发展的经济增长点。国家的长远目标是建设四个世界级超大城市集群以及众多智能、绿色、舒适和安

---

① Доклад Главы государства Н. А. Назарбаева на Евразийском форуме развивающихся рынков. Вхождение Казахстана в 30 - ку наиболее развитых государств мира. 10 сентября 2013.

全的城市，以此建立科技密集型城市的架构。在城市发展布局上，哈萨克斯坦的城市发展分为三个层级。

第一层级是4个国际化大都市（枢纽城市），包括努尔苏丹、阿拉木图、奇姆肯特和阿克托别。在这个层级，纳扎尔巴耶夫确立的发展方向是在努尔苏丹、阿拉木图、奇姆肯特、阿克托别打造产业集群，培育经济增长点，使其成为本国乃至中亚地区一体化发展的"火车头"。根据比较优势，努尔苏丹产业集群的定位是打造高科技创新中心（以纳扎尔巴耶夫大学为依托）、医疗中心（以国家医疗集团医疗集群中心为依托）和国际金融中心（以阿斯塔纳国际金融中心为依托，目标是进入亚洲十大金融中心之列）。阿拉木图产业集群的发展定位是形成贸易、物流和金融中心（以霍尔果斯国际边境合作中心和阿拉木图周边四个卫星城为基础）、信息产业集群（以阿拉套信息技术园为基础）和文化旅游产业（整合阿拉木图及其周边地区的自然资源和人文资源）。奇姆肯特产业集群的发展方向是加工业、轻工业（纺织业）、制药业以及物流业。阿克托别产业集群的发展方向是建设冶金业和区域交通物流中心以及化工制造和建筑业中心。

第二层级是地区中心城市，即各州州府所在地。在这个层级上，各地区中心城市从自身优势和实际特点出发，发展优势产业并形成产业集群，如阿特劳的石化工业、卡拉干达的钢铁产业等。

第三层级是地市级中小城市。在这个层级上，各地主要侧重促进经济社会整体协调发展并着力于改善民生。

除发展城市集群外，哈萨克斯坦鼓励建设经济特区和各类工业园区，以优惠政策吸引各类企业入驻，打造经济增长中心，促进区域均衡发展。截至2018年年底，哈萨克斯坦已设立了12个经济特区和43个工业园区。12个经济特区分别是：霍尔果斯国际边境合作中心经济特区，阿斯塔纳新城经济特区，阿克套海港经济特区，国家工业石油化学技术园经济特区，巴甫洛达尔经济特区，萨雷阿尔卡经济特区，阿斯塔纳技术城经济特区，霍尔果斯东大门经济特区，创新技术园经济特区，塔拉兹化工园经济特区，南方经济特区，图尔克斯坦经济特区。

纳扎尔巴耶夫认为[1]，促进区域发展，国内各区域之间的互联互通必不可少。"历史上，大中型城市都是沿'丝绸之路'而建。在现代，道路两侧孕育着无限商机。在基础设施建设方面，首先应该加强交通基础设施建设，各地区都应形成公路、铁路和航空紧密相连的立体交通网络。"哈萨克斯坦交通基础设施的布局是：通过主要的公路、铁路和航空干线，以阿斯塔纳为中心，建设放射状交通网络，将国内各地区与阿斯塔纳相接且彼此相连。

---

[1] Послание Президента Республики Казахстан Н. Назарбаева народу Казахстана от 11 ноября 2014 г. "Нұрлы жол – путь в будущее".

三 发展创新

纳扎尔巴耶夫特别关注世界第四次工业革命浪潮，始终思考在此大背景下哈萨克斯坦的创新发展问题。纳扎尔巴耶夫指出："我们应当调整当前的工业化优先方向，放弃'夕阳产业'。为落实加速工业创新政策，我们要限制优先部门的数量，否则就会导致资源使用分散，不见具体成效。为了将来具有竞争力，我们现在就要在高技术生产领域实现专业化。因此，必须加强诸如清洁能源、机器人、纳米技术、农业基因工程和航空航天工业等一些存在技术空白的生产领域的研究能力。我们还要建立高技术服务部门，首先是提供地质勘探和工程技术服务、信息传媒服务以及反应堆和核电站生产与维护等领域的综合服务部门。"[1]在2018年度题为《提升哈萨克斯坦公民福祉：提高收入和生活质量》的国情咨文中，纳扎尔巴耶夫又提出发展"未来经济"的任务目标，要求通过创新，发展可替代能源、新材料、生物医学、大数据、物联网、人工智能、区块链等"未来经济"。

纳扎尔巴耶夫认为，创新至少应当包含两个最重要的优先方向：一是为人的发展创造条件；二是完善制度环境。前者需要国家重视教育，后者需要国家建立产学研一体化机制。为发展创新，纳扎尔巴耶夫多次强调要将教育作为

---

[1] Доклад Главы государства Н. А. Назарбаева на Евразийском форуме развивающихся рынков. 10 сентября 2013. Вхождение Казахстана в 30 - ку наиболее развитых государств мира.

一个具有自己投资项目和出口潜力的独立经济部门来对待；教育系统要转变角色，让教育成为新经济增长模式的中心环节；教育要适应新工业化的要求，增加信息技术、人工智能和大数据等相关专业的毕业生人数；高校应当把冶金、石油和天然气化工、农业、生物和信息技术研究等作为研究重点[1]。

2006年哈萨克斯坦就已通过的《国家支持创新活动法》，鼓励高等院校设立商业化办公室、科技园、创业孵化器等各种创新机构，加强学术界与产业界之间的技术交流，推动高等教育机构为企业提供技能培训，满足产业部门的人才需要。《2011—2020年教育发展国家纲要》和《2016—2019年教育和科学发展国家纲要》鼓励高校为所有经济部门培养专业人才，并将发展"教育、科学和产业一体化"作为科技成果转化的重要途径，支持高校和科研单位将具有知识产权的产品和技术商业化并推向市场，2020年前，设立商业化办公室、科技园、创业孵化器等各种创新机构的大学数量占全国高校数量的比重应达到30%[2]。

在2017年题为《哈萨克斯坦第三次现代化：全球竞争

---

[1] Послание Президента Республики Казахстан Н. Назарбаева народу Казахстана. 5 октября 2018 г. Рост благосостояния казахстанцев: повышение доходов и качества жизни.

[2] Закон Республики Казахстан от 23 марта 2006 года № 135 – Ⅲ "О государственной поддержке инновационной деятельности" (с изменениям и дополнениями по состоянию на 05.07.2011 г.) (утратил силу). Указ Президента Республики Казахстан от 7 декабря 2010 года № 1118 "Государственная программа развития образования Республики Казахстан на 2011 – 2020 годы". Постановление Правительства Республики Казахстан от 24 июля 2018 года № 460 "Государственная программа развития образования и науки Республики Казахстан на 2016 – 2019 годы".

力》的国情咨文中，纳扎尔巴耶夫提出打造"数字化的哈萨克斯坦"，要求利用信息技术加快实现国家经济的现代化。为落实总统指示，哈政府于2017年12月通过《数字化的哈萨克斯坦国家纲要》[①]，希望通过发展和使用数字技术，为哈在创新轨道上加快经济发展、改善人民生活质量、发展数字经济创造条件。《数字化的哈萨克斯坦国家纲要》确定了数字经济发展的五个主要方向：一是经济领域的数字化；二是向数字化国家转型（电子政府）；三是发展数字化的"丝绸之路"（现代信息高速公路）；四是发展人力资本；五是建设创新生态（有利于创新的政策环境）。其目标是：到2022年，提高劳动生产率（与2016年相比），采掘业和矿石加工业提高38.9%，交通运输和仓储业提高21.2%，农林渔业提高45.1%，加工业提高49.8%；电子商务占全国零售贸易总额的比重达到2.6%；通过数字化创造30万个工作岗位；电子政务在政府和公共服务中的比重增至80%；互联网用户占总人口的比重增至82%，互联网普及率达到83%；信息通信技术发展指数（ICT Development Index）的世界排名达到第30位。

[①] Постановление Правительства Республики Казахстан от 12 декабря 2017 года № 827 "Государственная Программа Цифровой Казахстан".

表 3—5　哈萨克斯坦创新统计

年份	2004	2005	2006	2007	2008	2009	2010	2011	2012	2013	2014	2015	2016	2017	2018
创新产品（商品与服务）占GDP的比重,%	1.27	1.58	1.53	1.19	0.69	0.49	0.65	0.84	1.22	1.61	1.46	0.92	0.95	1.55	1.91
各类企业的创新活力										8.0	8.1	8.1	9.3	9.6	10.6
技术创新企业的创新活力	2.3	3.4	4.8	4.8	4.0	4.0	4.3	5.7	5.7						
创新总投入	353	671	800	835	1135	611	2355	1950	3256	4320	4346	6554	15286	8997	8565
国有	22	41	71	47	66	47	78	81	92	394	254	182	258	279	289
私营	283	441	687	485	715	411	2187	1375	2822	3456	3539	6061	9343	7398	7322
其他	47	190	42	304	354	153	90	494	343	470	553	310	5686	1319	953
工业创新总投入	326	560	715	763	975	310	2196	1702	17	2193	2485	5034	139	7187	7002
产品创新	73	151	295	89	116	46	172	1063	497	902	944	661	1123	1361	1508
流程创新	253	409	420	673	858	264	2024	639	1188	1290	1541	4373	12782	5826	5494
加工业创新投入	195	448	639	536	813	278	1830	1012	1515	1666	2029	4249	11970	6148	6108

资料来源：Комитет по статистике Министерства национальной экономики Республики Казахстан. Доля инновационной продукции (товаров, услуг) по отношению к ВВП, %. Затраты на продуктовые и процессные инновации в промышленности. Затраты на продуктовые и процессные инновации по формам собственности. Уровень инновационной активности предприятий по всем типам инноваций. Уровень инновационной активности предприятий и организаций по технологическим инновациям. Затраты на технологические инновации в обрабатывающей промышленности. http://stat.gov.kz/official/industry/23/statistic/8 (Главная/Официальная статистика/По отраслям/Статистика инноваций/Статистика/Динамические таблицы). С 2013 года обследование по статистике инноваций проводилось в соответствии с международными рекомендациями по продуктовым, процессным, организационным и маркетинговым инновациям.

四 努力提高"哈萨克斯坦含量",发展民族工业

纳扎尔巴耶夫认为,尽管国家宏观经济稳定快速增长,但经济发展主要得益于地下资源(尤其是石油)出口,本国企业(即在哈注册的法人实体)的生产能力和竞争力仍然偏低,经济基础仍然薄弱,经济受外部国际市场波动影响依然较大,国家每年都需要进口大量外国制成品,而国内产品的本国市场占有率很低。按价值计算,2009年哈萨克斯坦国产商品的本国市场占有率分别是:机械设备仪表为11.9%、冶金及其制品为34.4%、化工产品为19.9%、食品为72.7%、燃料和电力为65.6%、木材及其制品为37%、轻工产品为32.2%。

造成上述结果的原因,主要是国内企业设备总体比较陈旧、研发投入不足、竞争力低,企业缺乏再投资积极性,很多企业宁愿直接聘用外籍员工也不愿投资培训本国劳动力,高端管理、技术和服务工作大多由外籍员工从事,从而陷入"竞争力低——市场需求小——企业效益差——更不愿投资——竞争力更低"的恶性循环。另外,关税措施和非关税措施门槛较低,未能有效保护民族工业,致使性价比较高的外国产品占领国内市场;国家标准落后,很多企业采用行业标准而不愿执行国家标准,但同时也无力广泛执行国际标准或欧盟标准。

为发展民族工业,需要提高生产和服务的国产化比例,

哈萨克斯坦称之为"哈萨克斯坦含量",即在合同的总价值中,所聘用的哈籍员工以及所购买的哈萨克斯坦商品、劳务和服务所占的比重。而合同主要指政府采购合同和地下资源开发利用合同两大类。

为提高"哈萨克斯坦含量",纳扎尔巴耶夫要求自2009年开始,从政府采购和地下资源利用这两个资金巨大且管理难度相对较小的领域入手,修改相关法令,强制有关部门和企业在采购和经营活动中增加哈萨克斯坦劳动力、商品、劳务和服务的使用比重,同时加大对非资源领域的投资。希望通过落实"哈萨克斯坦含量"扩大内需,减轻对进口工业品和出口原材料的依赖。据哈萨克斯坦财政部政府采购网数据,截至2016年,哈政府采购中的"哈萨克斯坦含量"总体上已达到67.25%,其中在商品领域占比达到42.33%,劳务领域占比达到68.88%,服务领域占比达到72.16%[1]。

第四节 本币坚戈与"世界货币"

坚戈的问世是哈萨克斯坦国家经济独立的显著象征,对稳定和发展经济起到巨大作用,因此11月15日被定为"国

---

[1] Сводный отчёт казахстанского содержания. Период: 2016 / 1. http://portal.goszakup.gov.kz/portal/index.php/ru/publics/ks/.

家货币日",每年的这一天都举行纪念和庆祝活动。正如纳扎尔巴耶夫所说[①]:"发行本国货币标志着一个真正独立的哈萨克斯坦开始进入发展阶段。这样的事件在每个国家的历史上都只能有一次。我们每个人都应该深刻理解发行本国货币的必要性、紧迫性和重要性。对我们来说,这件事具有不可估量的经济意义和政治意义。"

坚戈发行后,在降低通货膨胀水平和维护物价稳定方面成效显著,但受经济危机影响,坚戈汇率曾多次大幅贬值。纳扎尔巴耶夫在领导哈萨克斯坦应对危机、完善本国金融制度和体系的同时,产生了"世界货币"思想。该思想在媒体发布后受到广泛关注。

一 发行本币坚戈

独立之初,限于当时的经济状况,哈萨克斯坦并未马上发行自己的货币,而是与俄罗斯一起继续使用苏联时期通用的卢布。卢布区的金融货币体制和体系继承了苏联时期的很多做法。当时的俄罗斯央行继承了苏联央行的职能,不仅负责发行卢布,而且管理金融信贷政策。而同在卢布区的其他国家的央行并不能真正独立发挥央行职能,实际上相当于俄罗斯央行的"地区分部"。不过,发行新货币需要冒相当大

[①] Опубликовано архивное видеообращение Нурсултана Назарбаева в связи с введением нацвалюты – тенге. 12. 11. 2016. https://tengrinews.kz/kazakhstan_news/opublikovano-arhivnoe-videoobraschenie-nursultana-nazarbaeva-306009/.

的风险，这是独立不久且经济脆弱的卢布区其他国家不得不认真考虑的问题。这也是哈萨克斯坦在独立之初没有发行本国货币的重要原因之一。

在经济领域，降低通货膨胀和刺激经济增长往往是一对难解的矛盾。降低通货膨胀的主要办法是控制货币发行量、减少市场流通规模，而发展经济则需要增加信贷规模，加大货币发行量和流通量。俄罗斯独立后实行"休克疗法"，通货膨胀如脱缰野马，再也无法控制，只能改发新币。但俄罗斯发行新币的做法仅考虑了本国利益，却未同卢布区其他国家协商一致，虽然缓解了俄罗斯自己的负担，却使其他国家经济雪上加霜。

1993年7月26日至8月7日，俄罗斯决定发行新卢布后，起初包括哈萨克斯坦在内的一些卢布区国家仍希望与俄罗斯一同建立新的卢布区。但俄罗斯不仅要求这些国家将黄金储备存于俄罗斯央行，并且为控制通货膨胀而要求他们限制新卢布的发行量、流通规模和信贷规模。这些做法自然引起急需资金恢复本国经济的卢布区其他国家不满，他们被迫选择退出卢布区并发行自己的货币。

1993年11月12日，哈萨克斯坦总统纳扎尔巴耶夫签署《关于发行哈萨克斯坦货币》的总统令并发表电视讲话："根据共和国《宪法》和最高苏维埃授予我的权力，我签署了一项法令，规定从1993年11月15日早8时起发行本国货币坚戈。从现在起，我们开始这个重大事件的倒计时。"总统令规定：

第一，本币坚戈从1993年11月15日早8时起在哈全境流通，从1993年11月18日早8时起成为哈境内唯一合法支付手段。第二，退出卢布区。从1993年11月15日早8时至11月20日晚8时止，以1坚戈兑换500卢布的比率取代俄罗斯卢布流通①。数日后，哈中央银行陆续公布坚戈与其他外币的兑换比率，其中：1英镑兑换6.92坚戈，1美元兑换4.68坚戈，1德国马克兑换2.74坚戈，1吉尔吉斯斯坦索姆兑换0.6坚戈。在允许兑换卢布的5天时间里，哈央行共收回1961—1992年发行的各版卢布9506亿，与早先估计的规模基本相同。

发行坚戈有效地遏制了当时的通货膨胀。坚戈发行前的1992年通胀率是2500%，发行后第一年（1994年）通胀率就下降一半（1260%），到1995年便降到63%，1996年为29%，2000年为9.8%，2010年以后从未超过8%。

二 汇率政策

哈萨克斯坦本币坚戈自发行后经历了三次大幅贬值，均与国际经济形势有关。第一次是1999年4月受俄罗斯金融危机影响，坚戈兑美元的汇率由88∶1降至160∶1，此后逐渐回升至120∶1左右。第二次贬值是2009年2月，受国际金

---

① Указ Президента РК от 12 ноября 1993 года № 1399 "О ведении национальной валютв Республики Казахстан". Указ Президента РК от 7 февраля 2001 года № 549 "О некоторых вопросах функционирования национальной валюты Республики Казахстан". Постановление Правления Национального Банка РК от 3 марта 2001 года № 57 "Об утверждении Правил изъятия из денежного обращения наличных денежных знаков — тиын".

融危机影响，坚戈汇率贬值25%，坚戈兑美元的兑换基准价从原来的120∶1调整至150∶1，允许3%的上下浮动范围。2010年2月5日起，哈萨克斯坦实施外汇走廊机制，规定美元兑坚戈的平均汇率为150∶1（+15/-22.5），允许上浮10%和下浮15%的走廊宽度。2011年2月28日起放弃汇率走廊机制，开始实施有管理的浮动汇率机制。2014年2月11日，哈央行决定将坚戈兑美元的基准汇率调整为185∶1（±3）。此汇率水平大约坚持一年半后，哈央行决定自2015年8月20日起取消汇率波动区间限制，实行自由浮动汇率，坚戈兑美元汇率随即大幅贬值。

纳扎尔巴耶夫在解释实行浮动汇率时说[1]："在经济困难的背景下，哈萨克斯坦有三种可能的解决方案：一是坐等局势改善；二是在货币走廊幅度内逐步贬值；三是实行自由浮动汇率。在第一种情况下，生产将减少，国家也不得不消耗储备；在第二种情况下，国家同样需要大量支出黄金和外汇储备；最正确的决定是引入自由浮动汇率，坦率地说，这是一项必要措施，没有其他选择，危机总是会自行修正汇率。"

在货币贬值的情况下，扎尔巴耶夫强调四个方面：第一，国内经济的稳定性和抗风险能力，增强民众和企业对本国经济和本国货币的信心。"在本国货币汇率自由浮动的情况下，有必要向民众解释，这并不是什么非同寻常的事情。

---

[1] Назарбаев назвал вынужденным переход к плавающему курсу тенге. 20.08.2015. https：//www.forbes.ru/news/297445-nazarbaev-nazval-vynuzhdennym-perehod-k-plavayushchemu-kursu-tenge.

坚戈受到较低的能源价格的影响,这很自然"。第二,尊重市场规律,优胜劣汰。哈萨克斯坦是个市场经济国家,汇率变化本身也是市场行为表现之一。市场经济是强者的竞争。不应该以国家的财富来扶助没有竞争力的公司。没有效率或不能解决问题的公司(包括国有企业)将不得不离开市场。政府应该为个人和法人制定清晰易懂的破产程序[①]。第三,关注社会反应。监测通货膨胀,保障存款保险,向社会弱势群体提供援助,打击趁乱的非法行为,如商品的不合理涨价、非法套汇等。第四,完善金融体系和管理。国家向困难银行提供援助,划拨救助资金,修订有关金融货币监管和银行业务的立法,加强贷款工作。

表3—6　　　　　　1993—2019年坚戈兑美元年均汇率　　　(1美元=坚戈)

1993年	1994年	1995年	1996年	1997年	1998年	1999年	2000年	2001年
2.58	35.76	60.93	67.29	75.42	78.29	119.52	142.13	146.74
2002年	2003年	2004年	2005年	2006年	2007年	2008年	2009年	2010年
153.28	149.58	136.04	132.88	126.09	122.55	120.30	147.50	147.35
2011年	2012年	2013年	2014年	2015年	2016年	2017年	2018年	2019年
146.62	149.11	152.13	179.19	221.73	342.16	326.00	344.71	382.75

资料来源:Нацбанк Казахстана. Курсы валют. http://www. nationalbank. kz/? docid = 763.

[①] Назарбаев заявил, что курс тенге больше поддерживаться не будет. 30 ноября 2015. https://www. currenttime. tv/a/27397873. html.

2015—2019年，独联体国家均出现货币贬值现象，其中依赖原材料出口的国家更甚。俄罗斯、哈萨克斯坦和阿塞拜疆因对石油依赖程度高，表现得最激烈，其他对自然资源出口依赖较大的国家如塔吉克斯坦（棉花和铝等）、吉尔吉斯斯坦（黄金）、乌兹别克斯坦（天然气和棉花等）、土库曼斯坦（天然气）等国货币同样大幅贬值。从表现看，各国货币贬值的原因、作用方式、应对措施、影响等非常相似。总体上，本币贬值虽对各国经济产生一定影响，但并未造成各国政局动荡。

哈萨克斯坦本币坚戈贬值的最直接原因是石油出口收入大幅下降、市场悲观情绪增加、外资撤离等，这造成市场对美元需求增加，对本币需求减少。哈规定国内市场只能使用本币结算，出口收入的美元需在外汇管理部门换成本币后才能提供给企业和个人使用，由此增加国内市场的本币供应，本币求大于供，本币升值；反之，当出口减少时，市场上不再需要更多的本币，本币供大于求，只好贬值。另外，欧美因克里米亚事件而宣布对俄制裁后，外资对独联体国家的经济缺乏信心，加上美联储加息，导致外资和国际热钱纷纷减少投资或撤离。国际热钱流出时通常会套现换成美元，使得哈境内的美元需求增加，本币需求减少，货币市场上本币供大于求，也是造成贬值的原因之一。

本币贬值可能带来的好处主要是改善国际收支，提高本国出口商品竞争力。从实际效果看，贬值确实在一定程度上使哈本币坚戈相对于周边国家具有一定优势。不过，贬值可能带来的影响有物价上涨（尤其是食品和进口商品）、资本外逃加剧、居民外币存款增加、政府被迫增发国债、民众对市场前景更加悲观等。另外，本币贬值让国际社会通行的以美元计价的GDP规模大幅缩小（出现GDP增幅以本币计算为正，但以美元计算则为负等现象），使得哈萨克斯坦在诸多国际权威排行榜上的名次后移。

三 "世界货币"思想

2008年国际金融危机后，纳扎尔巴耶夫深刻思考产生危机的根源并提出解决方案。2009年，他在写给俄罗斯媒体的两篇文章《解决危机的办法》和《克服危机的五种途径》中[①]，详细阐释了他的"世界货币"思想。

纳扎尔巴耶夫认为：世界发展的基础、核心和动力是能够产生财富的资本，而资本的基础是世界货币体系，世界货币体系的基础则是货币生成和流通的机制（法律、程序、发行、渠道、用户等）。造成国际金融危机的主要原因不是某种自然灾害，也不是各种偶发事件的结果，而是某些深层次的内部缺陷所造成后果的外部展现。这个缺陷是世界货币体系的缺陷，即现已形成的世界储备货币的发行和流通方法不符合法律、民主、竞争、效率、使用者的监督等任何标准。

---

① Н. Назарбаев. Ключи от кризиса//Российская газета. 2 февраля 2009 г. Н. Назарбаев. Пятый путь. //Известия. 22 сентября 2009 г.

所有这些都与一个主要的、原发性的缺陷有必然联系，即当前所有世界储备货币都属于早已过时的虚幻的价值度量工具。没有一种储备货币能够对商品和服务的价值进行真实的评价、测定、交换、结转。摆脱国际危机的出路，恰恰在于从这些已经过时的世界货币过渡到能够真实计量商品和服务价值的崭新的金融工具，这种过渡早已成熟且不可避免。只有全球性的金融创新才能使世界在新的目标、价值和意义的基础上开始渐进的、根本的革新。

纳扎尔巴耶夫认为，在应对国际金融危机方面，国际社会存在五种解决办法：

一是消极等待"见底"，即顺其自然，继续使用美元（或欧元）相互结算，等待危机触底后反弹。这是一个治标不治本的消极应对办法。这种疗法用通俗语言表达就是"我们不知道新病症的病因，所以建议采用治疗老病症的旧药"。

二是货币互换。即两种货币依照约定的汇率和额度进行交换，以避免国际外汇市场的汇率波动风险。但这种方法的本质是货币"易货贸易"，用通俗语言表达就是"我们不知道这一病症的深刻实质，所以建议你们暂时止痛"。其缺陷在于，由于互换规模有限且交换技术复杂，为了维护相互贸易，最后仍不得不使用或接受某种有缺陷的异国货币，或者转向易货贸易，最终走向第一种方法，即消极等待"见底"的可悲结局。

三是"美元主义"的旧曲新唱。即地区若干国家建立货币联盟，以某国货币为基础，在该地区内建立超国家的货币体系，将某国货币变成该地区的储备货币。这种方法的弊端在于，该机制仍旧延续旧的货币体系的做法，因此无法通过将某国货币升级为超国家货币的办法而根除金融危机的产生原因，无法避免再度发生金融危机，进而给联盟成员国造成经济损失。例如，在欧亚经济联盟或上海合作组织内建立货币联盟，都不是解决问题的根本办法。

四是建立地区内的超国家货币发行机构，发行超国家货币或建立新的支付结算系统。与第三种方法不同的是，这种方法不是以某国货币为基础（某大国主导），而是由地区内多个成员共同平等协商而建立和监管的货币发行和结算机制。如欧洲的欧元、美洲玻利瓦尔联盟发行的超国家电子结算支付单位"苏克雷"等。有人提议使用国际货币基金组织及其特别提款权。但特别提款权是由现有货币篮子组成的合成货币或结算支付单位，由于现有货币自身带有缺陷，由其组成的货币篮子（无论依照何种组合方法）也天生带有缺陷。无论是改变现有货币篮子的币种比重，还是增加新币种（人民币、卢布和黄金等），都无法摆脱旧货币体系的顽疾，不能真实地衡量商品和服务的价值，只是价值的"想象的度量工具"。因此，需要建立新的、健康的超国家货币发行机构，并建立新的支付结算体系和机制，采用新的法律、金融、组织和技术手段，以便能够在一定程度上消除产生金融危机的根源。这样的超国家电子结算单位不是要改变已有的货币体系，而是对其加以补充完善，使其既可进行长期的基础设施投资，又能处理当前事务。

五是全新的"世界货币"。即关系密切的国家集团合力研究和发行全新的超国家支付结算单位（之后是货币）。这是人类摆脱国际金融危机的正确途径，可以从根本上改变旧世界货币金融体系的遗传密码，清除引发经济和金融危机的根源。新的支付结算单位或货币能够真实体现商品和服务价值，不再是虚幻的价值度量工具。其全新之处在于7个特点：是新的合法的世界货币；是真实价值的现实计量工具；可被监督；是体现全人类的利益（不是由一个国家或为了少数人的利益而发行）；是为了世界和人类共同的长期目标服务的工具（不是为利己主义、暴利和贪婪服务的利润工具）；是有竞争和利润价值取向的新金融工具（不是破坏所有基本传统价值观的、非价值的利润工具）；是理性的利润、竞争和发展工具（不是无理性的储蓄和消费工具）。

纳扎尔巴耶夫认为：人类的创新可以分为技术创新、货币金融创新和社会政治创新三大类，由于各国的技术、金融和社会制度发展不一致，从而出现错综复杂的国际关系和矛盾。造成国际金融危机的主要原因不是技术工艺发展落后，而是货币金融同社会政治的创新速度与技术创新速度不匹配。成为国际金融危机策源地的正是那些技术工艺发展水平高的国家。问题在于，当今的世界社会政治制度明显建立在世界货币金融制度的基础上，但货币金融制度是早已过时的货币体系。这个体系并不民主，被少数国家控制，在大多数使用者的监督之外运行。这个极权的世界货币金融体系根本不具有一点民主特征，这一事实是世界发展进程中最令人难以置信和悲惨的怪象，是引发国际金融危机的主要原因。在世界各国和各国人民没有建立新的、真正民主的世界货币金融体系之前，这种怪象会经常把很多国家从进步的道路上引开。

在 2015 年联合国大会一般辩论会和 2017 年举办的阿斯塔纳论坛上，纳扎尔巴耶夫再次呼吁建立"世界货币"。他指出[①]：为了避免国际金融危机，需要修改当前国际储备货币的发行和流通规则，当前政策不符合"合法性、民主、竞争力、效率、国际管制"等标准。只有建立新的"世界货币"，才能避免货币战争，削弱投机活动，减少贸易扭曲，降低市场波动的影响。鉴于数字化和区块链等技术的应用和发展，这种支付结算单位可以采用加密货币的形式创建。它以真实资产的保障为基础，而不是建立在抽象的信任关系上。例如，可以在联合国特别委员会框架内建立一个中央银行，由其发行"世界货币"。

[①] Президент Казахстана Нурсултан Назарбаев выступил в общих дебатах Генеральной Ассамблеи Организации Объединенных Наций 28 сентября 2015 года. https：//trueinform. ru/modules. php? name = Video&sid = 115105. Назарбаев предложил ввести Глобальную валюту. 16. 06. 2017. https：//rg. ru/2017/06/16/nazarbaev-predlozhil-vvesti-globalnuiu-valiutu. html.

第四章　国有资产管理与改革

　　国有资产是与私有财产相对的概念，是指国家所有的财产、物资、债权和其他权益的总和，通常分为经营性国有资产（各类国有企业）、行政事业性国有资产（国家机构等）、资源性国有资产（森林、土地、水域、矿产等）。国有资产管理就是对国有资产的占有、使用、收益和处置行为，目的是实现资产的保值增值。历史实践表明，资产的所有权及其结构（国有还是私有）决定一个国家的性质和效率，是关系国计民生和政权稳定的根本性问题之一。而国有资产的规模和效益，也往往是维护政权的执政根基之一。

　　独立后，哈萨克斯坦面临的重任之一，就是确定国家基本经济制度，包括如何处置和管理国有资产：

　　第一，所有制形式。苏联经验证明，计划经济和全民所有制比重过大会影响经济发展效率、产生腐败，必须建立市场经济，发挥各种所有制的作用，国有经济宜偏重关系重大国计民生的战略性和基础性产业，以及市场失灵的公共产品领域，不宜过多涉足本应由竞争市场负责的经济领域。

第二，管理国有资产，尤其是国有企业和地下资源。对哈萨克斯坦来说，国有企业和国家基金是推进国家现代化、保障人民利益的重要力量，也是国家和政权发展的重要物质基础和政治基础。在私有经济处于初期发展阶段，国际竞争力尚薄弱的情况下，更需要借助提高国有经济的活力和抗风险能力，以便更好地带动中小企业和民族经济发展。

第三，土地改革。作为生产要素之一的土地，是解放和发展生产力的前提条件。如果土地不能流转，活力得不到释放，经济的高质量发展也无从谈起。但土地改革是最容易引发争议的社会安排之一，从古至今，世界各地，"人民对土地关系的不满一直是挑起革命或导致社会动荡的最常见因素"。哈萨克斯坦历次有关土地的改革都会掀起政治旋涡，21世纪初的土地私有化改革曾导致当时的塔斯马加姆别托夫（Имангали Нургалиевич Тасмагамбетов）政府集体辞职，2016年的《土地法典修正案》也引起多地示威游行。

哈萨克斯坦独立后，在首任总统纳扎尔巴耶夫领导下，通过大力推进私有化改革，厘清国有经济和私营经济的界限，提高私营经济的比重，激发各种所有制经济的活力；通过建立和完善萨姆鲁克—卡泽纳国家福利基金和国家基金，有效管理和利用国有企业和战略资源，使国家多次经受住经济危机的考验；通过改革土地所有权和流转制度，完善土地关系，优化资源配置。

为保障国家具有战略意义的经济、社会和国防设施、资源和财产，哈政府于 2007 年 11 月组建"战略资产委员会"[①]，该委员会的任务是制定战略资产清单，并对清单内的战略资产的占有、使用、收益、处分等提出意见和建议。委员会成员一般有政府总理、第一副总理，以及经济部、内务部、宪法委员会、司法委员会、议会部分委员会、萨姆鲁克—卡泽纳国家福利基金、司法部、财政部、投资发展部、能源部、教育科学部、国家安全委员会等机构代表（通常是副部长级负责人）。这些战略资产一般包括国有企业（控股或参股）以及铁路、公路、油气管道、电网、邮政、通信、机场、宇航、水利、导航、核电等基础设施[②]。实践中，很多涉及清单内战略资产的所有权和经营权、运营与管理等事务都须经过战略资产委员会全部（或部分）部门的会签之后才能进行下一步工作。

第一节　私有化改革

　　所有制改革又称产权制度改革，是变革产权关系和产权运行规则的活动。苏联解体后，独联体国家掀起私有化浪

[①] Постановление Правительства Республики Казахстан № 1125 от 23 ноября 2007 года "О создании Комиссии по стратегическим объектам при Правительстве Республики Казахстан".

[②] Постановление Правительства Республики Казахстан № 651 от 30 июня 2008 года "Об утверждении перечней стратегических объектов, переданных в уставный капитал и (или) находящихся в собственности национальных холдингов и (или) национальных компаний". 22 декабря 2008（Обновлено 2 декабря 2014）.

潮。无论是执政者还是普通民众，大家都普遍认为：苏联的公有制过于僵化，而私有化能够迅速发展经济、提高民生、让各类资源得到更有效的配置，搞活经济，满足不同层次和不同领域的生产生活需求。私有化改革成为克服经济衰退、提高经济社会效率、增加民众财富的法宝，也因此成为哈萨克斯坦经济体制改革的第一步。

所有制改革是涉及生产关系和国家性质的重大变革，是哈萨克斯坦建国后遭受质疑和诟病最多的改革领域之一，至今仍褒贬不一。反对者认为：私有化造成国有资产流失和社会分化，形成新的社会不公，满足了权贵需要，却损害了广大民众的利益。拥护者认为：私有化为新型经济关系和社会关系开辟了新天地，极大地促进了社会进步和发展；尽管存在诸多不如人意的地方，但不能因此否定整个私有化事业的作用。如果没有私有化，哈萨克斯坦的经济和民生会更加糟糕。

一　私有化改革

苏联时期实行全民所有制，所有企业都是国有资产。苏联解体后，独联体国家掀起私有化浪潮。无论是执政者还是普通民众，大家都普遍认为苏联的公有制，没有前途，相比之下，私有化却拥有多种优势：迅速发展经济、改善民生；迅速增加市场主体数量，使经济主体多元化，各类资源得到更有效的配置，搞活经济，满足不同层次和不同领域的生产生活需求；提高职工积极性，克服平均主义的种种弊端，提高生产和工作效率，发展经济；迅速增加国家财政收入，筹集发展建设资金，弥补财政赤字，资助企业。当时的哈萨克斯坦几乎上下一致认为，私有化是克服经济衰退、提高企业和经济社会效率、增加国家和民众财富的最佳途径。

在制定私有化方案过程中，除借鉴世界各地（特别是东欧、俄罗斯和其他独联体国家）的私有化经验外，哈政府还积极同世界知名咨询机构和国际组织合作，获得技术和资金支持，如与俄罗斯"卡拉纳"咨询公司研究"小私有化"方案；与美国国际援助署研究"大私有化"方案；与欧洲复兴开发银行、毕马威国际会计公司、普华永道公司、摩根财团、法国巴黎银行等研究"个案私有化"；与欧洲咨询公司研究农业私有化方案；与博雅公关公司在宣传领域合作；与博思艾伦咨询公司在反垄断领域合作。

哈萨克斯坦将国家财产分成两大部分：一是可以私有化的资产；二是不可私有化的资产。具体资产清单由政府确定。可以私有化的资产主要有：国有企业或其部分资产；公用事业；住宅等不动产；国营农场及农产品加工企业；归属国家所有的股票、股份，或者国家认可具有股票性质的有价证券；法律允许的其他资产。与此同时，不可私有化的资产，除国家机关和机构外，主要是生产及销售下列商品的企业：武器和军事设施；爆炸物、有毒物和麻醉品；药物制剂；烟草和酒；其他属于国家垄断或禁止的产品。另外，土地、水资源、动植物资源、地下资源等自然资源、历史文化古迹等属于国家财产，除法律允许并经过一定程序外，不能私有化。

哈萨克斯坦的私有化改革分为两部分，即非国有化（denationalisation）和私有化（privatisation）。非国有化（也有译作非国家化、非国营化）是将属于国家的资产转变成股份制或其他形式，使该资产不再归属国家所有，或者将国家资产出租，不再由国家经营。私有化是指作为所有权人的国家将其资产经法定程序卖给个人、法人或外国人[①]。非国有化与私有化的区别在于：私有化强调将资产所有权从国家转归私人或私营企业。而非国有化强调将国家资产转变为非国家所有或者非国家经营的财产。除完全卖给私人或将国家资产出租等，非国有化还包含转换经营管理体制的内容，如对全民所有制企业进行公司化改造等。可以说，独立后，哈萨克斯坦的国有企业改革总体上分为两部分：一是公司化改造，侧重于经营管理方式，企业变为独立法人；二是私有化，即将部分国有企业出售给私人，使其不再属于国有资产。

私有化进程始于苏联时代末期。1991年2月16日哈萨克加盟共和国最高苏维埃通过决议《关于国有资产非国有化和私有化的基本方向》，当年6月22日又颁布《非国有化和

---

① Комитет государственного имущества и приватизации МФ РК. "Основные особенности и результаты этапов реформирования собственности". http://www.kgip.kz/aspectOOR.aspx.

私有化法》，确定私有化的基本原则和办法①。此后相继通过了若干具体实施纲要，指导各阶段的私有化工作。整个私有化进程大体分为六个阶段：1991—1992年，1993—1995年，1996—1998年，1999—2011年，2011—2014年，2015年至今。

1991—1992年是私有化进程的第一阶段。非国有化和私有化的主要对象：一是住房；二是商业、饮食、日常服务、公用事业、小型工业企业、建筑、交通、农业及其他国民经济领域。选择与民众日常生活密切相关的商业和服务业以及一些效益极差的小企业的主要原因是：当时经济形势恶劣，物资匮乏，这些领域能够尽快解决民众日常生活需求，保障基本生活条件。另外，这些单位多年缺乏财政支持，不仅效益差，工资发放困难，而且其国有资产早已流失严重，与其缺乏监管任其流失，还不如将其私有化。实践证明，由于民众生活需求多样，商业和服务业相关企业通常规模不大（少于5000人），不适合由国家直接统一管理，放开搞活反而更利于提高效率。

1993—1995年是私有化进程的第二阶段。私有化的主要内容和方式有"小私有化""大私有化"（也有人译成"群众性私有化"）、"个案私有化"、对农业生产和加工企业的私

---

① Постановление Верховного Совета Казахской ССР "Об основных направлениях разгосударствления и приватизации государственной собственности в Казахской ССР". Закон Казахской ССР "О разгосударствлении и приватизации".

有化等。哈萨克斯坦将企业按规模分为大（职工人数超过5000人）、中（职工人数201—5000人）、小（职工人数少于200人）三类。相应地，通常针对小型企业实施"小私有化"，对中型企业实施"大私有化"，对大型企业实施"个案私有化"。"小私有化"侧重彻底，希望将小企业完全转归私人；"大私有化"侧重公平，尽可能将企业资产在民众中平均分配；"个案私有化"侧重资产重组，着重建立一个合理的股权结构和治理结构。

1996—1998年是私有化进程的第三阶段。在前期公司化改造基础上，更重视企业资产重组，更注意吸引外国投资，寻找战略合作伙伴，很多大型私有化项目都主要面向外国企业，以吸引国外的资金、技术和管理，获得更合理高效的资产组合和治理结构。此阶段所有私有化都采用货币方式，取消前两阶段曾采用过的无偿分配和"库邦"机制（即私有化投资证券），因此第三阶段也被称作"货币私有化"阶段。

1999—2011年是私有化进程的第四阶段。哈萨克斯坦陆续通过《1999—2000年私有化及提高国有资产管理效率实施纲要》《2000年国有资产和私有化管理纲要》《2001—2002年提高国有资产管理和私有化效率的行业实施纲要》《2003—2005年提高国有资产管理和私有化效率的行业实施纲要》《2006—2008年国有资产管理实施纲要》等文件。可以说，经过独立后近10年轰轰烈烈的私有化改革，哈国内经济主体已经多元化，个体、私营、国有、外资、合资等多种经济成分齐全。2000年以后，国有资产管理的工作重点已经从独立初期的"出售"国有资产（即私有化）逐步转到"管理"国有资产，国有资产的管理、保值和增值成为政府工作重点。

2011—2015年是私有化的第五阶段。国有资产管理和私有化的主要方式是实行"人民IPO"计划（the People's IPO），又称为"国有企业面向大众首次公开募股计划"①。针对前期国企发展主要通过寻找战略伙伴的做法，哈希望趁国际油价高企、企业盈利改善的良机，让国企发展更加惠及百姓，扩大国民投资渠道，同时提高养老基金的收益保障。该计划最早由纳扎尔巴耶夫总统于2011年2月在执政的祖国之光党第八次全国代表大会上提出，当年4月哈政府出台落实措施，决定将工业、交通和基础设施领域的大型国有企业的已有或计划增发的部分股份，依照发行前3—4周的市值评估价，定向出售给普通民众和养老基金，首先向普通民众发行股票，剩余部分再向社保机构发行，针对这两个对象的具体发行比重和发行价格，由萨姆鲁克—卡泽纳国家福利基金董事局确定。目标是在2015年前吸引至少16万哈萨克斯坦国民参与，为股市融资至少5亿美元，政府努力保证所发行股票2015年的市值相比2011年增长15%—20%。2015年之后，在对一期方案执行情况评估基础上另行制定新方案。

---

① Электронное правительство Республики Казахстан "О народном IPO в Казахстане". http：//egov.kz/wps/portal/Content? contentPath =/.

2015年至今是私有化进程的第六阶段。这个阶段可谓是继独立后第一个十年的私有化、第二个十年的国有资产保值增值之后，在独立后第三个十年开展的"第二波私有化"。2015年11月30日，哈萨克斯坦总统纳扎尔巴耶夫在年度国情咨文中提出："为保障稳定的经济增长，尽可能地开放国内资源非常重要。为此，需要采取大规模私有化和促进竞争两项有效举措。"纳扎尔巴耶夫认为，体积庞大的国有部门已经成为阻碍哈经济增长与竞争力提升的最主要因素，造成数量巨大的超编岗位、消耗巨额财政资源，还将众多投资者以及良好的创业项目挤出市场。哈萨克斯坦必须修订相关法律，解除对国有资产私有化的限制；精简萨姆鲁克—卡泽纳国家福利基金、巴依捷列克集团和哈萨克农业集团这三家国内最大的国有企业；以公平的市场价格，在公开、公正的竞争原则下进行私有化。

二 私有化的经验教训

纳扎尔巴耶夫认为必须开展私有化，延缓改革会让国家经济状况进一步恶化。他在专著《哈萨克斯坦之路》中，对私有化的意义和作用、问题与成果等作出较详细的分析[①]。

第一，私有化不是分掉人民的财产，而是迅速稳定经济、制止经济衰退的最佳方法。"在独立初期那种情势下，

[①] Нурсултан Назарбаев. Казахстанский путь. Караганда. 2006. Глава V. От государственной собственности к частной. Приватизация на чаше весов истории.

我们很难确定企业的真实价值和前景。想想看，虽然很多企业都有高大厂房和办公大楼，但设备陈旧，多数负债累累。若想让这些企业恢复盈利，需要付出极大精力、时间和资本。必须采取迅速有效的办法来稳定局势。"

第二，私有化是防止盗窃和挥霍浪费国有财产的主要措施。"苏联后期，形势混乱不堪，当时的工业、农业和服务业的大中型企业领导人给自己设定的主要任务是利用濒临倒闭的工厂和劳动集体实现个人发财致富。这些人趁国家经济混乱和形势不明之际，大肆盗窃已经奄奄一息的企业。那时的共和国政府没有实际能力制止盗窃国家财产的行为。由于缺乏相关法律，也没有明确的财产管理规则，使得这些'红色'厂长能够逃避法律责任。"

第三，私有化是培养中产阶级、激发公民创造性、增强经济活力的主要方式。"国家需要私有者作为中间力量来启动彻底的改革。私有者在拯救那些已经归其所有的企业，使其实现盈利的同时，也成为国家经济增长的发动机。把国有企业交给私人后，我们力图减少国家管理和行政干预，迫使这些私有企业建立新的经济联系，调整生产规模，创造新的工作岗位，从而促进国家经济普遍健康化。"

纳扎尔巴耶夫认为：私有化不是出卖国家、出卖国家财产、出卖祖国，而是哈萨克斯坦摆脱经济困境并能够高效健康发展的必由之路。与改革初衷相比，哈萨克斯坦基本实现了私有化目标：

第一，私有化维护了社会稳定，创造了诸多经济增长点。今天，私有经济占哈一半以上的生产规模，国家仅保留某些具有重要战略意义的经济部门，诸如餐饮、商业贸易、轻工、食品、维修和服务业、农工企业等几乎全部私有化，大部分原材料产业、加工业和银行证券业也都属于私有。私有化后，中小企业得到迅速发展，规模不断扩大，既丰富了市场，又增加了就业和政府财政收入，使很多人得以保留工作，大部分公用事业的基础设施得以维护和保存，有效地减少了罢工等不稳定事件的发生。

第二，中产阶级已经成为社会的中坚力量。根据国际公认标准，1996年至今，衡量居民贫富差距的基尼系数不断降低，从2001年的0.366降到2016年的约0.26，10%富人的收入是10%穷人收入的5—6倍，属于贫富差距基本合理状态，衡量居民生活质量的恩格尔系数为40%—45%，基本处于小康状态。

第三，培养了公民追求高效率的首创精神。私有化后，为保护自己的财富，民众会自觉产生忧患意识，对自己的生活有责任感，把接受教育和掌握专业知识视为个人兴旺发达的保障，向往成为自己生活的主人，成为能够自我管理的有追求的人。任何人都不再等待上边的指示和解救办法，不再害怕新生事物，而是敢于面对和担当。

第四，私有化极大减轻了国家财政负担，增加了财政收入。独立前，哈萨克加盟共和国84%的所需物资来自苏联其他加盟共和国，同时91%所产产品需要输往其他加盟共和国。苏联解体后，原有的供销市场基本被破坏，也无法再获得中央的财政援助和发展资金，造成大量企业生产下滑、停产，甚至倒闭，职工工资和退休金欠发。新独立国家的财政根本无法解决这些难题，只能通过私有化，向国民和国际社会寻求发展资金。

第五，国家和民众从私有化进程所犯的错误中吸取了宝贵的经验教训，其管理国家和经济的能力和意识得到大幅提升。例如，意识到私有化需配套社会保障改革，由此建立起相当严密可靠的养老金制度。再如，"库邦"制私有化方法失败后，哈对证券市场的基金从业者制定了较严格的执业规则。

第六，私有化扩大了对外合作。鉴于独立初期的国家和国民较贫困，很多私有化项目，尤其是大型企业被外资竞购。外国企业不仅带来巨额发展资金，还有先进的技术工艺、生产标准和管理经验，"给没有竞争力的经济管理人员免费上了一堂课"，哈得以迅速打入世界市场并与世界接轨，与诸多世界大国和地区（如美、俄、欧、日、印、中等）建立起紧密合作关系。

尽管私有化存在某些不公正，但纳扎尔巴耶夫反对再次重新划分财产。他认为[①]："绝对公正的初次私有化在世界任何

---

① ［哈］努尔苏丹·纳扎尔巴耶夫：《哈萨克斯坦之路》，徐葵等译，民族出版社2007年版，第150页。

地方都不存在，让所有人都感到满意的财产划分也永远不存在。私有化这段历史在哈萨克斯坦已经完结，需要向前看，去完善已经做过的事，不能为追求所有人满意而热衷于财产重新划分。"

表 4—1　　　　　　1999—2018 年哈萨克斯坦企业数量统计　　　　　单位：家

年份	1999	2000	2001	2002	2003	2004	2005	2006	2007	2008
登记注册企业	120862	138530	156404	173684	190042	208396	226908	247930	268564	283744
实际运行的企业	100831	109428	122935	134508	142629	155927	173621	174794	180646	176717
国有企业	20716	21702	22221	23082	23784	24186	25126	25392	24936	24994
私营企业	78285	85222	96765	106005	112937	124930	140485	140756	147297	143989
外资企业	1830	2504	3949	5421	5908	6813	8010	8646	8413	7734
年份	2009	2010	2011	2012	2013	2014	2015	2016	2017	2018
登记注册企业	298028	287068	301372	317926	338981	353833	360287	383850	412677	433774
实际运行的企业	188800	187161	177584	174953	183322	197829	221655	236103	256122	279720
国有企业	25009	24340	24392	24578	24827	25071	25127	25134	25111	25060
私营企业	155218	154256	145595	143048	150324	164717	187763	200438	218327	239969
外资企业	8573	8565	7597	7327	8171	8041	8765	10531	12684	14691

资料来源：Комитет по статистике Министерства национальной экономики Республики Казахстан. Количество действующих юридических лиц РК по отраслям экономики. Количество действующих юридических лиц РК по отраслям экономики с государственной формой собственности. Количество действующих юридических лиц РК по отраслям экономики с частной формой собственности. Количество действующих юридических лиц РК с иностранной формой собственности. http：//stat. gov. kz/official/industry/13/statistic/8.

第二节　国企改革

国有资产管理体制是国家所有制实现形式的载体和依托，涉及国有资产的监管机构职能、授权经营体制、资本配置和运营效率等多个方面。在市场经济条件下，只有找到一种有效的所有制实现形式，才能调动各方积极性，促进国家经济整体发展，不同的国有资产管理体制会形成不同的公有制实现形式及工作效率。

从国有资产管理模式看，国际社会通常有两种模式：一是"两层次模式"，即政府和国有企业之间不设中间层，由政府按不同方式直接管理各类国有企业；二是"三层次模式"，即在上层的政府和下层的国有企业之间设立一个中间层——国有资产的投资经营机构（通常是国有集团公司），依据政府授权经营，如新加坡的淡马锡公司。哈萨克斯坦也采用三层次模式。

国有资产管理通常包括管资产、管人、管事等内容。如果政府部门对国有资产的人、财、物三者都管的话，会经常出现越位、错位和缺位的情况，尤其是当国有企业数量过多、管理幅度过大时，政府更是监管不到位，容易出现"政资不分""政企不分"等现象，造成工作效率低下或国有资产流失，无法实现保值增值的任务。三层次模式就是为解决政府直接管理难题而设置，将政府从直接经营活动中解放出来。在这种模式下，第一层次的政府主要实施监管和指导，第二层次的国有集团公司负责某领域的投资和经营，第三层次的一般国企都是该集团公司的下属企业（国有独资、控股、参股企业），主要从事实体经营。

纳扎尔巴耶夫并不认为国有企业就意味着低效率企业，他指出[①]："传统观点认为，与私人所有者相比，国家管理效益较差。但如果国有公司按照公司和市场原则管理，就像你们所看到的，这个问题就得到成功解决。中国的国有公司为我们提供了最鲜明的例子。我们在完成巨大的供应任务时，可以效仿这些榜样。我们必须创造世界品牌，并在世界分工中占据可靠位置。"

为适应市场化、现代化、国际化新形势和新要求，增强国有企业的经济活力、竞争力和抗风险能力，哈萨克斯坦的国有企业管理体制也不断改革发展。从实践看，哈萨克斯坦参照新加坡淡马锡公司模式，设立萨姆鲁克—卡泽纳国家福利基金、哈萨克斯坦农业集团、巴依捷列克集团三大集团公司，分别管理工业与基础设施、农业、金融三大板块的国有企业。

---

① Выступление Президента Казахстана Н. Назарбаева на форуме по запуску программы трансформации АО Фонд национального благосостояния "Самрук-Казына". 6 октября 2014. http：//www.akorda.kz/ru/speeches/internal_political_affairs/.

一　主要国有企业

苏联时期，哈萨克加盟共和国于1990年12月20日成立国有资产管理委员会，直接归属总统领导，负责国有资产的非国有化和私有化事务。独立后，哈政府于1995年3月18日决定将国有资产管理委员会拆分成国有资产管理委员会和国有资产私有化委员会两个机构，分别管理国有资产和私有化业务。1997年3月21日，哈政府将这两个机构重新合并成财政部下属的国有财产和资产管理司，之后不久又将该司改组为财政部国有资产和私有化委员会。这一体制一直延续至今。

在国有资产管理方面，2000年的《国有资产和私有化管理纲要》将国有企业分为两大类：一类以承担社会责任为主要任务，另一类以盈利并增加财政收入为主要任务。前者大体相当于中国的公益类国有企业，后者相当于功能类和竞争类国有企业。为加强国家对战略资源和战略经济行业的管理，哈政府在2003年后相继组建萨姆鲁克国有资产管理集团、卡泽纳国家稳定发展基金和哈萨克斯坦农业集团三个国家级大型国有企业，负责管理具有战略意义的国有大企业中的国家股份。其中萨姆鲁克国有资产管理集团主要负责经营和管理工业企业，卡泽纳国家稳定发展基金主要负责经营管理金融企业，哈萨克斯坦农业集团主要负责经营和管理农业企业。此后经若干次调整重组，截至2019年1月1日，哈萨克斯坦已注册的管理型和经营型国有企业（包括控股集团和经营企业）共计5327家，大体分属三大体系[1]：

一是萨姆鲁克—卡泽纳国家福利基金（Sovereign Wealth Fund Samruk-Kazyna Joint Stock Company），是哈政府直属机构，由萨姆鲁克国有资产管理公司与卡泽纳稳定发展基金2008年合并而成，主要管理工业和公用企业。该基金直接向政府负责，政府总理担任基金董事局主席，CEO通常由副总理级别人物出任。截至2019年1月1日，福利基金总资产为25.64万亿坚戈（合745亿美元），其中自有资本为12.87万亿坚戈（合374亿美元），负债12.77万亿坚戈（合371亿美元），2018年总收入为16.8万亿坚戈（约合488亿美元），总利润为2349亿坚戈（约合6.8亿美元），共管理317家企业，其中直属企业24家[2]。其中包括国家油气公司、国家铁路公司、国家原子能工业公司、国家通信公司、国家电力公司、萨姆鲁克能源公司、国家电网公司、阿斯塔纳航空公司、哈萨克工程技术公司、联合化学公司、国家邮政公司、萨姆鲁克—卡泽纳不动产公司、萨姆鲁克投资公司等。

---

[1] Постановление Правительства Республики Казахстан от 6 апреля 2011 года № 376 "Об утверждении перечня национальных управляющих холдингов, национальных холдингов, национальных компаний".

[2] Годовой отчёт АО "Самрук – Казына" за 2018 год（Том 1）. https://sk.kz/upload/iblock/c8b/c8bdf24258dc61c016b07c9b569761af.pdf.

正如纳扎尔巴耶夫所言[①]:"萨姆鲁克—卡泽纳国家福利基金集中了国家最庞大的资产:铁路,石油天然气资源及其运输,广播电视传媒,电力,原子能工业,以及拥有飞往世界19个国家的60条航线的国际航空公司。基金的总资产相当于哈萨克斯坦 GDP 总量的一半……萨姆鲁克—卡泽纳基金是国内最大的雇主之一,有35万名雇员。萨姆鲁克—卡泽纳基金实际上是第二个国家基金。这是国家财富,这里汇聚了我们现在和未来的福利源泉。"

二是哈萨克农业集团(KazAgro National management holding JSC),2006年组建,隶属于农业部,主要关注农业经济发展。集团直属企业共7家:粮食合同公司、哈萨克农产品公司、哈萨克农业市场公司、农业信贷公司、农业财政扶持基金、哈萨克农业担保公司、哈萨克农业金融公司。

三是巴依捷列克集团("Baiterek" National Managing Holding JSC),2013年5月建立,隶属于投资发展部,主要管理开发性和社保性投资资产,旨在加强投资和出口、促进住宅和地区开发、支持中小企业和创新企业发展。集团下属11家企业:国家开发银行、哈萨克斯坦投资基金、卡泽纳资本管理公司、哈萨克出口信贷保险公司、国家—私人伙伴项目保障中心、国家住宅建设储蓄银行、哈萨克斯坦抵押公司、哈萨克斯坦抵押贷款担保基金、巴依捷列克开发公司、国家

[①] Выступление Президента Казахстана Н. Назарбаева на форуме по запуску программы трансформации АО Фонд национального благосостояния "Самрук-Казына". 6 октября 2014.

表 4—2　　　　　　　　哈萨克斯坦国有资产统计　　　　　　单位：家

类别	2015 年	2020 年
国家法人	25324	24176
国家机构（包括国家机关）	18899	18668
管理性国有企业（holding）	4959	4228
经营性国有企业（company）	1455	1280
国有企业的子公司	11	0
国家法人的分支机构和办事处	1623	1806
办事处	20	1773
分支机构	1603	290
国家参股的法人	759	488
股份公司	210	157
有限责任公司	551	331
国家集团和国家公司的子公司和直属机构	792	552
股份公司	181	107
有限责任公司	611	445

注：截至当年 1 月 1 日。

资料来源：Акционерное общество "Информационно-учетный центр". Комитет государственного имущества и приватизации Министерства финансов Республики Казахстан. Государственные юридические лица. Структура коммунальных государственных юридических лиц, в разрезе регионов и видов собственности. https：//www. gosreestr. kz/ ru/Default. aspx.

技术开发局、达姆企业发展基金。除哈萨克斯坦抵押贷款担保基金由国家持股91.3554%外，其他企业国家持股100%[①]。

二　国有企业改革

为实现优化资产结构、提高管理效率、刺激技术升级、促进中小企业发展、活跃证券市场等任务和目的，早在2012年2月1日，纳扎尔巴耶夫总统曾签发新版《萨姆鲁克—卡泽纳国家福利基金法》，改变国家福利基金运作模式，将基金业务分为四大板块：一是金融经济板块，负责集团的金融和财政；二是保障板块，负责集团的法律、人力资源、审计监督、风险管理等后勤保障管理；三是业务生产板块，负责管理油气、采矿和能源三大基础业务部门；四是战略板块，负责战略规划、创新政策、投资项目、"人民IPO"等其他生产和规划业务。与此同时，以转让或拍卖等形式将基金下属的幼儿园和学校等非生产机构从国家福利基金系统剥离。

2014年10月，萨姆鲁克—卡泽纳基金依据当年5月发布的政府令，与德勤会计师事务所和波士顿咨询公司等国际知名管理企业共同制定《转型纲要》，并于当年10月启动。

[①] Указ Президента РК от 22 мая 2013 года № 571 "О некоторых мерах по оптимизации системы управления институтами развития, финансовыми организациями и развития национальной экономики".

改革总体上分为三大部分：一是实施私有化；二是继续落实"人民IPO"政策；三是落实转型发展战略。

第一，启动新一轮大规模私有化进程，进一步降低国有资产在全国经济总量中的比重。根据2015年9月30日发布的政府令《关于2016—2020年私有化若干问题》[①]，计划通过上市或招标拍卖，到2020年将国有资产比重降至15%（即经合组织成员国平均水平）。除个别隶属于内务部、卫生与社会发展部、投资与发展部、能源部、财政部等中央国家机关的附属企业外，私有化对象主要是巴依捷列克集团（涉及直属企业及其子公司共8家）、哈萨克农业集团（涉及直属企业4家）和萨姆鲁克—卡泽纳国家福利基金的下属企业。

萨姆鲁克—卡泽纳国家福利基金计划出售的下属企业中，国家油气公司、国家铁路公司、国家原子能工业公司、萨姆鲁克能源公司和国家矿山公司等5家企业将通过IPO上市，其余101家企业资产通过拍卖出售。选择出售对象的基本原则主要有五条：第一，非企业核心资产（如出售原子能工业公司的太阳能电池组块业务）；第二，不属于国家战略资产，不影响哈国家安全；第三，不承担国家交办的社会责任；第四，相关领域已有私企活动，可实现活跃市场和增加竞争等目的；第五，不具备上述条件的国有企

---

① Постановление Правительства Республики Казахстан от 30 декабря 2015 года № 1141 "О некоторых вопросах приватизации на 2016 – 2020 годы".

业资产也可部分出售，但须确保国家控股。竞购哈国有资产的企业需满足若干条件，其中包括：第一，确保国有资产保值增值和就业岗位；第二，遵守哈法律，如有关自然资源和环境保护的法律等；第三，获得战略资产委员会的批准许可；第四，竞购股份最高不得超过国企股份总额的49%（确保国家控股）。

第二，继续落实"人民IPO"。与私有化不同的是，从发行对象看，"人民IPO"的发行对象只限于普通民众和社保机构两类，而私有化则包括所有非国有的法人和自然人，大型国企尤其看重战略投资者；从落实方式看，"人民IPO"只通过证券市场上市交易，而私有化除此之外，还包括非上市方式的招投标、债转股等；从目的和宗旨看，"人民IPO"追求的是国企收益惠及普通民众，而私有化追求的是减少国家比重和企业效益。

2011—2016年是"人民IPO"计划实施的第一期。哈政府原计划推出9家国有企业上市，但实际只推出国家石油运输公司（负责哈境内60%的石油运量）和国家电网公司（哈境内110千伏以上电网的唯一拥有者）共两家，原计划的其他企业（萨姆鲁克能源公司、国家原子能工业公司、国家铁路公司、国家铁路货运公司、阿斯塔纳航空公司、国家海运公司、国家油气公司）仍在方案研究制定过程中。未能推出上市的主要原因是经济不景气，股市低迷，民众购买欲望不强，难以实现预想效果。

第三，推进国有企业升级转型，目标是转变管理模式，由"管经营"转为"管资产"，发挥国家福利基金的出资人和投资者角色，即由国有资产的经营管理者角色向投资人角色转变。主要措施：一是改变投资领域和投资结构。未来重点是高盈利以及有助于经济多元化和工业化的项目。国家福利基金要在主导项目的同时，增加私人、外国企业和贷款等其他融资渠道。二是优化管理组织结构。削减下属企业数量，同时将业务分为后勤管理、审计监督和商业经营三大板块。在商业经营板块，国家福利基金将下属企业分为两部分，其中油气、原子能工业和基础设施列入"战略资产"，旨在确保国家掌控战略资源和经济社会稳定，其他企业列入"商业成长资产"，旨在发展创新和追求效益。

纳扎尔巴耶夫要求萨姆鲁克—卡泽纳国家福利基金成为能与国际大公司并驾齐驱的先进企业，并提出五点希望[①]：第一，大力提高经营效益和生产率。寻找战略伙伴和投资者，基金下属的各个公司应当"走出去"，在国外市场上进行竞争。第二，发挥科技潜力。各个公司都要建立研究实验室，吸收著名科学家和科研机构参与，努力创造新技术、新工艺和新产品。第三，必须继续实施"人民IPO"计划。使每个公民都能通过自身福利水平的提高而感受到经济的增长。第四，促进私营经济发展。培育能够巩固国家经济的新

---

① Выступление Президента Казахстана Н. Назарбаева на форуме по запуску программы трансформации АО Фонд национального благосостояния "Самрук-Казына". 6 октября 2014.

企业和新行业。基金先培育，待达到一定水平之后从中退出，从而为私营经济发展作贡献。第五，发展中小企业。基金必须为每一家与其所属企业相关联的中小企业的发展创造条件。基金应只留下主营业务，辅助职能则由中小企业来完成。

第三节　国家基金

进入 21 世纪，国际油价高涨，油气资源丰富的哈萨克斯坦的石油收入猛增。如何利用和分配好这笔自然资源收益，在哈国内曾引发争论。一部分人希望向公民分配，以增加民众收入。但这种观点很快被否定，理由有两个：一是这部分收入如果分给民众，可能加大货币流通量，引发通货膨胀，还可能增加进口，从而降低民族企业的竞争力。二是国际市场油价波动频繁，石油收入并不能保障社保资金的稳定供应。最后的共识是：石油收入最好在"代际分配"，即将其用于国家的可持续发展，维护社会经济稳定，促进多元经济（特别是非资源领域）发展；减少外部因素或市场波动对哈经济的不利影响；为下一代积累发展资金和资源。

2008 年国际金融危机到来后，纳扎尔巴耶夫在 2009 年发表国情咨文时感慨道①："当年建立国家基金时，还有很多争议，但现在遇到国家财政收入、退休金和养老金下降20%的时候，再想想我们在经济光景好的时候积累财富的做法是多么正确啊。国家就是应该未雨绸缪。"

一 国家基金

2000年8月23日，纳扎尔巴耶夫命令组建"哈萨克斯坦国家基金"（National fund of the Republic of Kazakhstan）。哈政府于2001年5月在中央银行开设专门账户，正式成立"哈萨克斯坦国家基金"。在规划国家基金时，借鉴了诸多国家经验，如挪威的石油基金、科威特的后代储备基金和总储备基金、智利的铜稳定基金、阿拉斯加的永久基金、委内瑞拉的宏观经济稳定基金、东帝汶的石油基金、基里巴斯的收入平衡储备基金等。

国家基金的日常工作由哈中央银行具体实施管理，决策机构是基金管理委员会，由总统牵头，成员有政府总理、议会上院和下院议长、总统办公厅主任、央行行长、预算监督执行委员会主席、财政部长、经贸部长等。

哈《预算法》规定，国家基金的资产主要来源于：第一，石油企业缴纳的（归属地方预算的除外）企业所得税、超额利润税、资源开采税、签字费、红利、出口调节税和产

---

① Послание Президента Республики Казахстан Н. Назарбаева народу Казахстана. 6 марта 2009 г. "Через кризис к обновлению и развитию".

品分成合同规定的其他应缴费用；第二，石油企业的违约罚金（归属地方预算的除外）；第三，央属矿山企业和加工企业的私有化收入；第四，农用地的私有化收入；第五，国家基金从事的投资项目收入；第六，法律未禁止的其他收入。实践中，需要将部分纳税归属国家基金的具体企业名单由哈政府参照企业出口规模和纳税能力确定，并不限于石油企业，有时还包括哈萨克铜业集团、哈萨克锌业集团等其他原材料企业。

国家基金兼具储蓄和稳定功能，既为后代发展积累资金，努力在资源枯竭前建立良好经济基础，保证后代在资源枯竭后仍能幸福地生活，同时又调控经济，减轻国际市场石油等原材料出口价格波动对哈经济造成的不利影响。除自身经营管理费用外，国家基金主要用于国家预算的平衡与转移支付、偿还外债、项目投资等。

2016年12月，哈政府通过《国家基金的资金建立和使用构想》[①]，计划到2030年国家基金的资产达到800亿美元（假设国际油价为每桶50美元）。该构想确定了三个原则：一是债务可持续性。依照明确的财政规则管理国家基金的资产以及政府和准公共部门的债务，确保国家基金的资产增幅超过政府的债务增幅，使得政府的外部净资产为正，从而加强公共财政的可持续性。二是减少预算对石油的依

---

① Указ Президента Республики Казахстан № 385 от 8 декабря 2016 года "О Концепции формирования и использования средств Национального фонда Республики Казахстан".

赖。计划到2025年，来自油气领域的进项在国家预算收入总额中的比重不超过28%，到2030年不超过20%。非石油领域的赤字规模（非石油领域的收入与支出间的差额）占GDP的比重到2020年降至7%，到2025年降至6%，到2030年降至5%。三是提高运行管理效率，确保国家基金的平均收益水平。

表4—3　　　2017年和2018年国家基金资金收入和支出统计　　　单位：亿坚戈

国家基金来源	2017年	2018年
年初余额	238656.23843	229245.24810
当年收入	34798.12466	57555.87709
当年油气企业直接税进项（地方收入不算）	20011.35951	32008.14177
企业所得税	7827.98272	13742.59663
超额利润税	506.03683	565.54369
签字费	50.83596	90.65886
地下资源开采税	6263.49595	4646.51629
出口税	2504.07739	4870.66475
合同分成	2858.93066	7251.05048
产品分成合同的补充支付	0	841.11107
当年油气企业的其他进项（地方收入不算）	323.68996	107.61041
中央机构的行政罚款、处罚、收费等	48.12646	75.84839
其他罚款、处罚、收费等	2.99927	14.95802
为油气企业寻找有害物处理地的收费	272.51201	16.77995
其他非税收入	0.05222	0.02405
中央资产的私有化	74.27304	129.88991
出售农用地收入	4.44243	2.62064
国家基金投资收益	14290.00167	25223.15717

续表

国家基金来源	2017 年	2018 年
从财政转回的担保资金	94.35805	0
从财政转回的专项资金	0	84.45719
法律不禁止的其他收入	0	0
国家基金的利用	44209.11499	26180.74427
担保资金	28800.00000	26000.00000
专项资金	15343.17413	0
基金管理和审计开支	65.94086	180.74427
年底余额	229245.24810	260620.38092
年均汇率（1 美元 = 坚戈）	326.00	344.71

资料来源：Министерство финансов Республики Казахстан. Отчет о формировании и использовании Национального фонда Республики Казахстан за 2017 год；Отчёт о поступлениях и использовании Национального фондаРеспублики Казахстан за 2018 год. http：//www.minfin.gov.kz/irj/portal/.

二　国家基金是"后代基金"[①]

国家基金被誉为哈萨克斯坦的"安全气囊"。每逢经济困难或出现危机，哈萨克斯坦人就会想到运用国家基金来救市解困。但纳扎尔巴耶夫对此始终保持清醒的认识。他一直强调：国家基金是"后代基金"，是保障将来能够可持续发展的国家财富，而不是为低效管理或错误决策买单的工具。"国家基金只能在最特殊的情况下才允许使用。政府应尽量

---

① Сегодня под председательством Главы государства Нурсултана Назарбаева состоялось заседание Совета по управлению Национальным фондом Республики Казахстан. 11 апреля 2013. http：//www.akorda.kz/ru/events/akorda_news/meetings_and_sittings/.

利用其他机会（开源节流），只有当重要的战略性基础设施项目缺乏资金时，才可以使用国家基金。"在纳扎尔巴耶夫看来，石油等能源和矿产资源是自然界赐给世代生活在这块土地上的人民的财富，这些资源带来的福利应该由世世代代的人民共同享用，当今时代的人无权将其独自使用甚至挥霍殆尽，否则会影响后代生存。

表4—4　　　　　　　哈萨克斯坦国际储备统计　　　　单位：亿美元

年份	外汇储备	国际货币基金组织特别提款权	黄金储备	净国际储备	国家基金
2010	262.74	238.21	24.53	257.15	246.19
2011	311.58	282.05	29.53	306.11	314.26
2012	336.91	286.83	50.08	331.36	455.11
2013	269.50	206.64	62.86	264.15	584.80
2014	245.19	186.97	58.22	239.74	711.42
2015	290.55	211.97	78.58	281.93	717.51
2016	268.55	188.75	79.79	259.61	636.47
2017	293.76	193.60	100.15	288.66	628.71
2018	313.49	182.64	130.85	308.24	593.50
2019	305.80	155.60	150.20	300.90	594.67

注：截至当年1月初。

资料来源：Национальный банк Казахстана. Международные резервы и активы Национального фонда РК. https：//www.nationalbank.kz/.

纳扎尔巴耶夫认为，不应将国家基金的资金视为解决当前问题的措施手段。必须减少低效的预算支出，加强财务纪律，打击腐败和增加税基。他坚决反对使用国家基金注资帮助商业银行的做法。"我绝对禁止这样做。商业银行有许多不同的筹集资金的机会和工具，还有其他储备。商业银行应该尽量使用自己的储备和资金，而不是希望有人提供免费的钱。它们需要工作和竞争。"

第四节　土地改革

土地具有持久性和不动产特征，是人类活动必须依赖和利用的稀缺经济资源，随着人口增多和经济规模扩大，土地的稀缺性越来越明显。作为生产要素，不同的国家对土地资源参与生产和分配的方式也不同。通常认为，土地首先需要进入市场交易，才能更好地发挥要素供给作用。但在市场经济条件下，关于土地私有化和国有化的利弊优劣、土地是否只有私有化才能流转交易、外国公民和法人是否有权购置本国土地和不动产等问题，始终是各方热烈争论的焦点，有时甚至可能引发社会和政治危机。

一 土地改革

独立后,为更好地解决和发展"三农"问题(农村、农业和农民),哈萨克斯坦针对土地进行改革。改革的最初动因,是哈萨克斯坦的农业经济始终低迷,农民生活水平低下,而国家却没有足够的资金和实力像苏联时期那样给予大量补贴,于是开始对农工企业、国营农场和集体农庄进行私有化改革。伴随此进程,有关企业、农场和农庄的土地所有权问题相应显现。由于土地属于国家而非私有,经营者对未来信心不足,对附属于土地之上的企业和农场等投资积极性不高。另外,为谋得利润或尽早收回投资成本,土地的使用经营者对土地缺乏科学合理的利用和开发,不合理或非法使用土地的情况屡禁不止。

为解决这些问题,哈政府认为最好的办法就是实行土地私有制,将全国 10%—15% 的土地转为私有,希望借助私有化明确土地所有权,刺激土地所有人对自己土地的关注(如保值、增值、开发和利用等),进而通畅生产要素流转,提高土地利用效率,增加资本投入,提升国家整体经济水平。

改革之前,哈境内土地全部属于国家所有,公民和法人只有使用权,在经济活动中涉及的转让租赁对象是土地使用权,而不是所有权。考虑到哈萨克斯坦的现实国情,土地私有化改革大体经历三个阶段:

第一阶段是 1991—1993 年,标志是 1991 年 6 月 28 日制定的《土地改革法》，明确规定土地为国家所有，但农民有经营权和使用权。主要办法是将原先归属于国营农场和集体农庄的土地依照一定程序、按约定份额分给每个农民。这种做法主要是配合农工企业、国营农场和集体农庄的私有化，在将企业财产转为私人所有的同时，将企业所在土地的使用和收益权相应分配，目的是让农民既拥有土地使用权，又拥有企业财产权，能够在自愿和自由选择的基础上，以重新联合的方式组建新的企业、合作社等各种形式的经济联合体，使经济要素得到合理组合，从而改善农村生产关系，提高经济效益。

第二阶段是1994—2002年，这是从土地国有制向私有制转化的过渡阶段。这个阶段的标志性事件有两个：一是1995年8月之前，在保留国家对土地绝对所有权的同时，将土地使用权纳入民事对象，允许并规范土地流转。相关法律文件主要有1994年1月24日第1516号总统令《关于调整土地关系的若干问题》和当年4月5日第1639号总统令《关于继续完善土地关系》。二是1995年8月30日全民公决通过的新版《宪法》规定"土地及其地下资源、水资源、植物、动物及其他自然资源属于国家所有。土地可根据法律规定的原则、条件和范围成为私有财产"。这是哈萨克斯坦历史上第一次规定土地既为国家所有，又可以在一定条件下成为私人所有，为后来实现土地私有化奠定了宪法基础。

在此基础上，1995年12月22日颁布的第2717号总统令

《关于土地》（因当时处于总统训政时期，该总统令具有等同于法律的地位）和 2001 年 1 月 24 日《土地法典》，将宪法赋予的土地私有权进一步细化和具体化，规定"用于从事个人副业、栽种果木、建造别墅、建造生产和非生产性用房（包括住宅、工程项目及其配套设施等），以及为上述经济活动和建筑物服务的土地，可以依法定程序转让给公民或非国家法人所有"，即允许这些土地私有。与此同时，"国防用地、森林、水域、特殊保护区、特殊用途的土地（如生态、科研、历史文化、休闲、医疗保健等）、居民区的公共用地等，不得私有"。

2002—2003 年，哈政府同议会之间关于土地法典草案争论激烈。双方分歧在于：政府希望尽快允许土地私有化，一来增加财政收入，二来可以让生产要素得到更合理配置，消除市场经济障碍。议会则希望延缓或停止土地私有化，担心此举会加剧贫富分化和社会动荡。双方争论的焦点在于：第一，政府希望将土地出售给私人，并且可以出售给私人的土地不超过该地区农用地总面积的 10%；议会则认为可以出售给私人的土地不应超过该地区农用地总面积的 5%，而且部分土地应无偿划拨给已经占有该地的人。第二，政府希望自然人和法人能够同时享受土地私有化的权利，而议会则担心私人会为了眼前利益而迅速将自己的土地转手出售给法人，因此提议自然人在土地法生效后即可根据私有化获得土地所有权，而法人则需 3 年半之后才能开始享受私有化权利。第三，政府认为土地私有化的收入应划入国家基金，而议会则希望新建一个机构，专门管理土地收入。

政府和议会对土地法典草案互不让步，最终演变成塔斯马加姆别托夫总理要求议会举行对政府的信任表决。根据哈《宪法》，如果议会上下两院均以2/3多数通过对政府的不信任投票，则总统必须在或解散政府或解散议会中作出选择；如果议会未能通过对政府的不信任案，则政府提交的法律草案不必再经议会表决，便可由总统签署生效。尽管议会没有获得通过不信任案所必需的2/3多数票，但下院71%高票结果足以显示议会对政府的不满。在此情况下，塔斯马加姆别托夫于2003年6月11日提出辞职。6月13日，议会两院联席会议通过阿赫梅托夫为新总理。6月20日，议会和总统就《土地法典》达成最终共识，经纳扎尔巴耶夫签署后生效，确认哈萨克斯坦实行土地私有制。

第三阶段是2003年至今，主要标志是2003年6月20日颁布《土地法典》，将哈萨克斯坦的土地分为国有和私有两部分，其使用权有三种方式：长期使用；临时使用（租赁）；私有。其中国家单位可长期使用国有土地；外国的自然人和法人可以租用土地（临时使用）；原属国有的农用地可依法转归哈萨克斯坦自然人或非国有法人私有。

《土地法典》规定：国有土地可以有四种使用方式：一是销售或无偿转让给私人或法人；二是作为国有企业的实物出资；三是长期或短期使用；四是法律规定的其他用途。这意味着，国有土地可以通过一定法律程序私有化，或无偿、或按政府规定的价格、或按市场估价转让给公民或法人，土地私有化的收入划入国家基金。外国人和外资企业可以在哈租赁土地，但不得转让和买卖。

土地私有化改革遵循渐进原则，经过独立后近12年时间，才真正将纸面的宪法权利转为现实生活中的真实权利：先将土地划分给农民，使其具有使用权，然后再允许土地流转，最后确认土地私有权。之所以不是在独立初期与企业私有化一起直接实现，主要原因是哈政府担心，仓促的土地私有化可能带来严重不利后果。例如，在独立初期经济不稳定形势下，贫穷的农民可能意识不到土地所有权的价值，可能为一时的蝇头小利而轻率地出卖自己的土地，沦为雇佣工人或变得一无所有，这不仅加剧经济危机，还可能引发社会危机。

如果说最初启动土地私有化改革是为了克服农业经济危机的话，那么后来的目的则是理顺经济要素配置体系，将农民、农业部门和农村经济纳入整个市场关系，使农户和农村经济不再单纯依靠政府补贴度日，而是合理利用自身资源，发挥主人翁责任，积极参与市场经济进程，吸引农业和农村投资，以此改善生活条件和提高生活水平。可以说，土地私有化只是解决"三农"问题的第一步，需要与其他措施配套，才能使其效果充分发挥出来，包括农业信贷改革、提高土地评估水平、加强农业科技、改善农村基础设施、吸引发展建设资金、发展农产品加工业等。

二 《土地法典》的修订

2015年纳扎尔巴耶夫提出"五项改革"和"百步计划"时，提出要加快实施部分农用地私有化。纳扎尔巴耶夫表示[①]："在我们国家，农业一直是我们的竞争优势。但是当前过时的、无效的调节土地关系的措施却限制了土地作为生产要素的潜力。最近的土地调查显示，我们有900万公顷土地没有被利用，在那里闲置。当整个世界都在努力增加粮食生产的时候，哈萨克斯坦却有900万公顷的土地不能流转。我们的土地所有权有两种形式：租赁和私有。但是有大量的土地所有者将土地出租，却不关注土地的使用方式，不管土地肥力如何，也不关心土地生产力是否很大。他们对待土地就像一只小狗趴在干草上一样慵懒随意。于是乎，我们就这样逐渐消耗哈萨克斯坦的肥沃土地，把所有能消耗的土地都消耗掉，结果就是这样。……土地私有化不能针对所有人，而是应该面向那些懂得如何工作、有专业、有经验、有资金和有设备的人，一个能够从这片土地中受益的人。必须规定，如果土地所有人不能将这块土地用于其规定的目的并提供土地所需的东西，那么此人将失去该土地利用权。只有那些真正能够在土地上工作的人

---

① Назарбаев: Необходимо начать приватизацию земель сельхозназначения. 06. 05. 2015. http：//agroinfo. kz/nazarbaev-neobxodimo-nachat-privatizaciyu-zemel-selxoznaznacheniya/.

才能成为所有者。也就是说，有必要确保土地属于特定的所有者，以便为有效利用土地创造动力。土地私有化应该绝对透明，以便每一平方米的土地都能够根据市场情况得到合理使用。国家应对此进行持续监督。"

2015年11月2日，哈议会通过《土地法典修正案》，主要修订内容有：第一，获得国有农业用地只能通过拍卖方式。第二，哈萨克斯坦公民和非国有法人有权依照《土地法典》规定程序获得国有农业用地。外国公民、无国籍人、外国法人、境外哈萨克族人，以及注册资本中外国公民、无国籍人、外国法人持股比例超过50%的法人，只能租赁使用哈萨克斯坦的农业用地，租赁期不得超过25年。第三，将境外哈萨克族人有偿租赁农用土地并用于家庭农场或副业的最长租赁期限由原先的10年延长到25年。将外国公民和无国籍人有偿租赁农用土地并用于农业商品生产的最长租赁期限由原先的10年延长到25年。允许注册资本中的外国公民、无国籍人、外国法人持股比例超过50%的法人有偿租赁农用土地，租赁期最长25年。

《土地法典修正案》原定于2016年7月1日生效。哈政府原本指望新法可以吸引外国投资和技术，带动农业发展，缓解就业压力。但因宣传工作不到位，加上个别媒体和社会团体炒作，社会上反对声音越来越大，2016年4—5月，多地发生反对该法生效的集会游行（阿拉木图、阿克套、阿特劳、塞米巴拉金斯克、阿克托别等），迫使纳扎尔巴耶夫于当年 5 月 5 日决定，至年底前临时冻结修订案中的部分条款生效，12 月 23 日又签署法案，决定将修订案中民意反映较大的部分条款冻结期限延长至 2021 年。另外，纳扎尔巴耶夫组建国家土地改革委员会①，专门研究土地法案。2018 年 5 月 4 日，哈议会通过《关于修改和补充若干调节土地关系问题的法规的法》②，旨在完善《土地法典》，但未触碰民众反映强烈的关于外国自然人和法人购买和使用土地等内容条款，相当于依然不允许外国公民、外国法人、无国籍人，以及含有外资比重超过 50% 的本国法人购买农用地，允许租赁的期限也保留原样，未有延长。

部分民众反对修正案的主要理由是担心更多外国人在哈从事农业生产，从而挤占本国公民的就业和经商机会；一些外国人或外国法人可能钻法律空子，借助合资企业（尽管在企业中持股比例低于 50%）来实际掌控哈萨克斯坦土地；外国人和外国法人为尽快收回投资成本并追求高额利润，往往过度开发，大量使用农药和化肥，造成土壤质量退化。对此，纳扎尔巴耶夫表示③："农村人口占哈总人口的 40%，全

---

① Правительство РК утвердило состав комиссии по земельной реформе. 12 Мая 2016. https://www.inform.kz/ru/pravitel-stvo-rk-utverdilo-sostav-komissii-po-zemel-noy-reforme_a2902707.

② Закон Республики Казахстан от 4 мая 2018 года № 151 – VI "О внесении изменений и дополнений в некоторые законодательные акты Республики Казахстан по вопросам регулирования земельных отношений".

③ 哈通社：《纳尔巴耶夫：农业和经济部没能对其在新土地法的立场作出正确解释》，2016 – 05 – 05, http://www.inform.kz/cn/article_a2900534；《纳扎尔巴耶夫总统下令组建相关委员会专项负责〈土地法典修正案〉相关争议问题》，2016 – 05 – 05, http://www.inform.kz/cn/article_a2900485.

国20%的人从事农业。如果不发展农业，就很难搞好经济。为吸引投资到农业领域，在借鉴其他国家经验的基础上，政府决定延长投资者租赁农业用地的期限。……我们需要向民众清楚地解释，一旦取消这项法案，农业的发展前景可能会遭遇一些糟糕的问题。当然，我们需要考虑其利益的人民，指的是那些真正在土地上劳动和耕种的农民，而不是那些只知道在大街上嚷嚷的群体。"

第五章　民族多样与统一

民族关系影响国家稳定和发展。苏联解体的原因之一就是没能处理好民族关系，"民族自治权"被无限放大所致。独立后，哈萨克斯坦在民族事务管理方面面临诸多难题，如主体民族的权利和地位、主体民族与非主体民族的关系、与邻国的跨界民族问题、保护和发展少数民族文化等。在多民族多宗教的大背景下，独立后的哈萨克斯坦采取什么样的政策来处理复杂的民族关系，对国家安全和社会稳定极为重要。

从国际社会看，民族间和宗教间冲突已经成为威胁部分国家和地区和平发展的重要因素，但在哈萨克斯坦却从未发生过此类事情。可以说，哈萨克斯坦走出了一条具有自身特色的、民族和宗教关系良性发展的道路。在吸收借鉴苏联民族政策的理论和实践的经验教训基础上，哈萨克斯坦结合本国国情，不断探索多元文化和谐共存方法，形成"统一、和谐、宽容、责任、多元化、为各民族发展创造一切条件"的民族事务管理模式。

作为哈萨克斯坦首任总统，在近30年的国家治理实践中，纳扎尔巴耶夫带领哈萨克斯坦人民建立了稳定和谐的民族关系，打造了以主体民族为主的多元开放文化体系，以"拥有统一未来的民族"为国家认同的基础，保障各民族生存和发展权利，探索出具有哈萨克斯坦特色的民族关系发展和民族事务管理的模式。该模式在团结民众、巩固国家政权、推动社会发展方面发挥着巨大作用，对建设美好哈萨克斯坦产生积极影响，得到全体民众的普遍支持和拥护，也赢得了国际社会的肯定和赞誉。

学者奥莉加·维多娃在纳扎尔巴耶夫传记《中亚铁腕——纳扎尔巴耶夫》中认为，受成长经历、家庭、社会环境等因素作用，纳扎尔巴耶夫的民族观在青少年时代就已经初步形成，并影响着哈萨克斯坦独立后民族政策的形成和发展。

首先，纳扎尔巴耶夫从小在多民族和睦相处的环境中长大。纳扎尔巴耶夫的父亲11岁时就到一个生活富足、待人和善的俄罗斯人家做雇工，在这个俄罗斯家庭学会俄语，掌握了农活技艺，还会说地道的巴尔卡尔语（突厥语的一种，主要在高加索地区使用）。纳扎尔巴耶夫本人也从小在多民族环境中长大，在条件简陋的多民族学校中学习，与哈萨克族、俄罗斯族和其他民族的孩子一起，跟着来自多个民族的教师读书求学，也由此掌握了俄语，听得懂巴尔卡尔、土耳其和车臣等其他民族的语言。正是因为在这种环境里成长，纳扎尔巴耶夫在潜意识里就认为哈萨克斯坦是一个多民族的国家[①]。这也成为他进入政界并担任国家领导人之后形成各民族平等团结思想的来源与基础。

其次，纳扎尔巴耶夫年轻时读过各民族著名作家的许多作品。纳扎尔巴耶夫喜欢读书，在其就读的中学图书馆里有一些本国和外国文学经典著作。纳扎尔巴耶夫读过普希金、托尔斯泰、高尔基、莱蒙托夫等俄罗斯文学巨匠的作品，也读过穆斯列波夫、穆斯塔芬、阿乌埃佐夫、穆卡诺夫等哈萨克著名作家的作品。这些作品不仅丰富了纳扎尔巴耶夫的眼界，也提高了他的文字表达能力。

最后，贫困的家庭环境培养了纳扎尔巴耶夫坚韧的性格和吃苦耐劳的精神，也让他非常敬重那些勤奋工作和不怕吃苦的人。上学的时候，他每天清早听鸡叫起床，然后走很远的路去学校，放学回家后总是先做家务，然后做作业到很晚才上床睡觉。由于是家中老大，纳扎尔巴耶夫一直想尽早工作，帮助父母改善家庭生活条件。但父母认识到学习的重要性，坚持让纳扎尔巴耶夫完成了十年制教育[②]。

在多民族和谐相处的环境中长大，纳扎尔巴耶夫懂得各民族人民应该相互学习、相互帮助的道理；广泛阅读各民族思想家和作家的作品，使纳扎尔巴耶夫开阔了视野；贫困的

[①] ［哈］奥莉加·维多娃：《中亚铁腕——纳扎尔巴耶夫》，韩霞译，新华出版社2002年版，第4页。

[②] ［哈］奥莉加·维多娃：《中亚铁腕——纳扎尔巴耶夫》，韩霞译，新华出版社2002年版，第6—7页。

生活环境造就了他坚强不屈的品格，这些都对其价值观和世界观的形成奠定了重要基础，加上工作以后的不平凡经历，纳扎尔巴耶夫逐渐形成了系统的民族思想并落实到实践中。

第一节 "拥有统一未来的民族"
——公民意识的核心理念

哈萨克斯坦处于世界三大文明（基督教、伊斯兰教和佛教）的交汇处，是一个由多元文化组成的多民族和多宗教的国家。据哈萨克斯坦国家统计委员会数据，哈境内有140多个民族。苏联后期，随着加盟共和国独立意识和民族主义增强，斯拉夫族、日耳曼族等人口开始向外移民。1989年，哈萨克族人口自1926年以来首次超过俄罗斯族，成为哈萨克加盟共和国第一大民族，当年哈萨克族占全国总人口的40%（约650万），俄罗斯族占37.4%。到2016年，全国人口共有1767万，其中哈萨克族占66.5%，俄罗斯族占20.6%，乌兹别克族占3.1%、乌克兰族占1.6%、维吾尔族占1.5%、鞑靼族占1.2%、日耳曼族占1%，其余民族占比均不足1%。到2019年年初，哈萨克斯坦全国人口增至1848.97万，主要民族的人口比重与2016年相比变化不大。

表 5—1　　　　哈萨克斯坦各民族人口及其在总人口中的比重

民族	1989 年 数量（万人）	1989 年 比重（%）	1999 年 数量（万人）	1999 年 比重（%）	2005 年 数量（万人）	2005 年 比重（%）	2016 年 数量（万人）	2016 年 比重（%）
总人口	1619.92	100	1495.31	100	1507.47	100	1767.06	100
哈萨克族	649.69	40.1	798.50	53.4	872.5	57.9	1174.82	66.5
俄罗斯族	606.20	37.4	447.96	30.0	402.4	26.7	364.44	20.6
乌兹别克族	33.10	2.0	37.07	2.5	41.9	2.8	54.88	3.1
乌克兰族	87.57	5.4	54.71	3.6	45.9	3.0	28.97	1.6
维吾尔族	18.15	1.1	21.03	1.4	22.6	1.0	25.63	1.5
鞑靼族	32.07	2.0	24.90	1.7	23.1	1.5	20.29	1.2
日耳曼族	94.69	5.9	35.34	2.4	22.8	1.5	18.17	1.0
白俄罗斯族	17.79	1.1	11.19	0.7	9.4	0.6	5.81	0.3
朝鲜族	10.07	0.6	9.97	0.7	10.1	0.7	10.71	0.6
阿塞拜疆族	8.90	0.6	7.83	0.5	8.6	0.6	10.35	0.6
土耳其族	4.95	0.3	7.87	0.5	8.4	0.6	10.70	0.6
其他民族合计	56.74	3.5	38.94	2.6	39.8	2.6	42.29	2.4

注：截至当年 1 月 1 日。

资料来源：Агентство Республики Казахстан по статистике. Казахстан за годы независимости 1991－2007. Астана. 2008. Численность населения Республики Казахстан по отдельным этносам на начало 2016 года. https：//data. egov. kz/datasets/view？index＝kazakstan_ respublikasy_ halkyny.

一　多民族国家的形成原因

纳扎尔巴耶夫认为：哈萨克斯坦并非自古以来就是多民族地区。历史上，哈萨克斯坦这块土地上原本以较单一的哈萨克族为主，居住着三大玉兹（部落联盟）。当前的多民族状况主要是19—20世纪政治运动的结果，尤其是19世纪沙俄占领中亚、20世纪30年代斯大林集体化运动和肃反运动、40年代第二次世界大战时作为苏联大后方基地、50年代的垦荒等。据统计，从20世纪初到苏联解体，总计约560万人迁移到哈萨克斯坦，而当时的哈萨克居民只有约600万人。

（1）在20世纪初的斯托雷平改革时期，约115万农民从俄罗斯、乌克兰和白俄罗斯迁徙到哈萨克斯坦。

（2）在20世纪30年代集体化期间，约25万农民从苏联中部地区迁移到哈萨克斯坦。

（3）在建设工业项目期间，约120万人从苏联国内各地迁到哈萨克斯坦。

（4）在斯大林时代，在不同的年代有多个民族遭到整体迁移，包括大约80万人、10.2万波兰人、55万北高加索各个民族的人、远东的1.85万个朝鲜族家庭。纳扎尔巴耶夫的家就曾经接纳了一对带着3个孩子的夫妇。

（5）在斯大林开展的肃反运动时期，苏联在哈萨克斯坦设立了11个劳改营，关押着数十万人。很多人获释后并未返乡，而是留在了哈萨克斯坦。

（6）在第二次世界大战期间，哈萨克斯坦接收了约35万被疏散的居民。

（7）20世纪50年代，有150万人来到哈萨克斯坦垦荒。

（8）苏联在哈萨克斯坦的各种秘密军事工程大约接收了15万名专家及其家属。

在外来人口大量涌入的同时，哈萨克族自身的人口数量却大幅减少，减少的原因同样是贫困和政治运动。纳扎尔巴耶夫认为：世界上没有一个国家、没有一个民族像哈萨克民族这样在人口方面经历过这么大的曲折，遭遇过这种可能完全消失的威胁。

纳扎尔巴耶夫认为[①]：一方面，哈萨克斯坦的多民族现状主要由政治制度人为造成。那些并非自愿来到这块土地上的人没有过错。哈萨克人从未被困难吓倒，不仅坚强地活了下来，还越发友善和宽容，从未排斥那些外来的人，从来没有因为20世纪的不幸而指责任何人，相反却在自身极端贫困的时候，将那些遭受困难和苦难的人请进自己的土坯房。这种精神和传统也是今天哈萨克斯坦建设包容、和谐与相互信任的民族关系的基础。另一方面，在今天，多民族共同体反而成为哈萨克斯坦的力量源泉，成为国家发展进步的主要优势。所有人联合成为一个统一的和团结的民族（哈萨克斯坦人），各族人民贡献自己的智慧，继承和发展自己的民族文化，总体上也在丰富哈萨克斯坦的文化，促进对外交流。

二 "拥有统一未来的民族"——强调公民意识

在苏联建立以前，中亚人民生活在沙俄的突厥斯坦总督

[①] Выступление Президента Казахстана Н. Назарбаева на XXII сессии Ассамблеи народа Казахстана. Мәңгілік Ел: одна страна, одна судьба. 23 апреля 2015. http://www.akorda.kz/ru/special/speeches/internal_ political_ affairs/.

区和草原总督区，各地民众都主要信仰伊斯兰教，彼此之间的差别主要表现为生活习惯差异（尤其是农耕定居人口和游牧民）和部落氏族差异（不同血缘关系），并未上升到现代民族的高度（在长期共同生活中形成的、不以血缘为基础的稳定的文化共同体，对自己的族源、历史、文化、语言、心理、生活和经济联系等有明确的认知并能严格区分本民族和其他民族，甚至与政治经济权利挂钩）。

苏联时代前期（20世纪20—30年代），为了防止泛突厥和泛伊斯兰思潮在中亚地区传播，避免出现穆斯林或突厥大联合（如形成中亚联邦、突厥共和国），确保苏联在中亚地区的稳定管理和统治，苏联政府开展民族识别和民族划界工作，将原本只有模糊身份认识的中亚民众细化为五个中亚民族（哈萨克族、乌兹别克族、吉尔吉斯族、土库曼族、塔吉克族），并通过强化彼此区别来"分而治之"。

20世纪40年代第二次世界大战期间，为开发建设大后方和防止部分民族倒向纳粹，苏联国内发生人口大迁徙，中亚地区出现民族大杂居现象，为此，苏联领导人在战后十分重视"苏联公民"建设，努力削弱民族差异，打造全苏联统一的国民身份意识。

苏联时代后期，戈尔巴乔夫多元化改革造成意识形态真空，民众的国家意识出现模糊和迷茫，各种思潮泛起，虚无主义、无政府主义、极端民族主义、金钱至上等各种思潮在国内泛滥，世界观和价值观也开始转向，出现精神价值危机。那个倡导"国家利益是社会主流意识"的时代已经过去，人们更多追求的是个人的目的和福利，首先从物质上而不是从精神上适应生活。在这样的严峻形势下，哈萨克斯坦在独立后面临的一项紧迫任务便是解决"我是谁"的问题，以填补意识形态真空（或者说扭转多元化泛滥的状态），其核心是统一国民思想意识，培植人们对新独立国家的认同，形成新的价值观，增强遵纪守法观念，树立对未来的信心，保持国家稳定，保证各项改革工作顺利进行。为此，需要吸取苏联解体的教训，与苏联和"苏联公民"划清界限，重塑"历史记忆"，探索和寻找符合新独立国家特点和利益需求的新意识形态。

  首任总统纳扎尔巴耶夫认为，哈萨克斯坦的民族宗教政策和民族宗教关系模式应建立在五个原则基础之上：一是哈萨克斯坦人民相信，民族、宗教、文化和语言的多样性是哈萨克斯坦的无价之宝，它构成意识形态、道德和精神基础，为社会发展不断注入新动力；二是有针对性地创造条件，发展各民族文化和语言；三是宽容与责任是哈萨克斯坦民族的最重要价值，也是处理国内事务和国际关系所遵循的普遍原则；四是哈萨克族发挥凝聚作用，为国家的未来担负起特殊的责任；五是人民的团结，哈萨克斯坦所有国民组成了"拥有统一未来"的、共同发展的"哈萨克斯坦人"[①]。

[①] 哈萨克斯坦共和国驻华大使馆编：《2008年哈萨克斯坦总统纳扎尔巴耶夫演讲选编》，2008年，第60—61页。

"哈萨克斯坦人"是国家意识形态建设的核心要素，在指导国家发展时，它强调四个特点：

第一，"哈萨克斯坦人"是一个政治概念，而不仅是民族或族群概念。它只有一个标准，即不分民族、种族、宗教、职业、性别、年龄等，凡是拥有哈萨克斯坦国籍的公民都是哈萨克斯坦人。哈萨克斯坦以其自身实践经验证明：不同文化和宗教的人民可以在和平、友好、团结的氛围下和睦生活。

第二，独特性，即体现出中亚地区和哈萨克斯坦的特有风格。哈萨克斯坦是一个多民族、多宗教、多语言文化的多元化社会，而不是一个单一的族群。无论是伊斯兰文化、俄罗斯文化、草原文化、独联体成员、欧亚大陆中心等，都无法单一地概括出其特点，只有将上述所有特征加总整合，才能形成统一完整的哈萨克斯坦形象。这是"哈萨克斯坦人"的理论和现实基础，需要探索符合国情的发展道路，形成自己的特色，而不是单纯机械地模仿其他国家。

第三，共有家园。尽管哈萨克族人口数量占多数，但不能说哈萨克斯坦仅是哈萨克族人的国家，它是生活在这块土地上的所有族群、民族和所有信仰人群的共同家园。这些人很早便已生活在这里，相互融合、和谐相处，共同创造出今天的哈萨克斯坦。需要各地区、各民族、各宗教、各行业、各年龄国民互谅互让、互帮互助，发扬宽容精神，建设和谐家园。

第四，创新发展。即不断地改革和开放，应对时代发展和社会进步带来的挑战。"哈萨克斯坦人"的内容和表现形式也要跟随实践变化，不断补充发展，不故步自封、不因循守旧，展现新时代面貌。既要保持草原民族的豪放、热情、敬老，也要体现现代的民主、宽容、多元。

"哈萨克斯坦人"就是"拥有统一未来的民族"。建设"拥有统一未来的民族"的思想由首任总统纳扎尔巴耶夫提出，目的是加强国民团结和促进社会和谐，旨在以公民权为基础，借助统一的国家认同，将各族人民紧密团结在一起。该思想认为，哈萨克斯坦是同呼吸共命运的共同体，是这块土地上的所有人的共同家园；每个人都是哈萨克斯坦的儿女，出身不同但机会相同，国家强，人民就幸福，国家弱，人民就要受苦；民族差异不是分歧的源泉，而是团结互补的根基。

第一，"拥有统一未来的民族"是统一的民族，是拥有统一国家认同、共享国家核心理念和国家意识形态的国民共同体。"统一"即境内的各族人民，无论其民族属性，无论风俗习惯和行为方式，均具有统一的身份——"哈萨克斯坦人"。"哈萨克斯坦人"就是统一民族的标志。"哈萨克斯坦人"就是统一的民族。

第二，"拥有统一未来的民族"是拥有共同未来的民族。"未来"即各族人民均享有同等的公民权利和发展机会，大家拥有共同的目标、共同的利益和共同的未来，需要共同建设国家，共享发展成果。国家发展目标是实现"2050年战略"，即进入世界30个最发达国家行列。

第三，"拥有统一未来的民族"坚决反对大民族主义，也反对滥用民族自决权，坚决反对将少数民族权利同民族自决权以及建立独立国家的权利混为一谈，否则，分裂和分立主义永无止境，国家稳定和发展也无从谈起。

纳扎尔巴耶夫认为，只有"拥有统一未来的民族"才能成为"永恒的国家"。"永恒的国家"意思是能够永续存在、不会消失的国家。历史上，很多国家因内部问题而分裂，或被外族侵略而灭亡，只有始终团结奋斗，不断发展壮大，才能够延续不断。纳扎尔巴耶夫希望哈萨克斯坦可以成为一个"永恒的国家"。他认为[1]，在哈萨克斯坦建设"永恒的国家"有着强大的政治和社会基础，体现在三个方面：一是人民对共同家园哈萨克斯坦的热爱；二是全社会对待自己古老国家的历史和语言发展的和谐态度；三是人民对国家的现代与伟大未来以及对自己的社会充满信心。

为具体阐述国家认同的内容，哈萨克斯坦发布一系列正式文件，包括《建设历史意识构想》（1995年5月31日）[2]、《国家统一学说》（2010年4月29日）、《巩固和发展认同和

---

[1] Выступление Президента Казахстана Н. Назарбаева на XXII сессии Ассамблеи народа Казахстана. Мәңгілік Ел: одна страна, одна судьба. 23 апреля 2015 г.

[2] Концепция становления исторического сознания в Республике Казахстан, утверждена Национальным Советом по государственной политике при Президенте Республики Казахстан (31 мая 1995 года).

统一的构想》（2015年12月28日）和《"永恒的国家"爱国主义法案》（2016年4月26日）等。纳扎尔巴耶夫指出[①]："哈萨克斯坦是世界上第一个以特定文件的形式巩固国家意识的国家。任何地方都没有这样的经验，我们领先于所有人。"

《国家统一学说》遵循"没有统一就没有民族，没有民族就没有国家，没有国家就没有未来"的思路，根据"维护多样性统一"原则，通过"共同的命运、共同的机遇、哈萨克斯坦精神"三个支点，将全体哈萨克斯坦国民团结在一起，无论其种族、民族、宗教、阶层、职业，都承担共同的历史使命，面临共同的发展机遇，分享统一的哈萨克斯坦精神。"哈萨克斯坦精神"的主要内涵有：尊重传统、爱国主义、革新创新、迎接挑战、争取胜利[②]。

《巩固和发展认同和统一的构想》认为[③]，为了巩固和发展国民身份认同和国家统一，需要遵循"永恒的国家"爱国主义思想。该思想建立在文化、族群、语言和宗教多样性基础上，是认同和统一的根本基础，凝聚和反映了国民基本精神价值（公民平等、热爱劳动、诚实守信、崇尚学习和教

[①] Казахстан официально принял национальную идею. 26.04.2016. https://www.kommersant.ru/doc/2974049.

[②] Доктрина Национального единства Казахстана, одобрена Администрацией Президента и направлена в Правительство 29 апреля 2010 года, одобрена на состоявшемся 19 апреля 2010 года заседании Совета Ассамблеи народа Казахстана.

[③] Указ Президента Республики Казахстан от 28 декабря 2015 года №147 "Об утверждении Концепции укрепления и развития казахстанской идентичности и единства".

育、世俗体制）。该思想并不守旧，而是不断发展完善。为巩固和发展能够适应世界30个最发达国家的（即哈萨克斯坦实现"2050年战略"目标）国家认同和统一意识形态，需要以"永恒的国家"爱国主义思想为核心，坚持法律至上、巩固民族宗教和谐、发展中产阶级（社会稳定和发展的根基），建立有效的、能够确保所有公民无差别和无限制进步的社会阶梯，推广三语教育（哈萨克语、俄语、英语）。

《"永恒的国家"爱国主义法案》是在哈萨克斯坦独立25周年之际发布的政策文件，倡议哈萨克斯坦公民在共同的命运和历史记忆基础上，作为伟大草原的后代子孙，为继承先人开创的伟业而需要传承和发扬的光荣传统。对每一个哈萨克斯坦公民而言，"永恒的国家"意味着家庭幸福、热情好客、诚实守信、热爱劳动、安全稳定、和谐统一、相信未来等重要的价值观。"永恒的国家"具有7个特征[1]：第一，它是独立的哈萨克斯坦，建设和巩固独立、繁荣、强大的哈萨克斯坦是国家使命；第二，它是统一、和平与和谐的国家，同一个国家、同一个命运；第三，它是世俗的且有自身独特价值观的国家；第四，它是在创新基础上保持经济持续稳定增长的国家；第五，它是全民劳动的国家，所有的发展成就都是公民辛勤劳动的结果；第六，它是拥有共同的历史、文化和语言的国家，整个国家就是一个大家庭；第七，

---

[1] Патриотический акт "Мәңгілік Ел" был принят 26 апреля 2016 года на XXIV сессии Ассамблеи народа Казахстана.

它是一个安全稳定并积极参与解决世界和地区问题的国家。

哈萨克斯坦《宪法》第一句话便是："我们，哈萨克斯坦人民，由共同的历史命运联系起来，在世代居住的哈萨克斯坦土地上建立起自己的国家体制。"1996年10月，纳扎尔巴耶夫总统签署命令，将苏联时期的国际劳动节（每年5月1日）改为象征和谐、团结、繁荣和友谊的国家法定节日"人民团结日"。节日期间，城乡各地都举行各种庆祝活动，人们身着民族服装，展示本民族的传统服饰、艺术、文化和美食等。政府还将2015年确定为国家的"人民统一年"，通过举办各类活动增强民族统一意识。

第二节　各民族共同发展——
　　　　国家稳定的基石

苏联时期，俄罗斯族是苏联的主体民族，各加盟共和国（主要依据主体民族而设）虽然也有自己的主体民族，但并没有将其放在突出的地位。1991年哈萨克斯坦独立时，哈萨克族成为哈萨克斯坦主体民族，但数量却仅占全国总人口的2/5，这是中亚五国中唯一的一个主体民族虽占据多数但却不是绝大多数的国家。纳扎尔巴耶夫汲取历史经验教训，认识到为了哈萨克斯坦的安全与稳定，有必要尽快强化主体民族的地位，同时保护其他民族的发展权益，使各民族共同发展。

自独立之初至1995年，国家的独立给哈萨克族人民带来强烈的优越感，哈萨克族的主体民族意识不断高涨。在这种氛围下，哈萨克斯坦独立后的首部《宪法》（1993年《宪法》）第一条确定："哈萨克斯坦共和国是一个民主的、世俗的和统一的国家。作为一个国家体系的哈萨克斯坦是自决的哈萨克族的国家，保证所有公民享有平等权利。"当时的政府采取一系列措施，意在巩固哈萨克族的政治地位、复兴民族文化、增加人口。例如，在文化方面，哈萨克语被确定为国语，哈萨克语传媒规模迅速扩大，哈萨克历史文化书籍和民族英雄塑像大量涌现，行政区和公用设施等广泛更名并以哈萨克族历史人物或重大事件命名。在国家象征（国旗、国徽、国歌）和本国货币的内容和图案设计方面充分体现哈萨克民族的特征，增加民众对主体民族的认同感。另外，为保护和传承哈萨克族传统文化，哈政府将保护和研究哈萨克族历史文化工作列为国家重大项目，派专家从中国、俄罗斯、蒙古国、伊朗、土耳其及阿拉伯国家的档案馆和博物馆等处收集大量有关哈萨克族的历史文献和实物资料，还从居住在这些国家的哈萨克族民众中收集许多民间文学和音乐作品。在政治方面，哈萨克族在招工、选干、入学、就业等诸多方面或明或暗地享有优先权，国家各部门、各行业的主要领导人基本由哈萨克族担任。联合国消除种族歧视委员会2010年

1月1日的普查表明，哈萨克族在整个哈萨克斯坦公务员队伍中约占84%，在中央政府机构中的比重更高达92%[①]。

另一方面，过度提高哈萨克族地位的做法让其他一些民族在一定程度上产生"被剥夺"感或"被边缘化"感，造成哈萨克族同其他民族（尤其是俄罗斯族）的关系一度比较紧张，从而出现双重国籍、俄语地位、人口（特别是很多人才）外流等问题。生活在哈萨克斯坦北部的部分俄罗斯族民众甚至主张"民族自决"，希望建立联邦制，以维护俄罗斯族的地位和利益。

1995年全民公决同意纳扎尔巴耶夫总统任期延长至2000年之后不久，哈萨克斯坦颁布独立后第二部《宪法》（1995年《宪法》），删除1993年《宪法》的第一条内容，明确规定"哈萨克斯坦共和国是民主的、世俗的、法制的和社会的国家，其最高价值是人、人的生命、人的权利和自由"。其第二条规定"哈萨克斯坦是单一制国家，实行总统制"。这说明，哈萨克斯坦已不再突出哈萨克族的主体民族地位，开始以"公民"和"公民意识"来建设国家，强调每一位公民的平等权利和义务，淡化民族意识，增强公民意识，巩固各民族民众对国家的认同，培养爱国主义精神，坚决打击和制止任何人、任何势力破坏国家统一和人民团结的行为，同时

---

① 联合国消除种族歧视委员会在2010年2月26日和3月1日举行的第1991次和1992次会议（CERD/C/SR.1991和CERD/C/SR.1992）上审议了哈萨克斯坦的第四次和第五次定期报告（CERD/C/KAZ/4-5）。该委员会在2010年3月10日举行的第2006次和2007次会议（CERD/C/SR.2006和CERD/C/SR.2007）上通过《消除种族歧视委员会的结论性意见——哈萨克斯坦》。

表明哈萨克斯坦明确反对以民族聚居区为基本单位的联邦制，希望通过发展公民社会等途径实现民族关系和谐。

一　反对消极倾向

哈萨克斯坦《宪法》明确规定："任何人都不应由于出身、社会、职务和财产状况、性别、种族、民族、语言、宗教、信仰、居住地点等原因或因任何其他情况而受到歧视。"在处理主体民族与非主体民族关系，以及在制定宪法与各种相关法律法规时，多民族、多宗教和多元文化一直都是需要考虑的重点因素。无论什么民族或信仰什么宗教，宪法保障哈萨克斯坦公民一律平等。在执政期间，纳扎尔巴耶夫非常注意吸取历史经验教训，明确反对多种不良思潮，包括：

第一，反对大民族主义和民族沙文主义。在哈萨克斯坦独立初期制定宪法过程中，针对有些宪法委员会成员只想维护哈萨克族的利益而不考虑其他民族公民的合法利益和权利的想法，纳扎尔巴耶夫提出严厉批评，指出"这样的想法对哈萨克斯坦人的团结构成了严重威胁，必须对这种假爱国主义进行坚决反击，哈萨克斯坦的宪法应该是团结人民的宪法，而不是把人民按民族拆散的宪法"[1]。

第二，反对民族自决理论。纳扎尔巴耶夫总统 1992 年 10 月在联合国第 47 届大会上发言时指出：如今常常遇到将

---

[1] ［哈］努·纳扎尔巴耶夫：《哈萨克斯坦之路》，徐葵等译，民族出版社 2007 年版，第 40 页。

少数民族的权利与民族自决权以及建立独立国家的权利混为一谈的情况。如果坚持这一立场，世界上就会出现几千个经济薄弱的小国。这将使"原则拜物教"受到鼓舞，甚至达到荒谬绝伦的地步。国际社会应当公正地看待少数民族的权利问题，应当明确这些权利的标准，否则任何一个多民族国家的统一完整性都会在民族自决权的幌子下受到怀疑，致使分裂主义和分立主义永无止境①。

第三，反对破坏哈萨克族内部团结的部族传统主义思想。哈萨克族传统上分为三个玉兹（部落联盟），各玉兹内部又分为多个部落和氏族。受强大的传统影响，哈萨克政治生活中始终存在裙带关系。历史上，哈萨克族因为三大玉兹间的不团结而多次遭受外族侵略。独立后，因主体民族地位不断提升，哈萨克族内部的权力和利益斗争也随之升温。纳扎尔巴耶夫注意到哈萨克族内部出现的不良倾向，坚决反对任人唯亲，纳扎尔巴耶夫认为：尽管传统主义对保存民族文化十分重要，但这种意识形态建立在复活古老社会结构和部族心理基础之上，会不可避免地激化民族矛盾，在政治上不是一条出路②。

第四，反对因循守旧。纳扎尔巴耶夫认为：现代化的社会本身就包含着文化代码，而文化代码的起源可以追溯到过

---

① Выступление Президента Республики Казахстан Н. А. Назарбаева на 47 - й сессии Генеральной Ассамблеи ООН（Нью - Йорк, 5 октября 1992 года）．

② ［哈］努·纳扎尔巴耶夫：《纳扎尔巴耶夫文集》，中国社科院俄罗斯东欧中亚研究所等联合课题组译，人民出版社 2017 年版，第 8 页。

去。新型现代化的先决条件是保留自身文化和民族代码。脱离自身文化和民族代码来谈现代化就是一个空口号。但民族现代化也不意味着将所有的民族意识全部保留。保留民族意识既不意味着赋予我们对未来的信心,也不意味着会造成倒退。新的现代化不应像过去那样以高姿态去看待历史经验和传统。相反,它应当成为优良传统形成的先决条件和现代化建设成功的重要条件。如果民族文化失去自己的根,民族现代化就是空中楼阁。现代化必须牢牢地扎根于它的民族土壤之中,这意味着,必须考虑民族的历史和民族传统。现代化是一个承接着民族过去、现在和未来的平台。精神文明的现代化的重要使命就在于对各种民族意识的积极融合①。

与此同时,鉴于哈萨克族人口在哈萨克斯坦已经占到多数,被视为国家的主体或代表,往往拥有天然的文化和政治优势,对国家的心理认同度也最为强烈。纳扎尔巴耶夫认为:哈萨克斯坦的团结统一首先是哈萨克族的团结统一,哈萨克斯坦国家的命运和未来掌握在构成国家主体的哈萨克族手中。哈萨克族要承担起组织者和联合者的责任,团结各个民族,为实现"新的哈萨克斯坦共同体"而努力②。

在扶持主体民族发展的同时,哈萨克斯坦也积极促进少数民族历史和文化的继承与发展,鉴于苏联解体的教训,哈

---

① Н. А. Назарбаев. Взгляд в будущее: модернизация общественного сознания. 12 апреля 2017.
② Выступление Президента Казахстана Н. Назарбаева на XXII сессии Ассамблеи народа Казахстана. Мәңгілік Ел: одна страна, одна судьба. 23 апреля 2015.

萨克斯坦在处理主体民族与少数民族关系，以及构建统一国家与保护少数民族权利二者关系时，遵循"多样性统一"原则，依照"分散化、非垄断化、民主化"三项精神，借助民间力量，由公民自发组建各类"民族文化社团"来维护本民族文化。国家不再实行自上而下严格而全面的苏联文化管理模式（集中化、垄断化、行政化），而是由民间自发组织力量管理和发展，国家则给予资助，由原先的"事务管理"改为"项目管理"，将财政资金向各民族文化团体申请的具体项目倾斜，一视同仁地给予资助和支持，不给予任何民族文化社团优越地位。截至2019年年底，哈人民大会认可的民族文化社团共有367家，其中全国性社团14家。

二 客观和理性处理与境外哈萨克人的关系

哈萨克族生活在世界40多个国家，其中绝大多数在哈萨克斯坦的周边国家：中国约有150万人，俄罗斯约有100万人，乌兹别克斯坦约有50万人，土库曼斯坦约有10万人，蒙古国约有8万人，吉尔吉斯斯坦约有4.5万人，阿富汗约有3万人，土耳其约有1万人。欧洲的哈萨克族人数量较少，北美和南美国家更少。独立后，哈萨克斯坦一直认为自己是世界各地的哈萨克族人的"历史祖国"，号召境外哈萨克人回归，希望以此增加主体民族人口数量，巩固独立，维护稳定。

在具体落实境外哈萨克人回归的过程中，哈萨克斯坦实际上经历了一个"从鼓励到限制,再到鼓励"的反复。哈政府每年给予境外哈萨克同胞家庭回归的配额分别是:1993年1万个、1994年7000个、1995年5000个、1996年4000个、1997年2180个、1998年3000个、1999年500个、2000年500个、2001年600个、2002年2655个、2003年500个、2004年1万个、2005—2008年每年1.5万个、2009年起每年2万个家庭。

从上述配额数量变化可知,起初,政府积极吸引境外哈萨克族人回归。但一段时间后发现,这项政策不仅未能大幅促进国内经济社会发展,相反却成为掣肘发展的"负担"。由于长期居住在不同的国家,从非独联体国家回归的境外哈萨克族较多地保留了原住地的文化、习俗和传统,与哈萨克斯坦境内的受苏联文化影响较大的哈萨克族在文化和生活方式上存在差异,沟通和交流存在障碍,融入当地社会有一定困难。鉴于此,哈政府于1995年以后便开始实施限制措施,减少回归家庭配额。据统计,1991—2000年共有4.3万个家庭(计18.3万人)移民到哈萨克斯坦,2001年最少时只有600个家庭。2002年以后,哈政府又开始加大鼓励境外哈萨克族回归力度,逐年增加配额。主要原因是:当时国内经济已进入快速发展阶段,而经过独立后近10年的人口流失,国内劳动力大量短缺。另外,随着国家富足,也承担得起接受回归家庭的费用。

为加强与境外哈萨克族同胞的联系,哈萨克斯坦1992年成立了世界哈萨克人协会，作为世界各地哈萨克人保持联系的常设组织。纳扎尔巴耶夫为协会主席，协会总部位于阿拉木图，在各州和直辖市设分支机构，另外还下设一个哈萨克语言发展基金会和12个哈萨克文化中心（分别在中国、俄罗斯、乌兹别克斯坦、吉尔吉斯斯坦、土库曼斯坦、土耳其、英国、德国、奥地利、瑞典、匈牙利、乌克兰），以各种方式帮助境外哈萨克族学习本民族语言、文化和历史，开展文化交流。通过协会组织的各种见面会、圆桌会议、国际会议、文艺巡演、各类展览以及一些小型会议，让境外同胞与哈萨克斯坦建立联系。协会还举行"世界哈萨克人大会"，开设"里海"电视频道，使用哈萨克语、英语和俄语三种语言介绍哈萨克斯坦国情与文化。

针对那些不愿或无法返回哈萨克斯坦的境外哈萨克族人，纳扎尔巴耶夫也鼓励他们积极参与所在国的建设，发挥友好使者的桥梁作用。在2005年9月29日"第三届世界哈萨克人大会"上，纳扎尔巴耶夫指出："1/3的哈萨克人生活在祖国边境之外，这个事实无可争辩。坦率地说，我们无法同时让他们全部迁回祖国。中国有超过100万哈萨克族，我与中国国家主席签署了长期友好条约。我也与俄罗斯和乌兹别克斯坦的首脑签署了长期友好条约。我每次出访都与他们讨论有关你们的问题，为你们提出各种要求并约定定期检查执行情况。我多次感谢俄罗斯、中国、乌兹别克斯坦和蒙古国的领导人对你们的照顾，感谢他们为保护你们的利益而表现出的关心和同情。我们认为，这是国家之间真正友谊的象征。这些国家从未发生过损害哈萨克人权利的事件。只要独立的哈萨克斯坦存在，将来也不会发生。基于此，我希望，如果你们在那里有很好的住所和体面的工作，受到社会的尊重，你们并不一定要离开那个国家，可以留下来，成为连接两个国家和人民的金色桥梁。至于你们的子女，如果他们想回来接受教育或建设祖国，我们这里将为他们提供所有的条件。"①

第三节 人民大会——国家民族事务管理的成功实践

民族国家建立后，必然面临主流文化（社会性文化）与地方性文化（少数族群的文化）相互关系的难题。社会性文化以共同语言为中心，这种语言广泛应用于社会公共领域和私人领域，如学校、传媒、法律、经济和政府等，通常由国家的主体民族代表，并在此基础上构建统一的公民权利。实践中，社会性文化和地方性文化之间总是存在一定张力。过分强调社会性文化，执政当局容易被批评为实施同化政策；

---

① Выступление Президента Республики Казахстан Н. А. Назарбаева на III Всемирном курултае казахов. Астана. 29 сентября 2005 года.

过分强调地方性文化，又容易滋生分裂主义，不利于国家统一。

苏联解体后，哈萨克斯坦不断反思苏联的民族宗教政策，力避重蹈覆辙，努力探索和建立符合哈萨克斯坦国情的民族宗教和谐发展的制度和体制。首先，这个制度和体制要遵循"多样性统一"原则，能够保障各民族、各宗教、各社会团体之间彼此和谐共处，共同发展，而不是纷争冲突。尤其是处理好主体民族和非主体民族的关系，既没有大民族主义，也没有少数民族主张的民族自决，少数群体的声音能够被听到，能够平等享有参政议政和经济社会发展的权益。其次，这个制度和体制要摆脱苏联的集中化、垄断化、行政化特点，注重发挥组织内部各部分的主观能动性，自觉自主地维护团结和谐局面，而不是被动地接受或应付。

1992年12月14日，纳扎尔巴耶夫总统在纪念国家独立一周年的哈萨克斯坦人民论坛大会上提出有关设立哈萨克斯坦人民大会的建议，以加强这个多民族国家的民族宗教和睦。1995年3月1日，纳扎尔巴耶夫签署《关于成立哈萨克斯坦人民大会》的总统令，将其定位为总统咨询机构。2007年5月，哈萨克斯坦修改宪法，赋予人民大会推举9位代表进入哈萨克斯坦议会的权力。2008年10月20日，总统签署《哈萨克斯坦人民大会法》，使人民大会成为哈萨克斯坦国家政治体系的重要组成部分，其组织与活动原则构成哈萨克斯坦民族政策的基础。纳扎尔巴耶夫称其在全世界都是一部独一无二的法律。

哈萨克斯坦人民大会是民族宗教关系实现和谐的"哈萨克斯坦模式",是国内各族人民在国家层面参政议政的重要机构,在国家政治生活中发挥着非常重要的作用,是纳扎尔巴耶夫治国理念的一次成功实践。正是由于哈萨克斯坦首任总统纳扎尔巴耶夫的高瞻远瞩,在拥有140多个民族的国家里建立了人民大会制度,在哈萨克斯坦形成了各民族和各宗教之间和睦相处的新模式,营造出各民族相互信任、相互团结和相互理解的和睦氛围,提高了国家与民间社会机构之间的互动效率,有效地维护了社会政治稳定,也使得居住在哈萨克斯坦的各个民族得以保留自身传统、文化和语言。这一创新模式在哈萨克斯坦国内外都产生了良好且深远的影响,得到联合国等国际组织的充分肯定。

纳扎尔巴耶夫认为:"哈萨克斯坦人民大会是公民意识现代化进程的积极参与者。崇尚知识、接受新思想、维护法律以及哈萨克斯坦的发展道路等,是形成国家历史意识和共同价值观的坚实基础和源泉。这是人民大会的直接责任领域。……借助公民意识的现代化,可以让整个社会的精神和智力得到更新。哈萨克斯坦是一个由坚强的和负责任的人民组成的统一民族,我们应该以此来重建我们的思维和行为方式。我们只有一个祖国,我们居住在这里,养育后代。"[①]

[①] Полный текст выступления Нурсултана Назарбаева на XXVII сессии АНК 29 Апреля 2019. 29 Апреля 2019.

一 人民大会的工作机制

哈萨克斯坦人民大会的主要职能是：促进各民族和各宗教团结，维护社会和谐稳定；就地区共同发展和文化振兴等重大事务提出建议；促进民主政治发展，沟通政府和民间，营造公民政治文化；保护和促进民族多样性；为社会矛盾和冲突寻求妥协解决方法；协助政府打击"三股势力"。由此可知，在定位和功能上，哈萨克斯坦人民大会类似中国的政治协商会议。根据法律，哈萨克斯坦领导人及政府相关部门在制定国家政策或起草法律文件时，都须事先与人民大会协商和征求意见，以此保证国内所有民族都可参政议政。可以说，人民大会的工作内容和作用已经远远超出民族问题范畴，成为团结一切社会力量、促进国家发展和社会稳定的重要机构。

哈萨克斯坦人民大会的基本原则是：第一，人民和公民的权利与自由优先。第二，人民和国家的利益优先。第三，各民族一律平等。无论种族、民族、语言、宗教、社会阶层，所有公民的权利一律平等，法律至上。第四，宽容与和谐。所有国家问题均通过协商公正解决，避免冲突，维护社会稳定；全面发展各民族文化、语言和传统；避免民族矛盾，禁止煽动种族、民族、阶层之间的敌视和仇视。第五，人民大会各个代表的权利平等。第六，积极发展与世界各国的友谊和交流。

哈萨克斯坦人民大会的组织结构是：大会（最高权力机

关）、常设委员会（闭会期间的领导机构）、秘书处和地方分部。人民大会主席由哈萨克斯坦总统担任（但首任总统纳扎尔巴耶夫有权终身担任人民大会主席），由总统任命两位少数民族代表担任大会副主席。人民大会共有350名代表，来自各个阶层，集结了国内民族、宗教、文化、社会、学界等各路精英和公众人物，具有广泛的代表性。另外，根据2007年新修改的宪法，人民大会有权选举9名代表直接进入议会下院担任议员，代表多民族国家全体人民的利益，为巩固民族和平与和睦发挥独特作用。人民大会秘书处是常设办事机构，由秘书长领导，秘书长还同时兼任人民大会副主席。人民大会的各地分支机构由各地区行政长官领导。

"人民大会"模式具有7个特点：第一，民间基层社会团体和国家机构间形成良好互动，底层的声音能够传到上层，底层的要求能够得到国家相关机构的落实和解决。第二，少数民族的民族或宗教团体有大局意识，不仅考虑自己集团或群体的利益，还从整个国家和公民权利角度出发，代言全体人民的利益。第三，民族和宗教团体的利益有国家最高层保障。人民大会的主席是总统，相关国家机构必须贯彻执行大会决议。第四，民族或宗教团体在议会中有自己的代表，确保自己的利益在法律中得到保障。第五，遵循国际人权法基本原则和精神，遵守已加入的国际条约义务，加强国际合作保障人权。第六，坚决打击"三股势力"，禁止煽动民族宗教不和的组织和政党活动。第七，坚持"多样性统一"

原则和"4T"原则，即信任（Trust）、传统（Tradition）、透明（Transparency）、宽容（Tolerance）[①]。

表5—2　　　　　　　　哈萨克斯坦人民大会的历届会议

会议	时间	主题
第1届会议	1995年3月	为了我们共同家园的和平与和谐
第2届会议	1995年6月	了解过去，未来的社会民主改革
第3届会议	1996年4月	社会和谐——哈萨克斯坦民主发展的基础
第4届会议	1997年6月	历史记忆、民族和谐与民主改革——哈萨克斯坦人民的选择
第5届会议	1999年1月	民族和谐——哈萨克斯坦稳定与发展的基础
第6届会议	1999年12月	21世纪的友谊与和谐
第7届会议	2000年12月	人民精神文化的发展是巩固哈萨克斯坦国家独立的基础
第8届会议	2001年10月	独立10周年：和平、进步与社会和谐
第9届会议	2002年11月	哈萨克斯坦人民大会发展战略：民族和谐、安全、公民、和平
第10届会议	2003年12月	哈萨克斯坦民族和谐的模式：经验、实践和未来前景
第11届会议	2005年11月	和平、民族和谐与创造的十年
第12届会议	2006年10月	每个人心中都有自己的祖国
第13届会议	2007年8月	我们需要围绕国家的主要任务（和平、稳定与和谐）来团结社会
第14届会议	2008年10月	国家力量体现在人民的团结
第15届会议	2009年10月	民族统一是我们的战略选择

---

① Ералы Тугжанов. Ассамблея народа Казахстана：Доверие，Традиции，Транспарентность，Толерантность//Казахстанская правда. 25 ноября 2010.

续表

会议	时间	主题
第16届会议	2010年10月	哈萨克斯坦人民大会：信任、传统、宽容
第17届会议	2011年4月	独立的哈萨克斯坦：20年的和平、和谐与创造
第18届会议（特别会议）	2012年1月	无主题（此次会议是选举下院议员）
第19届会议	2012年4月	哈萨克斯坦的道路：稳定、统一、现代化
第20届会议	2013年4月	"哈萨克斯坦——2050"战略：一个民族，一个国家，一个命运
第21届会议	2014年4月	"哈萨克斯坦——2050"战略：和平、精神与和谐的文化
第22届会议	2015年4月	一个国家，一个命运
第23届会议（特别会议）	2016年3月	无主题（此次会议是选举下院议员）
第24届会议	2016年4月	独立、协商、拥有共同未来的民族
第25届会议	2017年4月	稳定、团结、和谐：现代化的基础
第26届会议	2018年4月	五项改革是社会和谐的基础
第27届会议	2019年4月	和平与和谐的规律：社会团结与现代化

二 人民大会的未来发展

人民大会已经成为哈萨克斯坦政治制度最重要的组成部分，是各民族、各宗教和各社会团体参政议政，共同建设国家的制度平台，发挥着维护哈萨克斯坦各民族利益、以法律保障公民民族属性和宗教信仰的作用。纳扎尔巴耶夫说道："今天，世界上所有国家都面临一个非常复杂的问题，即怎样在新条件下确保稳定发展。我们发现，伊斯兰恐惧症在欧洲蔓延，在一些国家引发了对伊斯兰教瑰宝的丑化和歇斯底里情绪的爆发。无论这些现象和其他一些事件具有怎样的起因和性质，都说明当前涉及微妙且敏感的民族间和宗教间关系的问题和挑战具有全球性质。一个国家的力量在于人民的团结。我相信，汲取我们民族和谐经验的国家越多，世界就越安全。"①

纳扎尔巴耶夫认为②，随着国际国内形势变化，人民大会的工作内容和方式也随之改革和调整。未来世界发展面临若干重大挑战，全球总体发展水平低下导致产生诸多问题（如中产危机、社会两极分化、失业、环境风险等），部分问题还呈加剧趋势；一系列动荡因素（如经济制裁、保护主义、恐怖主义、极端主义、政局动荡、武装入侵等）加剧世界的不确定性，给未来世界制造了不安的气氛。在这种形势下，哈萨克斯坦人民大会必须发挥社会团结和稳定器的作用，配合国家落实"五项改革"，助力实现"2050 年战略"目标。为此，人民大会应在以下方面继续加强工作：

第一，进一步拓宽公民的社会参与度，但禁止将民族关系政治化。通过发挥民族文化社团（中心）、社会和睦理事会、母亲理事会、友谊之家等社会组织和社会机制的作用，

---

① Выступление Президента Казахстана Н. Назарбаева на XXII сессии Ассамблеи народа Казахстана. Мәңгілік Ел：одна страна, одна судьба. 23 апреля 2015. http：//www. akorda. kz/ru/special/speeches/internal_ political_ affairs/.

② Выступление Главы государства на XXVI сессии Ассамблеи народа Казахстана. 28 апреля 2018.

以及增加对非政府组织的政府采购等诸多方法，提高广大公民参政议政的热情，增强其对经济社会发展的关注，动员所有公民参与国家建设，将公民个人与国家的发展更紧密联系起来。同时，严格禁止一切形式的民族极端主义。

第二，关注青年发展和社会弱势群体。青年是国家的未来，应该对青年进行爱国主义教育，努力发挥其在国家现代化建设中的作用，避免青年遭受失业、思想迷茫、知识结构不佳等难题困扰。人民大会需要强化社会稳定器作用，开展慈善工作，帮扶弱势群体和贫困家庭。

第三，弘扬哈萨克斯坦文化，巩固以共同道德精神价值观为基础的人民团结。文化是实现国家认同、建立"拥有统一未来的民族"的钥匙，没有坚固的文化轴心，就谈不上国家的经济和政治成功。需要启动"精神复兴"项目，发挥媒体、互联网、文艺等多方力量，弘扬正能量，多出能够展示高雅、荣誉、尊严和仁慈的戏剧、电影、绘画、艺术作品和文化产品。

第四，努力发展国语，推广"三语教育"（哈萨克语、俄语和英语）。"不能及时掌握世界信息的国家不可能有竞争力"。即使在积极发展教育的国家也来不及将所有信息译成本国语言，因此需要推广三语教育，让所有公民掌握能够确保国家统一的国语以及融入全球生活的通行证（俄语和英语）。

第四节　语言——国家统一的核心内容

语言是人类社会的交流工具，是一个民族的显著特征之一。民族政策是多民族国家基本政策之一，而语言政策又是民族政策的重要组成部分。语言状况变化与语言政策制定在一定程度上体现了首任总统纳扎尔巴耶夫在国家治理方面的思路和理念。

纳扎尔巴耶夫特别强调：无论在法律还是现实生活中，哈萨克斯坦的语言政策都应该确保哈萨克语、俄语和少数民族语言的发展条件；国家专门建立了弘扬民族语言和文化的有效机制。这些语言政策的制定与出台消除了非哈萨克族公民对自身前途和子孙未来的担心[1]。

关于语言问题，纳扎尔巴耶夫认为，首先要区分"知识"和"文化"，这两个概念不能混淆。他指出[2]："我们这个时代，教育和文化教养非常相近，但二者完全不同。教育的任务是培养有竞争力的掌握新技能的公民，培养具备现代知识和实践能力的专业人员。在此基础上，培养出来的公民

---

[1] [哈]努·纳扎尔巴耶夫：《哈萨克斯坦之路》，徐葵等译，民族出版社2007年版，第41页。

[2] Выступление Президента Казахстана Н. Назарбаева на XXII сессии Ассамблеи народа Казахстана. Мәңгілік Ел：одна страна，одна судьба. 23 апреля 2015.

能够保障自己以及家庭和子女的生活，保障国家的繁荣。而文化教养的任务是维护和传承民族习俗、掌握和发展国家的语言、历史和文化。"由此，国家的语言政策既要保证文化传承，也要保障公民及时获得最先进的知识和技能。二者相辅相成，不能偏颇。在全球化大发展的时代，既不能对自己的语言孤芳自赏而不去学习其他语言，也不能因赞赏其他语言而忽视自己的母语。

一　大力发展国语

按照不同标准，语言可以分为很多类型。就其交际功能和法律地位而言，大致可以分为国语、官方语言和其他通用语言等三大类。国语即"国家的语言"，它与国旗、国徽、国歌一样，是一个国家在语言方面的象征。国家有义务优先发展国语，以行政手段进行推广，要求在一切正式场合使用。官方语言是被法律确认为国家机构的正式工作语言，即公民与国家机构联系时所使用的语言。通用语言是国民之间交流时普遍习惯使用的语言。国语作为国家象征，通常是一个国家主体民族所使用的语言，它同时也是官方语言。官方语言是国家通用语言的一部分，它与通用语言的区别主要在于政治权利，在官方发布文件、往来公函、诉讼、立法、学校教育时必须使用。不懂官方语言的人没有资格从事国家公务工作，而其他通用语言则没有此权利和义务。大多数国家的官方语言与国语相等同，少数国家除国语外还有其他官方语言，如印度的国语是印地语，但印地语和英语同为官方语言。

独立后，哈萨克斯坦在语言方面面临很多难题：

第一，维护和发展哈萨克语。苏联时期，尽管哈萨克加盟共和国内哈萨克族人口比重较大，但国家的通用语言是俄语，哈萨克语言和文字的使用一直处于弱势地位，很多哈萨克族甚至只说俄语，不会讲哈萨克语，也看不懂哈萨克文字。因此，哈萨克斯坦独立后，为确保主体民族的地位和权利，需要确定哈萨克语为国语，采取各种措施扩大哈萨克语言和文字的使用范围，提高其使用水平。

第二，处理好各民族语言之间的关系。哈萨克斯坦是一个多民族国家，民族数量达到近140多个，在世界范围内都属于民族数量较多的国家之一。这也是哈萨克斯坦基本国情。除少数居民彻底转用其他语言外，差不多每个民族都有自己的母语。一方面，政府有责任大力推广作为国语的哈萨克语；另一方面，还要维护其他语言的权利，保证其他民族的语言不受损害。

从沙俄时期起，俄语便在中亚地区推广。苏联时期，在人口迁徙政策影响下，哈国内的斯拉夫族人口始终多于哈萨克族，俄语的普及程度也高，几乎所有人都能熟练使用俄语。与此同时，绝大部分斯拉夫人，甚至大部分哈萨克族人都不能熟练使用哈萨克语。据统计，1989年哈萨克加盟共和国67.4%的中学使用俄语教学，使用哈萨克语教学的中学仅占 30.2%；受专业词汇表达限制，大学和科研机构 100% 使用俄语，哈萨克语基本为零；2/3 的出版物为俄语，哈萨克语出版物约占 1/3。即使在 2008 年（据俄罗斯外交部数据），哈全国人口的 85% 使用俄语（约 92.5% 的城市居民和 74.9% 的农村居民使用俄语），超过 40% 的中学使用俄语教学。可以说，在这样的环境下，学习哈萨克语动力不足。但为了巩固民族独立、提高民族自豪感以及弘扬民族文化，国家又必须大力发展哈萨克语。由此，民族关系首先遭遇语言困扰。

苏联时代后期，在各加盟共和国独立意识逐渐增强的大背景下，哈萨克加盟共和国于 1989 年 9 月 2 日通过《语言法》，确定哈萨克语为国语，俄语是族际交流语言。独立后，受民族主义情绪高涨影响，1993 年版《宪法》规定哈萨克语为国语，国家努力为哈萨克斯坦人民学习和发展各种语言创造条件，但没有提及俄语，对俄语地位未做明确说明。此举遭到部分民众的强烈质疑。在此情况下，1995 年新版《宪法》规定："哈萨克语是哈萨克斯坦的国语；在国家机关和地方自治机构中，俄语同哈萨克语同等正式使用；国家努力为哈萨克斯坦人民学习和发展各种语言创造条件；每个人都有权使用自己的母语和文化，并有权自由选择交流、教育、阅读和写作使用的语言。"

《宪法》确定的这些原则在 1997 年 7 月 11 日颁布的新版《语言法》中得到进一步细化，具体是：第一，国家机构、地方自治机构、军队、监督机构、法律机构、司法机构、护法机构等的工作语言是哈萨克语，俄语同哈萨克语同等正式使用。非国家机构的工作语言是哈萨克语，必要时也可以使用其他语言。第二，国家机构制定和执行的文件采用哈萨克语，必要时可用俄语作为补充保障，如有可能还可翻译成其他语言。第三，国家机构和各类组织（不论所有制形式）的统计、财政和技术文件等使用哈萨克语和俄语。第四，国家和非国家机构回答公民问题时使用哈萨克语或其他通用语言。第五，公民和法人等主体从事交易时签署的书面文件使用哈萨克语和俄语，必要时也可使用其他语言，公民和法人等主体与外国公民或法人从事交易时签署的书面文件可使用哈萨克语或其他双方约定的语言。

上述这些规定说明，俄语在哈萨克斯坦的地位高于族际交流语言（通用语言）。所谓"族际交流语言"，顾名思义就是公民相互往来时习惯使用的语言，是高度普及、广泛应用的生活语言。从法律角度看，除有专门规定外，国家机构没有必须使用族际交流语言的义务，所有官方文件也不必全部译成族际交流语言。哈萨克斯坦明确规定，在哈萨克斯坦的各级各类国家机构和组织、商业往来活动以及各类法律文件和技术标准中，俄语可以与哈萨克语同等使用。由此，俄语虽不是明确规定的官方语言，但在一定程度上具有官方语言的地位。

哈萨克斯坦政府致力于使全体公民都熟练掌握国语。哈萨克语的推广普及首先体现在教育领域。政府在各级学校都大力推广和使用哈萨克语教学，增加使用哈萨克语教学的学校数量，提高使用哈萨克语为母语的中小学生和大学生比重。在2010年，全国专门从事哈萨克语教学的学校有近4000所，有100多个哈萨克语培训中心。到2016年，全国有超过2/3的中小学生和60%的大学生都在接受哈萨克语教育。在政府部门中，所有公文处理和政府文件都要使用哈萨克语或翻译成哈萨克语。熟练掌握哈萨克语是成为国家公职人员的条件之一（一些人因为不能熟练掌握哈萨克语而失去从政资格，无法竞选总统和议员）。

哈萨克语在国外的推广也取得成效。中国、德国、英国、美国、韩国、匈牙利、波兰、阿塞拜疆和亚美尼亚等国都有大学在教授哈萨克语。哈萨克斯坦各驻外机构在驻在国组织活动时，除使用驻在国语言外，工作用语正在由以俄语为主向以哈萨克语为主过渡。在中国，哈萨克语推广进入稳定发展阶段，有的大学还开设了哈萨克语专业，专门培养哈萨克语人才。

二 哈萨克语文字改革

哈萨克语属于阿尔泰语系中的突厥语族。历史上，分布在世界各地的哈萨克人使用过三种文字体系：哈萨克斯坦、俄罗斯等独联体国家的哈萨克族使用基里尔字母；中国境内的哈萨克族使用以阿拉伯字母为基础的哈萨克文；土耳其和欧洲的哈萨克族使用拉丁字母来拼写自己的语言。纳扎尔巴耶夫认为：哈萨克语字母的演变历程主要由具体的政治原因所决定。早在公元6—7世纪的中世纪早期，欧亚大陆中部使用突厥语的地区产生了古突厥文字，属拼音文字的一种，称为"鄂尔浑—叶尼塞"文字或"突厥卢恩"文字（Runes）。10—20世纪，随着伊斯兰教的发展，阿拉伯语在中亚地区传播开来，阿拉伯文字也在哈萨克斯坦大地上使用了近900年。苏联时期，苏共中央于1929年8月7日通过关于推行新拉丁字母《统一的突厥字母》的决议，哈萨克语开始使用以拉丁字母为基础创制的文字。1940年11月13日又通过《关于将哈萨克文字从拉丁文改成以俄语字母为基础的新字母》的法律，将哈萨克语文字改用基里尔字母。

中亚国家独立以后，随着部分国家再次开启拉丁化进程，哈萨克斯坦也出现是否对现有文字进行拉丁化改革的热烈讨论。2006年纳扎尔巴耶夫在人民大会上提出哈萨克文字拉丁化问题后，社会上反映强烈。纳扎尔巴耶夫表示，世界上很少有国家像哈萨克斯坦这样热烈讨论字母改革问题，民众参与程度很高，政府收到很多反馈意见，而且得到大批青年的理解和支持。哈萨克语字母改革不会损害其他语言的发展和使用，不侵犯公民的语言权利，也不影响俄语的使用。

主张进行改革的人认为，拉丁字母是突厥语世界紧密团结的最佳工具，在绝大部分突厥语民族使用拉丁字母的情况下，哈萨克语不能孤立于突厥语世界。以基里尔字母为基础的哈萨克文有以下缺点：一是无法充分表达哈萨克语的语言特点，如语音结构、音节体系、语音和谐等，从而导致口语和书面语之间出现差异，这对学习和使用哈萨克语的年轻人产生较大负面影响；二是哈萨克文字原本只需使用26—28个字母就足够，但现在却使用42个基里尔字母符号，这对使用和掌握哈萨克文字的孩子们来说是一个很大负担，而这些多余符号仅仅是为了拼写俄语借词而存在；三是哈萨克语中的9个音位在基里尔字母中没有单独的符号，不得不借用其他字母系统的符号，使得哈萨克语的字母体系变得非常复杂；四是哈萨克语同突厥语族其他语言中的相同或相近的八九个音位所采用的符号不一致，使得同属一个语族的各个语言之间也难以沟通。

坚持继续使用基里尔字母的人则认为，没有必要对现行文字体系进行彻底变革，主要理由有：一是半个多世纪以来，哈萨克民族一直都使用基里尔字母并用这种文字积累了相当深厚的文化基础，文化应该有传承性，改用拉丁字母必然会隔断这种文化的历史延续，造成几代人文化联系的中断；二是认为基里尔字母不适应哈萨克语语音特点的说法缺乏科学依据，无论何种文字，都可以应用到某一具体语言的语音系统；三是各种文字体系之间不存在优劣之说；四是主张改革的理由没有新意，在早期从阿拉伯字母转用拉丁字母以及后来从拉丁字母转用基里尔字母时也都这么解释；五是文字作为语言的载体应该保持稳定性和长期性，不应该轻易改变。

在这场文字改革讨论中，主张对哈萨克现行文字进行改革的观点逐渐占了上风并得到纳扎尔巴耶夫总统的支持。纳扎尔巴耶夫表示，推广使用拉丁字母的哈萨克文字是深思熟虑后作出的选择，拉丁化的哈萨克文字更便于学习，也更有利于哈萨克斯坦融入世界，改善与外界的交流，令人们更好地学习英语和掌握互联网的语言，推动哈萨克语和哈萨克斯坦的现代化。纳扎尔巴耶夫在2012年12月发表的国情咨文中提出，2025年后哈萨克文字将逐渐采用拉丁字母正字表。2017年10月26日，纳扎尔巴耶夫签发《关于哈萨克语由基里尔字母向拉丁字母转化的总统令》①。2018年2月20日，哈政府正式发布哈萨克语的拉丁文正字表。

三 发展哈萨克语、俄语和英语"三语教育"

发展"三语教育"的思想，显示出纳扎尔巴耶夫总统具有非常独到的发展观，为国际社会提供了一个新的语言发展模式和政策样板。该政策既照顾到哈萨克斯坦发展历史，又兼顾哈萨克斯坦社会发展的现实状况，还考虑到哈萨克斯坦未来发展的需求与方向，符合哈萨克斯坦国情。

纳扎尔巴耶夫认为②：当前这个时代，知识和科技主要由世界上的其他语言生产。2014年全世界共出版50万部英

---

① Указ Президента Республики Казахстан от 26.10.2017 г. № 569 "О переводе алфавита казахского языка с кириллицы на латинскую графику" //Казахстанская правда. 27 октября 2017.

② Выступление Президента Казахстана Н. Назарбаева на XXII сессии Ассамблеи народа Казахстана. Мәңгілік Ел: одна страна, одна судьба. 23 апреля 2015.

文图书，而新出版的哈萨克语图书仅有2300部，数量差别巨大。具体到科技文献方面，医疗领域的英语新书有1.5万部，哈萨克语新书只有100部，技术和工艺方面的英语新书有3万部，哈萨克语新书只有200部。这样的局面我们每年都能看到。除数量外，质量方面的差距同样很大。这是世界现象，这个问题在欧洲、南美洲、亚洲和非洲的很多国家也存在。所有国家都面临同样的难题，即需要把海量的信息翻译成本国语言。全世界70%的科技文献来自英语，80%的电子传媒使用英语，日语、汉语、俄语、法语、阿拉伯语、突厥语和其他语言的信息总量加在一起也不足20%。这就限制了使用这些语言获取信息载体的范围。

纳扎尔巴耶夫认为：维护民族语言和文化不能两手空空，即不了解正在发展变化的世界的信息。鉴于英语是世界通用语言和获取先进科学技术的重要手段，一个国家如果要尽快实现现代化以及要参与世界经济竞争，就必须培养大批能够直接使用英文获取最先进科学技术的人才。现在，哈萨克斯坦已经有20%的人掌握了英语，但这远远不够。不能及时掌握世界信息的国家就不可能有竞争力，这是21世纪的法则。因此，在科技、医学和国家机关等领域工作的国民需要尽快掌握英语。在信息时代，掌握科技和知识技能不能依靠翻译，大量信息根本来不及翻译，很多资料信息即使翻译过来也已过时，因此需要自己直接掌握语言，尤其是英语。因此，同时懂得哈萨克语、俄语和英语三种语言，是哈萨克斯坦公民融入全球生活的通行证。为落实三语教育，哈萨克斯坦的学校需要采取统一的模式。在该模式下，关于哈萨克斯坦的历史、文化、语言和文学应该使用哈萨克语教学，自然科学使用英语教学，俄语应该作为一门课程学习。

根据哈政府发布的《2011—2020年语言使用和发展国家纲要》和《2020年前发展三种语言教育的路线图》，2020年前的语言发展任务和目标是：第一，100%的中学毕业生掌握哈萨克语；第二，95%的居民掌握哈萨克语；第三，国家机构中100%使用哈萨克语；国家新闻媒体的哈萨克语使用率提高至70%；第四，掌握英语的居民数量达到20%；第五，在各民族文化机构中学习本民族语言的人数达到30%，"三语教学"的学校数量达到700所；第六，熟练掌握俄语的国内成年公民比重达到90%，同时掌握哈萨克语、俄语和英语三门语言的公民的比重达到20%[1]。

---

[1] Указ Президента Республики Казахстан от 29 июня 2011 года № 110 "Государственная программа развития и функционирования языков в Республике Казахстан на 2011 – 2020 годы". Министерство образования и науки Республики Казахстан. Министерство культуры и спорта Республики Казахстан. Дорожная карта развития трехъязычного образования на 2015 – 2020 годы.

第六章 宗教和谐与宽容

哈萨克斯坦是世俗的、多民族、多宗教国家，境内约有140多个民族和族裔群体，每个族群都有自己的信仰体系，其中规模较大的宗教是伊斯兰教、东正教、新教、天主教、犹太教等。据哈萨克斯坦信息与社会发展部宗教事务委员会数据[1]，截至2019年10月，哈境内正式登记有18个教派和3754个宗教组织，有23个恐怖和极端组织被禁止在哈境内活动。另据哈国家统计局2009年人口普查数据[2]（哈每10年进行一次人口普查），哈境内有1123.79万人信仰伊斯兰教（占当时国内总人口的70.2%，绝大部分是逊尼派），419.01万人信仰基督教（占26.2%），1.46万人信仰佛教（占0.1%），5300人信仰犹太教，信仰其他宗教的人共计3.01万人（占0.2%），不信教的有45.05万人（占2.8%），未说明信仰的人有8.1万人（占0.5%）。

---

[1] В Казахстане насчитывается свыше 3700 религиозных объединений. 18. 10. 2019. https://24. kz/ru/news/social/item/348384-v-kazakhstane-naschityvaetsya-svyshe.

[2] Агентство РК по статистике. Итоги национальной переписи населения 2009 года.

伊斯兰教是哈萨克斯坦的最大宗教，7世纪开始在中亚传播，到15世纪逐渐占据中亚地区的主导地位。尽管苏联时期奉行无神论，伊斯兰教的发展受到压抑，但该教的一些传统和生活习惯几百年来早已渗透到社会生活的各个方面，所以苏联解体后，中亚地区的伊斯兰教很快得到复兴。哈萨克斯坦的穆斯林数量也逐渐增多，尤其在南部和西部地区。

东正教是哈萨克斯坦的第二大教，信徒主要来自斯拉夫族。从18世纪上半叶开始，伴随沙俄向中亚地区的殖民扩张，东正教逐渐渗透到中亚，在哈萨克斯坦的塞米巴拉金斯克、乌斯季卡缅诺戈尔斯克、彼得罗巴甫洛夫斯克等城市建立了东正教教堂和教区。在教会行政关系上，哈萨克大草原的西部归奥伦堡主教区，东部归托木斯克主教区。苏联时期，东正教的发展同样受到严格控制。2003年5月7日，哈萨克斯坦的东正教被俄罗斯东正教正式确认为一个地区分支，共分为9个大教区。

新教在哈萨克斯坦的传播大体始于沙俄吞并中亚，以及20世纪苏联欧洲部分的居民进入中亚时期，主要由日耳曼人带入。苏联解体前夕，哈萨克斯坦境内的新教福音派团体约有109家，比伊斯兰教社团数量还多。目前在哈境内传播较广的新教团体主要有五旬节运动、长老宗、灵恩派等。

罗马天主教在哈萨克斯坦的传播主要始于苏联解体前夕。罗马教皇保罗二世1991年4月13日在卡拉干达市建立中亚地区首个宗座署理区。梵蒂冈与哈萨克斯坦1992年10

月17日建立正式外交关系。目前的教会中心位于努尔苏丹市（1999年8月6日建立宗座署理区，2003年5月17日升格为总教区），下辖阿拉木图和卡拉干达两个教区以及阿特劳宗座署理区[①]。

犹太教主要是伴随犹太人迁居至中亚而传入。苏联之前基本是犹太商人和手工艺人，苏联时期主要是被迁移至中亚的犹太人。犹太教在哈萨克斯坦主要是"正统犹太教"，信徒约4万人，在努尔苏丹、阿拉木图、乌斯季卡缅诺戈尔斯克和巴甫洛达尔等大城市设有犹太会堂、文化中心、儿童学校等，配有拉比，另外还从2002年起发行《沙拉姆》报（犹太语"世界"的意思）。

佛教最早由丝绸之路传入。当前主要有禅宗、圆佛教和藏传佛教三大流派，其中禅宗和圆佛教的信徒主要来自朝鲜族，藏传佛教的信徒主要来自卡尔梅克族和蒙古族，活动中心是乌拉里斯克市。总体上，佛教在哈影响不大，而且哈萨克斯坦人经常将佛教同突厥、蒙古等民族的萨满教"腾格里"信仰混淆。

在首任总统纳扎尔巴耶夫执政的近30年时间里，哈萨克斯坦建立起了与苏联不同的、符合国情的新型宗教管理体制以及宗教与社会的关系，国家在坚持世俗制度基础上，努力保障族际和睦与宗教和谐，构建包容的社会环境，积极开展

---

① Catholic Church in Kazakhstan, http://catholic-hierarchy.org/country/dkz2.html.

宗教间对话，打击宗教极端主义和恐怖主义。今天，很多哈萨克斯坦人都遵循"上帝只有一个，但通向上帝的路有千万条"这样的原则，常常会复活节时到东正教教堂，斋月时拜访穆斯林清真寺。

第一节　坚持世俗体制：宗教管理的基石

哈萨克斯坦《宪法》以及《宗教活动与宗教社团法》等法律均规定宗教管理的基本原则是：

第一，宗教信仰自由。尊重信徒的宗教情感，承认信仰是公民的私事；不得因宗教信仰不同而造成权利上的不平等，信教公民与不信教的公民一样，享有同等的政治以及经济社会文化等方面的权利，保障公民不因其宗教观点而被追究法律责任。

第二，宗教平等。各宗教和宗教组织间彼此在法律上地位平等，不享有优于其他宗教或宗教组织的地位和特权。国家对待各个宗教一律平等，一视同仁，国家政权不能被用来压制某种宗教，也不能用来扶持某种宗教。

第三，宗教和谐与容忍，打击宗教极端和恐怖势力。促进各宗教间的对话交流，发展和平友好关系，支持宗教国际合作，防止宗教敌对和冲突。

第四，政教分离。国家不干预宗教组织的内部事务和活动，宗教组织也不得干涉国家活动。宗教应在国家法律和政策允许的范围内开展活动，不得干预行政、司法、教育等国家职能的实施，不允许利用宗教从事损害国家利益的活动。宗教组织的代表可以通过合法渠道参与政治生活，表达主张，提出意见和建议，实施民主监督等，不能以政教分离为借口不服从政府的依法管理。

一 哈萨克斯坦是世俗国家

哈萨克斯坦实行彻底的政教分离制度，在保障宗教信仰自由的同时，坚持世俗体制。政教分离原则是世俗国家的基本原则和政治道德基础，其意义在于国家与宗教之间应保持各自的生活准则与领域，禁止国家把某一特定宗教定为国教，从而保障不同宗教都能获得平等发展机会和地位，同时切实保证个人的信仰自由，不受国家公权力的直接或间接干预。这个原则是人类在国家与宗教关系中付出沉重代价、从宗教压迫中解放出来后，在寻找自我价值过程中的理性选择结果。1948年联合国大会通过的《世界人权宣言》第18条规定："人人有思想、良心和宗教自由的权利，此项权利包括改变他的宗教或信仰的自由以及单独或集体、公开或秘密地以教义、躬行、礼拜和戒律表示他的宗教或信仰的自由。"

政教分离体制没有整齐划一的普遍模式，各国根据本国历史和宗教传统而确立自身的制度和实践形式。在总统就职典礼仪式上，纳扎尔巴耶夫在宣誓的时候，他把手放在哈萨克斯坦共和国《宪法》上，这与一些国家领导人宣誓就职时把手放在《古兰经》或《圣经》等宗教经典上有着显著不同，即强调哈萨克斯坦世俗国家的特征。哈萨克斯坦《宗教活动与宗教社团法》第二章"国家宗教事务管理"规定[①]：除专门的宗教学校外，宗教和宗教社团不得参与其他任何教育机构；为增加学生的宗教知识，在9年级（大体相当于中国的初三）开设"宗教常识"课程；国家不干涉父母等监护人对自己子女的宗教教育；宗教社团在未成年子女父母或其他监护人其中一人反对时，不得吸收该未成年人参加宗教社团活动；宗教社团不得参与政党活动，不得资助政党；神职人员、传教士和宗教社团领导人有权同其他公民一样参加政治活动，但只能以个人名义而不得代表该宗教社团；任何人不得以其宗教义务为借口逃避其公民责任和义务。

纵观世界，一个普遍现象是，一些具有鲜明世俗色彩的权威领导人往往能够有效遏制宗教极端主义并抵御政教合一体制。纳扎尔巴耶夫是一位世俗的政治强人，他集中权力的目的不是为了享受权力本身，而是为了高效、快速地发展国家经济和提升国力，实现使"所有哈萨克斯坦人民拥有幸福

---

① Закон РК от 11 октября 2011 года № 483-IV "О религиозной деятельности и религиозных объединениях".

的未来、光明的人生"的政治抱负。他包容和支持宗教发展的同时，始终恪守神权不可进入俗界的信条。"政教分立"体现在哈萨克斯坦《宪法》和宗教管理法律法规的核心条文中，这是纳扎尔巴耶夫宗教观的"第一原则"。任何宗教极端势力挑战世俗权威的企图，都会遭到纳扎尔巴耶夫的迎头痛击。2011年的《宗教活动与宗教社团法》强化了国家对宗教的管理，一些西方的人权组织批评其"过度限制宗教信仰自由"和"不符合国际人权保护标准"，纳扎尔巴耶夫依然不为所动，义无反顾。

纳扎尔巴耶夫认为[①]："世界历史经验表明，现代国家应当是世俗国家。在这种条件下，可以最大限度地发挥国家潜力。一个民族越是痴迷于激进主义，这个国家的发展就越不稳定。原因很简单：激进主义在任何一个生活领域都不会带来好处，它只会阻碍进步。在经济方面，这会导致鲁莽的冒险和轻率的浪费；在文化方面，一个民族多少世纪以来赖以生存的价值观和传统就会销声匿迹。这个国家的免疫功能就会减弱，就会开始生病。这里并不是说要放弃宗教。……宗教宽容是我们精神财富的重要部分。但必须时刻把宗教与国家分开。这是21世纪的生存法则。"纳扎尔巴耶夫强调：哈萨克斯坦是政教分离的国家，尊重正当的宗教信仰，但绝不允许宗教极端主义势力披着宗教的外衣从事颠覆政权的

[①] Выступление Президента Казахстана Н. Назарбаева на Форуме молодежи "С Лидером нации - к новым победам！". 10 апреля 2015.

活动。

二 区分传统宗教和非传统宗教

历史上,外来宗教往往通过否定本土宗教达到同化和取代的目的。中亚地区的极端分子认为中亚国家的本土伊斯兰教中有很多错误,不符合《古兰经》的要义,不是正宗经典。因此,界定本土的传统宗教,以区别于外来教派、极端宗教、邪教等非传统宗教,符合中亚国家最大多数民众的利益和要求,有助于传承、复兴和发展传统文化和价值观,促进社会形成相互尊重、理解、宽容和对话的氛围。与此相应,国家宗教事务管理的基本政策之一,是将传统宗教作为主流宗教(但不是国教)推广和支持,对非传统宗教则予以限制、取缔或严厉打击。

所谓传统宗教,通常是指那些同国家和民族历史长期紧密相连、对国家和民族文化产生深刻影响、已与国家和民族特点深深融合的宗教。认定传统宗教有五个标准:一是在长期历史发展过程中形成;二是具有全国影响并被大部分民众认可;三是已成为民众道德、文化和价值观组成部分;四是对国家建设和发展具有积极作用;五是能够凝聚民众精神力量并促进国家和平稳定。

与此相对,非传统宗教是指虽有信徒,但未与国家和民族历史、文化、性格、特征形成紧密融合的宗教,主要是19—20世纪传入中亚地区的宗教,21世纪后,部分带有神秘色彩和混合思想成分的外来和本土新兴宗教，以及部分邪教也逐渐传入。非传统宗教大体上分为四类：一是世界其他主要宗教，如伊斯兰教的其他教派、天主教、新教、犹太教、佛教等；二是新兴宗教，大部分来自西方，如巴哈伊教、五旬节教、阿赫迈迪亚教等；三是邪教，如奎师那意识运动、"法轮功"、统一教、山达基教、"腾格里"、"新时代"教、"先辈的道路"、"安拉奇迹"等；四是宣传带有极端或暴力色彩的教派。

2011年通过的《宗教活动与宗教社团法》序言部分规定："本法的立法基础是：哈萨克斯坦是一个民主的、世俗的国家；确认每个人都有信仰的自由，保障每个人的平等权利，不受其宗教信仰影响；承认伊斯兰哈乃斐教派和东正教在文化和民众精神发展过程中的历史角色；尊重其他与哈萨克斯坦人民精神遗产相符合的宗教；承认宗教和谐、宗教宽容和尊重公民宗教信仰的重要意义。"[1] 这意味着，哈萨克斯坦确认伊斯兰逊尼哈乃斐教派和东正教的传统宗教地位（但不是国教）。由此，宗教管理部门在实施宗教事务管理、评估鉴定和审查宗教活动是否合法或非法时便有了具体指导原则和标准。

三 提倡宗教和谐、宽容和相互尊重

纳扎尔巴耶夫认为：宗教是一种信念，即相信我们周围

---

[1] Закон РК от 11 октября 2011 года № 483 - IV "О религиозной деятельности и религиозных объединениях".

发生的一切都非常重要。正因为如此，宗教将永远存在。但这并不意味着宗教矛盾、仇恨、冲突和不同教派之间的战争也必然伴随着人类发展。人类完全可以通过对话交流来消灭宗教隔阂，实现和谐共处。正如东正教都主教普拉东（Platon 或 Gorodetsky Nikolai Ivanovich）所说："我们的宗教隔阂到不了天上。"

世界上的所有宗教都呼吁克制和忍让、非暴力与和谐。在《古兰经》中有这样的话："谁杀死一个人，就等于杀死了整个人类。"基督教的新约提出这样的要求："你向所有人布道讲善……你在世界上就会和所有人在一起。"古印度的《奥义书》中有呼吁人们为自己的行为负责的话："当一根小草被折断时，整个世界都为之震颤。"只有督促人们去爱、去同情、去行善的宗教才是真正的信仰。这个真理没有过时，并将永放光芒。

纳扎尔巴耶夫认为："无论是伊斯兰教还是基督教，所有宗教都呼吁人民团结、信任和怜悯。真正的信徒懂得帮助他人，认为所有宗教都是平等的。因此，团结、兄弟情谊、相互尊重和彼此怜悯很重要。《古兰经》说过，如果您今晚吃得饱饱，但您的邻居还处于饥饿状态，那您就不是一个真正的穆斯林。穆斯林是一家人，从来不划分为任何团体或教派。真正的穆斯林是愿意帮助人民、帮助社会和帮助祖国的穆斯林。热爱家园是穆斯林的信念。"①

纳扎尔巴耶夫支持宗教宽容，支持不同信仰间的对话，坚决反对任何形式的宗教狂热和极端。这种宗教宽容理念来源于他本人早期的自由信仰，来源于其游牧民族先辈的草原传统。这种对于自由精神的珍视，在执政时便转化为强调宗教宽容重要性的武器。纳扎尔巴耶夫表示："世界上所有的宗教都在哈萨克斯坦土地上留下了痕迹，这就是为什么我们对于不宽容和宗教狂热非常陌生的原因。这种精神传统，这种对于任何形式的圣言都保持开放的态度，是哈萨克斯坦国内信仰之间和谐相处的最重要的基础之一。我们的宽容、民族之间和信仰之间的和谐与对话已被全世界所知。"②

纳扎尔巴耶夫赞同罗马教皇方济各的话："把我们联合起来的东西远远超过了把我们分离开的东西"③，民族的、语言的、宗教的和文化的差异在可预见的将来将永远存在，但它们不应成为彼此分离的界限，而应成为联合的因素。不管过去还是现在，最长久的是各国人民的相互吸引，是语言、文化和精神世界的相互了解，是贸易和睦邻关系的发展。在21世纪，在全球化影响下，各国人民友好的趋势将会不断得到加强，除了对话之外，没有其他选择。人类拥有巨大的物

---

① Назарбаев: Все религии призывают нас к единению. 12 сентября 2016.
② ［英］乔纳森·艾特肯：《纳扎尔巴耶夫——哈萨克斯坦的缔造者》，鄂云龙、倪耀礼、江承宗、张志明译，人民出版社 2017 年版，第 282 页。
③ Выступление Президента Республики Казахстан Н. А. Назарбаева на втором заседании Совета религиозных лидеров. 10 июня 2015 года.

质、科学技术和智力资源，如果不学会和平与和谐地生活，就不会取得任何进步。

四　强调依法管理

哈萨克斯坦1991年12月16日颁布的《国家独立法》以及1993年版和1995年版《宪法》均明确规定，"哈萨克斯坦是民主的、世俗的和统一的国家"，以国家根本大法的形式规范哈萨克斯坦的宗教事务，体现了世俗政权对宗教信仰的基本态度和原则，即政教分离和信仰自由。

早在1992年1月15日，哈萨克斯坦便通过《信仰自由和宗教组织法》。这部法律颁布于哈萨克斯坦独立之初，由于国家对宗教事务总体持放任态度，提供高度宽松的发展环境，给外来的极端思想和邪教入侵提供了一定的土壤，使其得以在不设防的哈萨克斯坦长驱直入，蔓延式发展，直接威胁哈萨克斯坦的"非宗教、世俗化"建国原则。

经过近20年时间，哈萨克斯坦国内宗教形势已发生较大变化。为更好地保护宗教信仰自由、处理好国家与宗教的关系、打击宗教极端主义，纳扎尔巴耶夫2011年9月1日在第四届议会第五次会议上提议对旧法进行修订和补充。新法案于当年10月11日经总统签署，10天后（25日）生效，旧法同时失效。新法取名为《宗教活动与宗教社团法》，在一定程度上说明国家宗教事务管理的重点已由保护信仰自由权利转为规范宗教活动和宗教社团，尤其是保护本国传统文化和价值观、禁止极端宗教等。可以说，宗教本身具有教人良善和促进社会和谐的功能，维护世俗体制不等于消灭宗教，世俗国家依法实施宗教管理也不是压制宗教。

当前，哈萨克斯坦规范宗教事务的文件主要有《宗教活动与宗教社团法》《非营利组织法》《教育法》《政党法》《刑法》《反恐法》《反极端法》《宗教审查实施规则》《关于传教活动的登记和重新登记的国家服务标准》《关于宗教活动的国家服务标准》《2007—2009年保障宗教自由和改善国家与宗教关系纲要》《2017—2020年宗教领域国家政策构想》。

第二节 伊斯兰教是和平和宽容的宗教

纳扎尔巴耶夫高度肯定宗教的历史价值和现实作用。在《关键的十年》一书中，他全面阐述了自己对宗教的态度。他指出："对所有民族来说，宗教不是征服的手段和动因，而是生存的手段和动因。每当国家或民族统一的思想因各种原因遭遇危机时，宗教就会作为团结所有人的精神力量而登上国家的社会或政治舞台。在许多时候，正是共同的信仰让民众在自己的艰难命运中坚挺过来。"[1]

---

[1] Н. А. Назарбаев. Критическое десятилетие. Алматы. 2003. Вторая часть. В религии экстремизма нет. С. 75.

1991年年底苏联解体后，中亚地区形成信仰真空。伊斯兰教作为这一地区的传统文化出现回潮，迅速占领了中亚民众的精神世界。纳扎尔巴耶夫因势利导，顺势而为，希望通过恢复伊斯兰教信仰来为哈萨克斯坦民族创造一个精神符号，使其成为复兴哈萨克斯坦民族文化、促进民族团结、营造民族认同的工具之一。这也是中亚大多数国家领导人在国家独立之初对宗教的基本预期。当然，支持伊斯兰教复兴的前提是时刻警惕宗教极端主义，反对那些"伊斯兰教中不存在的、胡说八道的东西"，防止"歪阿訇念歪经"。由于对伊斯兰教持宽容与支持态度，纳扎尔巴耶夫一度被称为"原苏联国家中信仰自由的领跑者"。

　　纳扎尔巴耶夫清醒地看到，如今，伊斯兰教正在中亚地区复兴，不仅在成年人中重建自己的传统，还不断在青少年头脑中扎根。他认为："毫无疑问，将宗教作为文化遗产十分重要的组成部分并加以恢复，是振兴哈萨克斯坦人民精神的强大推动力。对于我们，对于哈萨克人，对于穆斯林来说，这首先是一个崇高理想，是决定我们世界观的重要因素，也是一种特殊的、纪念我们祖先的、传承内容丰富却曾经被人遗忘了的穆斯林文化的象征。"[①]

一　伊斯兰教崇尚理性和中正

　　纳扎尔巴耶夫深刻了解哈萨克斯坦的伊斯兰教特点。他

---

① Нурсултан Абишевич Назарбаев. Критическое десятилетие. Алматы. 2003. C. 89 - 91.

指出"在哈萨克斯坦大地上，伊斯兰教在被称为哈乃斐派和苏非派的意识形态基础上形成"。受哈乃斐派的影响，中亚的穆斯林始终以理性和中正的思想在原有习俗、伊斯兰阿拉伯文化、俄罗斯文化间进行调和，最终形成独具中亚伊斯兰特色的民俗传统。苏非派的特点是同样具有精神灵活性，能够使伊斯兰教适用于各种社会关系。正是由于对这两种教义和教法的虔诚，哈萨克人在皈依伊斯兰教后，能够在接纳来自阿拉伯的新宗教的同时不放弃自己祖先的游牧部落遗产，有机地将《古兰经》的宗教规范与皈依伊斯兰教之前的传统信仰结合起来。在服饰上，男人并不将浓密胡须视为信仰虔诚的标志；女性服饰普遍使用阿拉伯人视作禁忌的红色和蓝色，头巾仅为日常服饰，正式场合时则以帽子代替头巾。人的名字也灵活结合阿拉伯语和俄语，比如伊尔哈姆·阿利耶夫是阿拉伯语"伊勒汉姆·阿里"与俄语的结合。父母请阿訇念经为婴儿命名时，当婴儿露出笑容或发出声音时就停止念经，停止时的经文即为孩子的名字，体现出伊斯兰教与萨满教的融合。

纳扎尔巴耶夫指出："霍贾·艾哈迈德·亚萨维就是在哈萨克斯坦的土地上建立这种独特传统形式的杰出代表和开创者。他的陵墓位于图尔克斯坦市。正是由于他的不懈努力，伊斯兰教经典才可能与异教习俗在哈萨克部族中和谐相处。哈萨克人民至今仰慕他的名字，祭拜他的陵墓，这里已成为许多突厥语穆斯林的'第二麦加'。特别需要指出的是，

2002年10月'第二届世界哈萨克人大会'就是在图尔克斯坦召开,这里直到今天仍然继承了霍贾·艾哈迈德·亚萨维的精神,成为哈萨克斯坦人民宗教团结的象征。"①

二 伊斯兰教随时代变化而发展

纳扎尔巴耶夫认为:伊斯兰教是一个完整的体系,不仅详细规定了信徒的行为准则和生活方式,还制定了道德标准和心理规范体系。与其他世界性宗教一样,伊斯兰教并不只局限在神学学说和宗教仪式等宗教领域。伊斯兰教随着人类社会的发展而发展,对伊斯兰教的各种诠释也在不断进步。这种进步与《古兰经》以及与伊斯兰精神和文字没有任何相矛盾或者可能出现矛盾的地方。因此,哈萨克斯坦最终确立的伊斯兰教信仰也会出现理论发展,哈萨克斯坦的神学家也会改革伊斯兰教,使之与国内穆斯林群体的认知和生存环境相适应,使之在世俗政权和信徒之间发挥精神中介的作用。美国历史学家斯塔夫里阿诺斯认为②:伊斯兰教的发展是一个融汇文明精华的过程,"伊斯兰文明在征服后的几个世纪中,逐渐发展成为一种带有基督教、犹太教、拜火教和阿拉伯宗教的成分,带有希腊、罗马、波斯—美索不达米亚的行政、文化和科学成分的综合体。因此,它不是古代各种文化

---

① Н. А. Назарбаев. Критическое десятилетие. Алматы. 2003. Вторая часть. В религии экстремизма нет. С. 104 – 106.

② [美] 斯塔夫里阿诺斯:《全球通史》,吴象婴、梁赤民译,上海社会科学院出版社1988年版,第28页。

的拼凑，而是原有文明的新综合"。

纳扎尔巴耶夫认为：在当代世界中，有一系列经典案例可以证明宗教和世俗政权不仅可以共存，还可以在国家管理方面实现伊斯兰教与世俗国家的和谐融合。例如，在马来西亚、约旦、摩洛哥、毛里塔尼亚等国家，同时起作用的既有当代形式的宪法，又有规定公民日常准则的伊斯兰教沙里亚法。由此可见，所谓的伊斯兰教与公民社会相悖的说法并不能成立。

2017年9月10日，在阿斯塔纳召开的"第一届伊斯兰合作组织科学与技术峰会"上，纳扎尔巴耶夫驳斥了那些认为伊斯兰世界落后的根源在于宗教信仰的观点。他指出[①]："许多评论家将伊斯兰世界中很多国家的落后归结于伊斯兰宗教信仰。这种结论毫无根据，与事实不符。""历史上，伊斯兰世界曾是世界文明中心，为人类的科学技术发展作出过重要贡献。当今数字时代的基础——代数和算法就是基于穆斯林科学家阿布·阿卜杜拉·穆罕默德·伊本·穆萨·花拉子米（约780年—约850年）打下的十进位制的基础。他的《代数学》是第一本解决一次方程和一元二次方程的系统著作，被称为代数的创造者。12世纪，花拉子米的数学著作被翻译成拉丁文，十进制传入西方国家。先知穆罕默德说过：

---

① Нурсултан Назарбаев выступил на первом саммите Организации исламского сотрудничества по науке и технологиям. https：//24. kz/ru/news/top-news/item/195768-n-nazarbaev-nasha-glavnaya-zadacha-vospitanie-intellektualnoj-elity.

'对于追寻知识的人，先知会减轻他们最终进入天堂的负担。从清晨开始就汲取知识的行为，胜过 100 次的祈祷与礼拜'。"

三　正确看待原教旨主义[①]

纳扎尔巴耶夫认为，从"原教旨主义"这个词的词源看，它起源于基督教，与伊斯兰教无关。早在 20 世纪 20 年代，被称为原教旨主义者的是一些基督教的代表，如卡尔文教派的信徒、长老会的信徒和浸礼会的信徒。这些教派当时积极号召基督教徒回到初始源头教义（原教旨的、基础的教义），遵循宗教与文明统一原则和不歪曲圣人教义的原则。这些基督教团体宣传原教旨主义，狂热和教条地阐述和信奉圣经的所有教规，主张从不朽的福音书经文中引出宗教和政治原则。可以说，"原教旨主义"这一概念的基础是信徒们真挚希望将《旧约全书》《古兰经》和其他经典中的道德标准推广到当代人类生活的所有领域，希望这些道德标准能够时时刻刻指引信徒。

原教旨主义的危害在于：让宗教原则完全符合该宗教的原初教义，这一点在现代的民主和世俗的公民社会并不可行，原教旨主义者为实现其教义而选择的方式方法更不能被接受。他们要求严格遵守宗教的初始原则，并在日常生活中

[①] Нурсултан Абишевич Назарбаев. Критическое десятилетие. Алматы. 2003. Вторая часть. В религии экстремизма нет.

将这些原则提升到绝对命令的高度，要求推广到社会的所有层面。毋庸置疑，这不符合政治多元化的原则。更为遗憾的是，为达到目的，所谓的原教旨主义者采用相当生硬的，有时甚至是公开攻击的方式推行或企图推行自己的原则。因此，作为反社会现象的原教旨主义，无论其属于何种宗教，对任何社会都是威胁。

事实上，每种宗教的精神内涵都拥有光明和崇高的理想，每种宗教都有原教旨主义，如今在世界各地，包括美国、欧洲、东南亚、中亚、北非和中东等，原教旨主义流派在几乎所有的世界性宗教中都有所表现。这种现象说明：第一，原教旨主义不是伊斯兰教的专属现象，不能因批评或否定原教旨主义而批评和否定整个伊斯兰教。不能"把木桶里的婴儿与水一起倒掉"，不能因担心原教旨主义的攻击性或破坏性而对宗教本身（包括对伊斯兰教）采取强硬政策，这种做法徒劳无益。第二，不能简单地将原教旨主义视作破坏力量。国家、社会和公民须遵守信仰自由的铁律，即任何人都拥有信仰不同宗教或不信教的权利，在信徒未损害法律和公民权利的情况下，任何人都无权剥夺其与生俱来的追求信仰本源的权利。与此同时，决不允许某一宗教或教派的信徒强迫他人信仰本教派。原教旨主义者无权将其自身信仰强加给其他公民。

四 提倡节俭，反对铺张浪费

传统宗教提倡勤劳简朴、不铺张浪费、不攀比，认为人类做事应谨守中道，不做过分的事，既不吝啬也不浪费，简朴且知足的人才是幸福的人。上天（上帝、真主等）为人类的生存发展提供了丰富的自然资源、食品和用品，人类理应享受，但应当勤俭节约，不能挥霍浪费，还要尽可能周济贫困弱小之人。

1992年9月2日，纳扎尔巴耶夫在视察图尔盖州（今科斯塔奈州）时说道[①]："宗教是一种文明，我们是穆斯林，这一点没有人反对吧？但是，穆斯林推崇的是公正，强调的是人与人之间的友情以及对弱者的无私帮助。可现在有些人宣扬的不是这些。我们总不能'让所有人都去当阿訇吧'？那成什么了？所以，我们要照着真主的教诲和先知的指引去做，管好自己。……在我的命令下，以前被封闭的清真寺现在都已重新开放，阿拉木图也在修建清真寺。这些事情的好处在于劝导人行善积德，去帮助那些可怜的人，帮助那些受苦的人，让人们团结友爱，远离罪恶的行为。这些都是好的方面。但现在我们有些人错误地理解宗教，在乡村出现了一大批念歪经的'歪阿訇'，宣扬的都是些伊斯兰教中不存在的东西。那就是在胡说八道！所以，大家要听那些有学问的

---

① Как встречали Назарбаева в начале 90－х годов в регионах Казахстана. 2 сентября 1992 года. https：//tengrinews.kz/story/vstrechali-nazarbaeva-nachale-90-h-godov-regionah-kazahstana-257897/.

阿訇所说的话。大家想想看，我们给那些去了另一个世界的人修建了那么多高大恢宏的陵墓，经文里可没这样的规矩。一个葬礼花那么多钱，身后留下那么多孩子。我们在葬礼上铺张浪费，你们说，这是不是罪过？是不是罪过？我们还相互攀比，攀比谁花的钱更多，更铺张。所以，为了正确地理解宗教，我们需要这些正规的清真寺，需要这些有学问的阿訇，需要抛弃那种'会念经文就能当阿訇'的错误思想。"

五　重视宗教人才培养和解经工作[①]

纳扎尔巴耶夫非常关心国家宗教管理工作。他在2017年4月19日接见哈萨克斯坦穆斯林事务管理局工作人员时指出："爱国主义和稳定的国内及地区秩序，是我们走向未来的保障。在数字化时代，哈萨克斯坦更要做好国家价值观、文化和民族传统的保护与传承，必须高度关注任何具有破坏性的非传统宗教思想和行为。在宗教经典的解读和传承上，哈萨克斯坦信众一直秉持传统的伊斯兰哈乃斐派的主张，因此应该大力培养尊重和坚持这一伊斯兰教派的神职人员，为哈萨克斯坦穆斯林服务。目前，哈萨克斯坦穆斯林事务管理局共有3800名伊玛目从事宗教工作，其中半数通过了旨在增强神学知识的培训，这远远不够，应该进一步加强这一领域神学人员的学识水平。因为只有高素

---

① Глава государства поручил поднять уровень знаний имамов. 19 Апреля 2017. https://www.inform.kz/ru/glava-gosudarstva-poruchil-podnyat-uroven-znaniy-imamov_a3018744.

质、高学历、高学识的神职人员才有能力对神学经典作出正确的解读和阐述。"

纳扎尔巴耶夫认为宗教信仰在哈萨克斯坦人民的日常生活中发挥重要作用。"宗教文盲"是许多年轻人在追寻信仰的过程中出现盲从行为的根源，表现的形式包括但不限于留大胡子、穿短腿裤、穿黑色罩袍、蒙上面纱等。这些行为同哈萨克斯坦的传统和文化完全相悖。需要从法律层面加以限制。如果年轻人追随错误的、有悖于社会传统的宗教布道，国家将没有前途。真正的穆斯林并不取决于其服饰，而取决于其内在。当一个人的内心充满对世间的爱与善念，便是有信仰的人。科学与知识，是公民迈入文明世界大门的阶梯。如今的哈萨克斯坦公民可以便捷地通过互联网了解各种信息，其中便夹杂着宣扬非传统的错误宗教信仰的内容。极端势力采取各种现代化的技术手段扩散他们的恶毒思想，哈萨克斯坦应当针锋相对地利用现代化的手段予以打击。

第三节　严厉打击极端主义

哈萨克斯坦同样是恐怖主义和极端主义的受害者，社会各界普遍认为，2001年"9·11"事件之前，哈萨克斯坦不是恐怖和极端组织的生存地和主要袭击目标。尽管国内也发生过暴恐事件，但袭击目标主要针对外国人。2001年"9·11"事件后，国内反恐形势逐渐严峻。2003年7月，奇姆肯特市一套普通住宅内发现"东突"组织成员藏匿的爆炸品、武器和军用设备；2003年9月，某地下印刷厂发现"伊斯兰解放党"印刷的宣传宗教极端主义和反政府言论的宣传品；2010年6月22日，阿克套市发生越狱事件，21名囚犯在外部武装人员接应下脱逃；2011年5月17日，阿克托别市国家安全委员会大楼前发生自杀性爆炸；2011年5月24日，首都阿斯塔纳市国家安全委员会办公楼前发生汽车爆炸；2011年7月12日，卡拉干达州巴尔喀什市一所监狱发生囚犯集体越狱未遂事件，16名囚犯被炸死；2016年6月5日，一伙不明身份人员在阿克托别市袭击两个军火库和一处军营，并与当地警方和军人激烈交火；2016年7月18日，阿拉木图市中心地区的内务局附近发生枪击事件，两名警察丧生。

在严厉打击恐怖和极端主义时，哈萨克斯坦始终强调四大原则：

一是依法治理。完善法律法规，既加大惩罚力度，又提供执法依据。将恐怖活动、极端活动与合法宗教活动相区别，认定恐怖活动和极端活动是披着宗教信仰外衣、行破坏和平社会秩序之实，本质上不属于宗教范畴，而是威胁国家安全和社会秩序的刑事犯罪。

二是综合治理。采取事前预防、事中打击和事后消除后果三管齐下措施，铲除滋生恐怖和极端主义的土壤，消除其危害后果。哈萨克斯坦在对恐怖主义和极端主义保持严打高压的同时，尤其重视预防工作，特别是从教育和宣传入手，提高民众和媒体的辨别、抵御能力，努力切断蓄意破坏正常社会秩序的外部思想进入国内的渠道。

三是制止谣言。恐怖行为与普通刑事案件的最大区别就在于恐怖效果。因此，需要严格监督媒体和互联网平台，禁止散播谣言，防止大量煽动性的不实信息扰乱社会秩序。更要防止别有用心的人趁机实施双重标准，将恐怖主义和极端主义行为导向政治领域，成为反对派攻击现政权的政治斗争工具。

四是国际合作。恐怖和极端主义是威胁整个人类文明的毒瘤，很多恐怖和极端组织早已超出一国范围，在某一地区甚至整个世界建立起网络。消除恐怖和极端主义由此成为整个国际社会的责任，只有将国际反恐力量联合起来共同应对，才能更有效地打击其宣传、资金和活动网络。哈萨克斯坦建议建立中亚统一宗教活动监管体系，各国互通信息，交流经验；建立中亚反极端专家协会，专门研讨反恐和反极端措施；建立统一的互联网信息监管体系，统一协调，共同对涉及恐怖和极端内容的网站、出版物、材料等采取措施。

表6—1　哈萨克斯坦禁止在其境内活动的恐怖和极端组织名单

序号	中文名称	俄文名称	英文名称
	2004年10月15日哈萨克斯坦最高法院判决		
1	"基地"组织	Аль-Каида	Al-Qaeda
2	"东突厥斯坦伊斯兰运动"	Исламское движение Восточного Туркестана	The East Turkistan Islamic Movement
3	"乌兹别克斯坦伊斯兰运动"	Исламское движение Узбекистана	The Islamic Movement of Uzbekistan
4	"库尔德人民阵线"	Курдский Народный конгресс	The Kurdistan People's Congress（Kongra-Gel）
	2005年3月15日哈萨克斯坦最高法院判决		
5	"安萨尔"联盟	Асбат аль-Ансар	Asbat al-Ansar
6	穆斯林兄弟会	Братья мусульмане	The Muslim Brotherhood
7	塔利班运动	Движение Талибан	The Taliban Movement
8	"灰狼"组织	Боз гурд	Boz Gourde
9	中亚"圣战"组织	Жамаат моджахедов Центральной Азии	Jamaat mujahideen of Central Asia
10	"虔诚军"	Лашкар-е Тайба	Lashkar-e-Toiba
11	社会改革运动协会	Общество социальных реформ	The Social Reform Society
	2005年3月28日阿斯塔纳市法院判决		
12	"伊扎布特"（伊斯兰解放党）	Организация "Хизб-ут-Тахрир"	Hizb ut-Tahrir

续表

序号	中文名称	俄文名称	英文名称
	2006 年 11 月 17 日阿斯塔纳市法院判决
13	"奥姆真理教"	АУМ Синрекё	Aum Shinrikyo
14	"东突厥斯坦解放组织"	Организация освобождения Восточного Туркестана	The East Turkestan Liberation Organization
	2008 年 3 月 5 日阿斯塔纳市法院判决
15	"突厥斯坦伊斯兰党"	Исламская партия Туркестана	The Islamic Party of Turkestan
	2011 年 11 月 25 日阿特劳市法院判决
16	"哈里发战士"	Джунд-аль-Халифат	Jund al-Khilafa
	2012 年 6 月 7 日东哈萨克斯坦州跨区专门经济法院判决
17	"信仰、知识、生活"	РОО "Сенім. Білім. Өмір"	
	2013 年 2 月 26 日阿斯塔纳市萨雷阿尔金区法院判决
18	"达瓦宣讲团"	Таблиги джамагат	Tablighi Jamaat
	2014 年 8 月 18 日阿斯塔纳市萨雷阿尔金区法院判决
19	"赎罪与迁徙圣战组织"	Ат-такфируаль-хиджра	al-takfir-Hegira
	2015 年 10 月 15 日阿斯塔纳市叶西利区法院判决
20	"伊斯兰国"	Исламское государство	Islamic State of Iraq and al-Sham
21	"努斯拉阵线"	Фронт ан-Нусра	Al-Nusra Front or Jabhat al-Nusra
	2018 年 3 月 13 日阿斯塔纳叶西利区法院判决
22	民主选择党	Демократический выбор Казахстана	Democratic Choice of Kazakhstan
23	"信主唯一"	Йакын Инкар	group Yakyn Inkar

表6—2　　　　　　　　哈萨克斯坦恐怖犯罪统计　　　　　　　单位：件

	2014年	2015年	2016年	2017年	2018年
违法数量	132	297	497	453	323
犯罪数量	70	115	241	304	264
被判刑数量	70	113	241	302	259

资料来源：Комитет по правовой статистике и специальным учетам Генеральной прокуратуры Республики Казахстан. Сведения об уголовных правонарушениях, о работе органов уголовного преследования и совершенных суицидах за 12 месяцев 2018 года.

一　恐怖主义和极端主义的根源不是宗教

苏联时期，哈萨克斯坦的传统宗教信仰受到限制，根植于其中的哈萨克文化、风俗和习惯随之衰弱。在哈萨克斯坦独立之后，宗教开始回归世俗社会，民众也希望宗教能够为重建社会道德体系提供补充，以帮助解决社会转型过程中出现的问题。但在这个过程中，原教旨主义和极端主义也乘虚而入，逐渐对社会稳定和民众生活产生负面影响。实践中，很多极端势力和暴恐组织都是从传教开始，通过灌输极端思想激发组织成员的狂热，引导其对社会不满和对政教合一体制的向往，最终从事暴恐和极端活动。他们在传教阶段通常并没有严重的违法犯罪行为，而且借用保护信仰自由和言论自由等理由煽动部分民众和媒体对政府施加压力。由此，界定和区分宗教活动和极端主义是保障信仰自由的前提条件。如果把握不好分寸，过于严格就会造成打击面过大，伤害善良无辜的信众，过于宽松就会放纵极端主义发展。

纳扎尔巴耶夫始终强调恐怖活动和极端行为本质上不是宗教活动，而是披着宗教外衣的严重刑事犯罪。产生恐怖主义和极端主义的因素很多，如种族主义、民族主义、宗教原教旨主义、政治激进主义、地缘政治环境、大国矛盾、地区发展不平衡等。恐怖主义和极端主义是许多因素和缘由共同作用的结果，不能简单说成某些因素重要，另外一些因素次要。任何恐怖活动的缘起都是诸多因素相互配合和交织作用的结果。另外，宗教原教旨主义与宗教极端主义之间有着本质区别。任何宗教都存在原教旨主义成分，但维护原教旨主义的方式方法不能超出现代世俗社会的法制框架，否则就很容易发展成为极端主义。

纳扎尔巴耶夫认为：恐怖主义的思想基础是通过暴力来实现明确的目标和任务。恐怖主义是一种行为体系，而不是观点和思想体系，其目的不是恐怖。恐怖主义本身不属于社会力量，作为一种行为方式，它具有明显的目的性。恐怖主义的思想和意识形态体系不完善或存在缺陷，这表现在：或者暴力已成为其意识形态的纲领方针；或者其思想或意识形态极其不完善，以至于只有运用暴力才能实现其目的。宗教不是恐怖主义产生的根源。因为恐怖主义是一种手段，所有的意识形态都可以利用它。恐怖主义是政治激进主义的破坏性行为和极端表现，可以说，政治激进主义进行批判，而恐怖主义从事杀戮。

暴恐势力和极端势力难以打击的原因之一，是其组织化和专业化程度不断提高。为增强自身实力,恐怖组织往往从事毒品交易、敲诈勒索、卖淫、贩卖武器、走私、博彩等行业,包括贩卖人口(妇女贸易、拐卖儿童)等高收益行业,还拥有隐蔽的金融体系,可有效控制资金往来、洗钱、资助其各地分支机构和其他组织等。在活动过程中,恐怖组织重视培训其成员的武装战斗能力,通过宣传或提供物质援助等形式吸引新的追随者。另外,由于大国或大国集团间矛盾不断,削弱了国际反恐合作机制的作用,使得恐怖势力和极端势力得以生存,甚至得到大国或秘密机构的暗中支持。

纳扎尔巴耶夫认为[1],恐怖主义、极端主义和暴徒常常出现在政权瓦解后的权力真空地带,这些地区非常适合他们生存。根除恐怖主义和极端主义必须依靠经济社会发展、国家稳定和民众安居乐业。"全球每年记录在案的军事冲突、宗教冲突和民族冲突超过30多起,这些冲突直接导致许多国家陷入动乱之中,并造成大量难民,还为极端主义和恐怖主义的泛滥创造了温床"。

二 国际合作是反对"三股势力"的最有效机制和措施

纳扎尔巴耶夫指出[2],现代恐怖主义和极端主义具有广泛性、组织性、金融支持性和国际性特征。由于现代恐怖主

---

[1]《纳扎尔巴耶夫大学举行毕业典礼 总统出席并讲话》,2016年6月11日,http://www.kazinform.kz/cn/article_a2913534。

[2] Нурсултан Абишевич Назарбаев. Критическое десятилетие. Алматы. 2003. Вторая часть. В религии экстремизма нет.

义和极端主义具有跨国性和国际性，因此必须运用国际合作的方式才能产生预期效果。在长期的合作实践过程中，国际社会早已总结出若干有益的反恐斗争策略：第一，在最有可能成为恐怖主义发源地的地区长期开展有力的斗争。第二，通过深刻的社会、经济、政治一体化整合，以及建立专门的覆盖整个大陆的安全机制，创造统一的安全空间，抵御恐怖主义和其他消极社会现象。第三，建立层级性安全体系。各安全机制和安全机构之间通过建立最佳组合方式，加强各体系之间的相互联系与相互依赖。第四，在恐怖活动蔓延的国家之间建立稳定的对话机制，如亚信会议等。

纳扎尔巴耶夫高瞻远瞩地分析了哈萨克斯坦的反恐优势：一是周围的中亚国家将哈萨克斯坦与恐怖主义高发的国家和地区隔开，形成天然的地理优势；二是国家稳定发展，恐怖主义和极端主义难以找到图谋不轨的机会和借口；三是哈萨克斯坦社会的多元和谐实践，成为阻止"三股势力"在国内扩散的重要力量之一。

纳扎尔巴耶夫是上海合作组织的积极推动者，高度认可该组织在地区合作与维稳中发挥的重要作用。纳扎尔巴耶夫认为，建立反恐联盟是最有效的反恐措施，在当今复杂多变的国际形势下，上海合作组织应该成为地区安全、稳定和繁荣的保障，并向世界积极展现本组织的团结以及"上海精神"。他指出，热点地区参战的很多极端分子来自上海合作组织成员国，因此该组织应该为加强打击暴力恐怖主义国际合作贡献自己的力量。

据上海合作组织地区反恐怖机构执委会数据[1]，2013—2017年，该组织成员国有关机构共制止600多起具有恐怖性质的犯罪活动，摧毁500多个武装分子培训基地，抓获2000多名国际恐怖组织成员，缴获1000多件自制爆炸装置、50多吨爆炸物、1万多支枪及100多万发子弹。2016—2017年，成员国共屏蔽10万多家网站，这些网站曾登载400多万条宣扬恐怖主义和极端主义的信息。

三　反恐反极端措施

伴随着全球化进程，恐怖主义和极端主义对每一个国家都构成威胁。哈萨克斯坦作为国际社会的一部分，在打击恐怖主义和极端主义方面责任重大。在广泛研究世界各国，特别是周边国家的经验之后，结合本国客观实际，哈萨克斯坦于1999年7月通过《反恐怖主义法》；2005年2月通过《反极端主义法》；2003年12月由国家安全委员会组建反恐中心，专门负责协调和组织全国反恐工作；2013年9月发布《2013—2017年打击宗教极端主义和恐怖主义国家纲要》；2016年修订《国家安全战略》；2017年7月发布《2017—2020年宗教领域国家政策构想》；2018年10月发布《2018—2022年打击宗教极端主义和恐怖主义国家纲要》。

---

[1]《上合组织反恐：四年抓获两千多名恐怖组织成员》，2018年5月20日，搜狐网，http://www.sohu.com/a/232279334_389790。

从上述文件中可知，哈萨克斯坦认为本国境内极端主义和恐怖主义增多是国内外因素共同作用的结果。从国际看，极端主义泛滥是国际现象，周边形势不稳定加剧了国内的暴恐和极端势力增长；从国内看，经济社会问题、爱国主义教育不足、民众的宗教知识欠缺、宗教人士水平不够等因素为极端主义思想传播提供了可乘之机。哈萨克斯坦境内的极端主义和恐怖主义的传播途径主要有：境外宣传品；网络等媒体，尤其是各种社交平台；境外恐怖培训营；赴境外经商、留学、旅游、工作等，尤其是在中东、北非、南亚等宗教学校学习的学生；非法传教；监狱等矫正机构，因管理不善致使极端分子和恐怖分子不但未能得到有效管制，反而获得"集中学习和交流"的机会。

上述文件表明，哈萨克斯坦努力从预防并消除极端主义和恐怖主义产生、扩散和危害后果等方面入手，提出提高社会意识防范、减少外部干扰、提高强力部门工作效率、完善安保体系等具体措施，争取在社会中形成对暴恐活动和极端思想的"零容忍"氛围，提高预防和打击效果。随着反恐形势变化，哈萨克斯坦的应对措施也不断完善，其中作用效果比较明显的有：

一是重视网络反恐。在监测带有暴恐和极端内容的网站（特别是绿色 App 软件）的同时加大正面宣传，用民众容易接受的方式设计和制作通俗易懂的宣传材料。另外还要发挥网络"大 V"的作用，共同营造良好的网络舆论氛围。

二是重视对宣教人员本身的素质和能力的培训。即宣传反恐反极端的媒体和社会组织从业人员首先需要自身对恐怖主义和极端主义有正确认识，然后才能在众多信息中辨别是非，在报道中发挥正确的舆论引导作用。

三是提高强力部门的自身素质和能力。加大反腐败力度，避免极端势力收买或贿赂工作人员为其提供保护伞，从而削弱打击力度，甚至纵容支持极端活动。同时提高装备水平，注重技能培训和机构间协调，保障快速反应能力。

四是重视技术反恐。完善技术和装备，在人群密集地区和重点保护目标所在地布置警犬、摄像头、安检仪器、防爆设备、警情发布设备，建立生物和个人信息采集数据库，进行大数据计算等。同时还要加强对危险品、爆炸物、武器的管制（生产、销售、使用等），避免落入暴恐分子手中。

五是完善绩效评估体系。制定检验各项工作效果的指标体系，每项措施都对应一个具体检验指标，以便评估措施实施效果，检查工作落实进度，总结经验教训。

第四节　世界与传统宗教领袖大会

2001年"9·11"事件后，"文明冲突"成为当时全球最关注的话题之一。在此背景下，纳扎尔巴耶夫总统于2002

年倡议召开"世界与传统宗教领袖大会",旨在通过国际交流沟通,推动各宗教派别(世界性宗教和地方性传统宗教)进行对话与和谐共存,促使宗教领袖在国际合作与安全方面发挥积极作用。

一 宗教领袖的重要作用

不同宗教之间的对话、宽容与和解在人类的和平进程中发挥着极为重要的作用。西方宗教思想家孔汉思(也有译作"汉思·昆",Hans küng)认为:"没有各宗教之间的相互了解,国与国之间很难相互了解;没有各宗教之间的对话与沟通,诸教之间就很难达到和平与友好;而诸教之间若不能和平相处,诸国之间亦不可能和平相处或安全并存。"[1]

实践证明,在宗教团体中,宗教领袖的思想具有决定性作用。在求同存异、和平共处、转化矛盾和化解冲突中,"宗教领袖以其对信仰精神的深刻把握、对人类发展高屋建瓴的洞观,以及以其独有的宗教睿智和人格魅力,可以对广大信徒和人民群众形成强大的感染力和深远的影响,发挥极为独特的作用"[2]。

联合国秘书长潘基文指出:"当今世界正处在一个变革的过程中,既面临着巨大的机遇,也需要应对各种挑战。在面对一个动荡的时刻,宗教领袖可以用共同的价值观将社区

---

[1] 王晓朝:《宗教学基础十五讲》,北京大学出版社2003年版,第265—267页。
[2] 卓新平:《化解冲突——宗教领袖对人类和平的新贡献》,《中国宗教》2000年第6期。

凝固在一起，从而为建设和平以及解决问题打下基础。……在某个信仰的支持者以宗教的名义犯下罪行的时候，世界宗教领袖有责任站出来说话。"①

联合国秘书长安南在 2000 年 8 月举行的联合国"世界宗教与精神领袖千年和平大会"上呼吁宗教领袖们加强合作，以便充分发挥宗教作为和平使者和抚慰者的积极作用，"问题从来不在于信仰，不在于《圣经》《摩西五经》和《古兰经》，而在于信徒，在于人的行为。宗教领袖必须教导信徒分辨和平和暴力的方法"②。

国际红十字会认为：随着现代通信手段的广泛使用，一些带有不包容或不忏悔的行为和活动在增长，助长了宗教间和种族间的紧张关系。在这种局势下，宗教和宗教思想在限制战争暴行、建立对话及推动和解等方面可以发挥非常积极的作用。发展包容性的对话和建立信任关系有助于限制进一步的两极分化，并在可能的情况下减少受害者的数量。在全球层面，宗教人物在加强尊重人道主义价值观和保护平民等方面可以发挥核心作用。在国家和社区层面，负责任的宗教领袖可以向他们所在的社区提供指导，帮助社区团结起来③。

---

① 《潘基文访哈出席"世界与传统宗教领袖大会"强调宗教领袖的重要作用》，2015 年 6 月 10 日，https：//news.un.org/zh/story/2015/06/237512。

② 龚学增：《宗教与和平》，2012 年 4 月 27 日，http：//www.daoisms.org/article/zjyj/info-6346.html。

③ 《以信仰为基础的组织和宗教领袖：人道行动的重要合作伙伴》，2015 年 7 月 22 日，红十字国际委员会，https：//www.icrc.org/zh/document/。

二 历届世界与传统宗教领袖大会

世界与传统宗教领袖大会首创世界宗教对话平台，形成跨宗教对话的基本准则。截至2019年，大会共举行六届。从历届大会的规模和影响力看，每一届大会都比上一届有很大提高，这表明各宗教希望增进互相了解，共同寻求解决现代社会各种问题的对策。

"第一届世界与传统宗教领袖大会"于2003年9月22—23日在阿斯塔纳举行，共有来自14个国家的17个代表团参会。会议推举哈萨克斯坦总统纳扎尔巴耶夫为大会主席，决定将大会正式命名为"世界与传统宗教领袖大会"，每三年举行一次，并设立秘书处作为大会常设机构。会议通过宣言，呼吁各宗教反对暴力和恐怖主义、反对宗教极端主义，促进不同宗教和不同文明间展开对话，保持宗教间和谐，维护世界和平与稳定。

纳扎尔巴耶夫在致辞中表示："在现代生活中，善于利用各种宗教信仰的人民在丰富的民族历史中积累了宝贵经验，这对我们非常重要。各宗教派别之间进行积极对话的时候到了，我们十分需要建立一个世界宗教联合组织，以便能够将声望卓著的宗教领袖和普通信众的意愿付诸实践。世界与传统宗教领袖大会完全能够担负起这一职责。"

"第二届世界与传统宗教领袖大会"于2006年9月12—13日在阿斯塔纳召开，旨在积极推动跨宗教对话基本准则建设。共有26个国家的43个代表团参会。大会主题是"宗教、社会和国际安全",分为两个子议题:信仰自由与尊重其他宗教;宗教领袖在加强国际安全方面的作用。会议签署《跨宗教对话之基本准则》,呼吁各宗教在诚实、宽容、谦恭和彼此尊重的基础上开展宗教间和文化间对话,齐心协力反对一切形式的恐怖主义,共同铲除产生恐怖主义的社会根源,以维护人类的尊严和民族团结。

纳扎尔巴耶夫在开幕式致辞时指出:"当宗教人物畅谈某一宗教优越于其他宗教的时候,冲突便拉开了序幕;当政治人物毫不犹豫地用武力解决宗教冲突的时候,战火必定在自家门口燃起。"他表示,哈萨克斯坦举办此次大会的目的是为世界不同文明与宗教之间加强对话与合作提供平台,希望各宗教领袖利用此次大会增进交流和对话。

"第三届世界与传统宗教领袖大会"于2009年7月1—2日在阿斯塔纳召开,来自世界35个国家的77个代表团近千人参加大会。大会主题是"宗教领袖在建设和平(建立在宽容、相互尊重、合作等原则基础上)中的角色",倡导以对话方式建立新的全球秩序,推动世界各宗教之间的交流和对话,和谐共存。大会通过宣言,呼吁各宗教之间增进了解和理解,努力消除彼此间的偏见与误会,防止发生冲突;宗教合作与对话应该在参与者彼此平等的前提下进行,以便为不同主张、不同视角和不同信仰的自由表达营造空间,而不能追求对其他宗教的诋毁或相对于其他宗教的优越感。

第三届大会恰逢国际金融危机时期，因此纳扎尔巴耶夫在致辞时表示，不能仅从物质层面看待目前的金融危机，精神和道德因素可能是此次危机的深层次原因；国际金融危机为人类建立公正的世界秩序提供机会，只有公正的世界秩序才能保证人类社会的繁荣；新世界秩序的建立不能再通过大规模武装冲突的方式进行，而应采用对话这一和平方式；新世界秩序的基础应该是公正的经济和政治模式、对全球安全的保障、高度责任感和精神道德水准。

"第四届世界与传统宗教领袖大会"于2012年5月30—31日在阿斯塔纳举行，旨在继续推动世界宗教平等相处与和谐共存。共有40个国家的85个代表团参会。大会主题为"和平、和谐：人类的选择"。四个子议题分别是：宗教领袖在促进可持续发展中的作用；宗教与多元文化；宗教与女性：精神价值和当代挑战；宗教与青年。大会代表一致表示愿意共同应对种种挑战，敦促建立宗教团体之间、政治领导人之间、国际组织及民间社团之间互相作用的机制，呼吁所有善良的人支持并共同努力建设一个公正、安全和繁荣的世界。

纳扎尔巴耶夫在会上提出"G-Global 精神"（要改革，不要革命；平等协商；宽容与互信；公开与透明；多极化），阐述他关于人类和世界发展的思想以及哈萨克斯坦的国际关系理论和原则。

"第五届世界与传统宗教领袖大会"于2015年6月10日

在阿斯塔纳举行，主题为"宗教领袖和政界人士在促进人类和平与发展中的精诚合作"。共有42个国家的80个宗教代表团出席大会。大会旨在总结宗教和谐相处的模式，为世界宗教间的对话指明发展前景。会议通过宣言，号召维护宗教平等，尊重信徒的宗教情感，加强宗教间对话，协力打击暴恐和极端活动；号召媒体大力宣传宗教的和平与协商精神，抵制宣传暴力和宗教仇恨；号召宗教界人士与政府和其他社会团体紧密配合，共同应对各国贫困、失业、流行病、自然灾害等现实问题；号召加强青年教育，提高其家庭价值观。

纳扎尔巴耶夫在开幕式上发表了热情洋溢的讲话[①]："如果说世界上的事情总共才发生一次，那么这是人们通常所说的历史偶然性。如果发生两次或三次，那就成为历史规律。如果次数更多，那就是伟大的历史！现在，阿斯塔纳已经第五次接待世界与传统宗教领袖大会的与会者和来宾，可以说创造了各种文化与宗教相互包容和全球性对话的伟大历史。"针对"伊斯兰国"（IS）的国际恐怖主义威胁，纳扎尔巴耶提出五点建议：一是停止所有军事冲突并宣布停战；二是在任何国家，在处理国家间关系时，坚决放弃使用暴力手段解决任何政治矛盾；三是呼吁所有大国的政治领袖们制止不信任的隔阂在当代世界的扩散，冷战思维和集团思维危害巨

[①] Выступление Президента Республики Казахстан Н. А. Назарбаева на втором заседании Совета религиозных лидеров. 10 июня 2015 года. https：//mitropolia.kz/news/president/220-vystuplenie-prezidenta-2015-01.html.

大；四是呼吁所有人保持克制，防止包括互联网在内的大众传媒被利用来挑拨宗教矛盾；五是所有国家和社会必须切实合力解决贫困、饥饿、流行病和失业等问题，消除自然灾害和技术灾害的后果。

关于互联网对宗教的双重性作用，纳扎尔巴耶夫有着精辟的论述。他呼吁世界宗教领袖打击利用网络煽动宗教仇恨，指出大众媒体和互联网在传播信息的同时逐渐沦为煽动宗教间仇恨的重灾区。在互联网紧密融入现代生活的时代，污言秽语、嘲弄人的精神准则、丧失道德和恣意妄为的罪恶言行，以及所谓的"大众文化"的庸俗形象等，也通过大众传媒和互联网传播开来。这种伪文化的潮流尤其严重地伤害了青年人尚不坚强的心灵，颠覆了家庭传统，破坏了几代人之间的相互联系。所有这些都是对当代世界秩序、安全、精神准则和文明价值的严峻挑战。必须呼吁所有人保持理智，制止利用包括互联网在内的大众传媒挑动宗教矛盾的做法，绝不能任由大众媒体和互联网沦为煽动宗教仇恨的信息平台。

"第六届世界与传统宗教领袖大会"于2018年10月10日在阿斯塔纳举行，来自46个国家的82个代表团参会。大会主题是"宗教领袖共建和谐世界"，就全球气候、环境污染、地区安全、地缘政治、极端主义、恐怖主义、宗教极端势力以及全球化等21世纪的热点问题进行深入交流。在此次大会上，来自世界各地的宗教领袖们一致支持建立"纳扎尔巴耶夫发展宗教间和文明间对话中心"，以表彰纳扎尔巴耶夫对全球互动进程作出的杰出贡献①。

纳扎尔巴耶夫在致辞中表示：21世纪已经过去18年，但人类仍未能实现和平、安定与富足，仍面临互信不足、敌意和冲突等难题，在这个不稳定时期，国家间和地缘政治集团间正在形成新的"冷战"，对抗性制裁、宗教间和教派间冲突、贸易战、环境污染等问题困扰着全球的政界和宗教界人士。纳扎尔巴耶夫呼吁全球宗教界人士提升合作水平，关注世界和平，促进世界范围内冲突各方建立建设性对话机制，还建议在大会基础上构筑信息平台，帮助人们远离宗教极端主义和暴力行为。

---

① 《纯一法师率中国佛教代表团出席世界和传统宗教领袖大会》，2018年10月17日，中国佛教协会，http://www.chinabuddhism.com.cn/e/action/ShowInfo.php?classid=506&id=39819.

第七章　国家安全与稳定

独立后，为更好地维护国家安全，哈萨克斯坦解决了一系列重大问题，包括边界划分与边界安全、"去核化"与核安全保护、参与国际反恐与解决非传统安全、集体安全与质量建军等。在传统安全方面，哈萨克斯坦在上海合作组织框架内解决了同中国的边界划分和边界安全问题，在独联体和集体安全条约组织框架内解决了同独联体邻国的防空、边境安全、基本军事安全问题，以及陆上边界划分问题；在北约和平伙伴关系框架内发展了同美国和北约组织的安全合作关系。另外，同中亚国家一起建立了中亚无核区，解决了核安全难题。由此，主要的传统安全问题基本解决，为国内发展创造了一个良好、稳定和安全的环境。

对任何一个主权国家而言，国家安全都是安邦定国的基石，军事安全更是国家安全的支柱，是最重要的组成部分。《孙子兵法》的开篇语就讲道："兵者，国之大事，死生之地，存亡之道，不可不察也"，开门见山地指出军事安全与军队建设对一个国家的重要性。对于哈萨克斯坦这样一个地域广、人口少、周边环境复杂的国家来讲，军事安全尤为重要。

哈萨克斯坦独立后，首任总统纳扎尔巴耶夫始终高度重视哈萨克斯坦的国防与军队建设，为保障国家安全倾注大量心血。1992年哈萨克斯坦独立之初，纳扎尔巴耶夫就强调"国防能力建设是国家最主要的职能和任务，我们的目标是保障国家的主权独立和领土完整"[1]。在纳扎尔巴耶夫领导下，哈萨克斯坦的国防和军事建设取得长足进展，建立了符合国情的国防与国家安全体系，有效地保障了国家安全，维护了社会稳定，捍卫了国家利益。

第一节　符合国情的安全观

纳扎尔巴耶夫是一位高瞻远瞩、实事求是的政治家，能够从客观实际出发制定适合哈萨克斯坦国情的内外政策。他在《独立时代》一书中讲道："领导一个年轻的主权国家，这是苏联时期任何人都不可能教你的一门科学，我不得不在实践中摸索。生活本身就是知识和经验的源泉，它磨炼了我的性格，开拓了我的视野，使我成为一个敢于就国家大事拍

---

[1]　Назарбаев Н. А. Оборона – коллективная. Армия – народная. Воин Казахстана. 11 декабря 1992.

板定夺并争取到千百万人支持的政治家。"①

一 综合安全观

对于哈萨克斯坦来讲,保障国家安全、领土完整和军事安全不能单纯依靠军事方法,需要采取综合措施,借助外交、政治、经济、军事、社会、民族政策等多种手段②。纳扎尔巴耶夫深知这一点,由此提出了"综合安全"理念。

作为一位具有国际视野的政治家,纳扎尔巴耶夫的综合安全理念也是从全球视角、人类命运的高度和哈萨克斯坦的具体国情出发。他认为,当今世界处于急剧变化之中,技术革新和工业革命将极大改变人类社会和人们的生活方式。与此同时,全球地缘格局也发生着前所未有的变化,旧的国际秩序逐步坍塌,新的国际秩序尚未成形。人类面临各种各样的安全风险,包括战争风险。各国应吸取历史教训,彻底消除战争爆发的根源。在专著《21世纪和平宣言》中,纳扎尔巴耶夫指出:"人类历史上经历了1.5万次战争。但在当今时代,战争没有赢家,只有输者。大规模战争可能导致整个人类的灭亡,国与国之间的争端必须通过和平对话来解决。"③

独立20多年来,哈萨克斯坦在保障国家安全方面也始终

---

① Нурсултан Назарбаев. Эра независимости. Астана. 2017. С. 73.
② Назарбаев провел заседание Совета безопасности. https: //tengrinews. kz/kazakhstan_ news/ nazarbaev-provel-zasedanie-soveta-bezopasnosti-338166/.
③ Манифест. Мир XXI век. 31 марта 2016 . http: //www. akorda. kz/ru/speeches/external_ political_ affairs/ext_ other_ events/manifest-mir-xxi-vek.

秉持综合安全理念。2012年通过的《国家安全法》明确指出[①]，哈萨克斯坦的"国家安全"概念包括社会安全、军事安全、政治安全、经济安全、信息安全和生态安全六大类。各类国家安全相互联系、相互平衡，构成统一的国家安全体系。国家安全的保障由总统、安全会议、议会、政府、法院、国家相关机构分工协调进行。各类官方文件（如《军事学说》《外交政策构想》等）均强调奉行和平的外交政策，不对任何国家构成威胁，国家安全需要采取综合措施来保障，非军事手段优先于军事手段，武力的作用被最小化，解决国家、民族、社会群体之间的矛盾冲突主要依靠政治、外交、经济、信息、法律等其他非军事手段[②]。

二 合理、足够的有限防御和质量建军观

"有限防御"理念由哈萨克斯坦特殊的国情所决定。由于不可能维持大规模的武装力量，只能质量建军，在军队现代化建设上奉行"独立防御与集体安全相结合、合理、足够、质量建军"方针，强调以应付局部战争和边境武装冲突、打击恐怖主义、捍卫国家利益、维护国家安全与稳定为目标，建设一支数量少、装备精、机动性高、战斗力强、足以应付各种危机和武装冲突的军队。同时，依托地区性军事

[①] Закон Республики Казахстан от 6 января 2012 года № 527-Ⅳ "О национальной безопасности Республики Казахстан".

[②] Военная доктрина Республики Казахстан.

联盟构建共同防御体系。

哈萨克斯坦领土面积为272万平方千米，居世界第9位，约占地球陆地表面积的2%，为世界最大的内陆国。国境线漫长，总长度达1.4万千米，北邻俄罗斯，南与乌兹别克斯坦、土库曼斯坦、吉尔吉斯斯坦接壤，西濒里海，东接中国。与此同时，哈萨克斯坦人口稀少，截至2020年年初人口总量约1900万，平均每平方千米有7人。通常来讲，广袤的领土、漫长的边界和复杂的地质条件需要一支数量庞大的军队来保卫国土安全，但哈萨克斯坦现有的人口规模不允许建立一支数量庞大的军队。况且，军队规模越大，军费支出也越大。2018年，哈萨克斯坦的GDP总量约为59万亿坚戈（约1700多亿美元）。财政预算支出的一半用于教育、医疗等社会保障，巨额的军费势必会压缩其他经济和社会支出，影响经济建设和民众的生活水平。

1992年12月，纳扎尔巴耶夫在接见军队主要负责人时强调，对于国家内外政策来讲，安全是基础，哈萨克斯坦不需要大规模的军队，而是需要一支高效、有战斗力、时刻准备捍卫国家主权的军队，为哈萨克斯坦军事建设指明了方向。哈萨克斯坦的首份《军事学说》也强调，哈奉行和平的外交政策和防御性国防政策，不谋求地区军事优势，也不主动挑起武装冲突。

纳扎尔巴耶夫多次表示，哈萨克斯坦的军队是和平与安全的保障，国家高度重视军队建设，即使在困难时期，国家仍将军费保障置于优先地位。在 2006 年 3 月发布的国情咨文中,纳扎尔巴耶夫强调[1]:"哈萨克斯坦应该建立一支职业化的军队,装备最先进的武器,能够快速部署并有效应对国家面临的安全威胁。"他认为:"那些不尊重、不重视自己军队的国家,老百姓可能就得养活其他国家的军队。我们要牢记这一历史教训。"

三 集体安全观

当前,国际上存在的地区多边安全机制大体有四类:军事同盟、集体安全、大国协调、合作安全。军事同盟和集体安全的机制化程度较高,一般都是通过签署协议或条约来规定各方的权利和义务,约定以集体的力量来对抗侵略和威胁。不同之处在于,军事同盟通常有较明确的敌人或针对目标;而集体安全则具有非排他性和内向性,既没有特定的假想敌,也没有特定的防御对象。相比之下,大国协调和合作安全的机制化程度较低甚至没有。大国协调强调大国间的利益交换,将多边合作局限于大国之间,不能充分体现中小国家的安全利益。合作安全是一种共同安全和综合安全,它建立在平等与协商一致原则的基础上,强调通过对话协商解决国与国之间存在的分歧和争端。

在安全和军事合作领域,有效的地区安全机制是地区安

---

[1] Послание Президента Республики Казахстан Н. А. Назарбаева народу Казахстана. Март 2006 г. Стратегия вхождения Казахстана в число 50-ти наиболее конкурентоспособных стран мира Казахстан на пороге нового рывка вперед в своем развитии.

全秩序的基础，不同性质的合作机制具有不同的目标和功能，最终形成的安全秩序也不同。由于安全合作涉及国家主权核心部分，需要成员国自我约束和自主让渡，十分复杂敏感，因此其合作的深度和广度都比较受限。纳扎尔巴耶夫深刻认识到，苏联解体后，独联体空间出现了巨大的"安全真空"，仅凭哈萨克斯坦一国之力无法保障自身的安全，除维持自身独立防御能力外，必须借助国际合作，建立有效的集体安全体系，形成相互合作、相互制约的地区安全机制，以此确保哈萨克斯坦的国家安全。

纳扎尔巴耶夫在《关键的十年》一书中强调："现在已经到了这样的时刻，集体安全的必要性把新独立主体的继续发展和生存问题提到了首位。原苏联的一些地区开始成为局部冲突的发源地，从国家间冲突的尖锐化到全面的国内战争，把这片领土变成一个紧张局势的巨大策源地。它最有可能成为一个巨大的不稳定弧形带，将对许多国家和民族造成毁灭性的后果。"他指出："独联体应该不仅能建立保证这一共同体成员之间不使用武力的制度，还要对可能威胁成员国国家主权的外来侵略行为采取预防性措施。这个集体安全体系尽管不完善，但一直存在到今天。它即使不能解决所有问题，但对于探索共同体成员间更为有效的相互安全体系和机制，至少是一种刺激和推动。"纳扎尔巴耶夫认为，集体安全条约是"在全新基础上形成的国家军事政治联盟，所有参加国都自愿在条约的基础上维护和平和制止冲突"。在集体安全机制方面，纳扎尔巴耶夫尤

第七章　国家安全与稳定

其重视集体安全条约组织，认为哈萨克斯坦积极参与地区集体安全机制，将有利于保障国家安全[①]。

2003年6月，纳扎尔巴耶夫在欧安组织议会论坛上发表演讲时指出："正在建立的中亚安全体系是多层级的，它的每一个环节都在维护地区平衡与稳定、应对威胁和挑战方面发挥着一定作用。地区内大多数国家参加集体安全条约组织有助于解决军事技术问题，这是防止军事威胁的保障之一。在上海合作组织框架内，已经成功解决了哈萨克斯坦、吉尔吉斯斯坦、塔吉克斯坦、俄罗斯同中国之间从帕米尔到太平洋岸边的边界问题，制定了一系列信任措施，首先是军事领域的信任。在上海合作组织框架内，正在就研究反对国际恐怖主义、极端主义和分裂主义威胁，发展经济联系和人文联系等进行多边合作。在亚信会议框架内，正在制定一揽子亚洲信任措施。中亚建立无核区的进程进入收官阶段。在中亚，保障地区安全的一个重要方面就是中亚各国参加北约的'和平伙伴关系计划'。同时，中亚也是国际反恐联盟的参加国。所有这些环节都相互补充，因此总体上能够应对最棘手和最危险的地区安全问题。"[②]

在《独立时代》一书中，纳扎尔巴耶夫指出："国际局势与地区形势急剧变化，有时并不向好的方向发展。在此背

[①] ［哈］努·纳扎尔巴耶夫：《关键的十年》，曹特金、李巍岷、康春林译，民族出版社2004年版，第66页。

[②] ［哈］努·纳扎尔巴耶夫：《纳扎尔巴耶夫文集》，中国社科院俄罗斯东欧中亚研究所等联合课题组译，人民出版社2017年版，第362页。

景下,集体安全机制的作用在不断上升,哈萨克斯坦积极参与集体安全机制的建设,如联合国、欧安组织、北约、集体安全条约组织、上海合作组织和亚信会议等。"[1]

对哈萨克斯坦来说,参与国际安全合作机制的好处在于:第一,从现实看,目前中亚地区的外部威胁主要来自阿富汗,内部威胁主要有领土争端、民族冲突、水资源纠纷等。面对这些跨越国界的威胁,单靠某一个国家的力量已经无法解决,必须借助有效的多边合作机制,整合区域内所有国家的资源,集合所有国家的力量。第二,利用各种合作机制间的合作与竞争,使得任何大国都不能独占中亚地区,从而更好地实施大国平衡战略。第三,利用多边合作机制中的"协商一致"等运作规则约束大国行为,借助集体力量弥补个体力量薄弱的不足。集安组织作为欧亚地区重要的军事政治联盟,哈萨克斯坦参与其中,从而获得来自俄罗斯的军事安全保障,有效降低了来自外部的军事安全风险。

在纳扎尔巴耶夫的积极倡导下,1992年5月中旬,俄罗斯、哈萨克斯坦、乌兹别克斯坦、吉尔吉斯斯坦、塔吉克斯坦、亚美尼亚六国签署《集体安全条约》,有效期为5年。1993年阿塞拜疆、格鲁吉亚和白俄罗斯加入。1999年条约到期后,俄罗斯、哈萨克斯坦、吉尔吉斯斯坦、塔吉克斯坦、白俄罗斯、亚美尼亚六国同意续签,阿塞拜疆、格鲁吉亚和乌兹别克斯坦三国则选择

---

[1] Нурсултан Назарбаев. Эра независимости. Астана. 2017. С. 445.

退出。2002年5月14日，俄、哈、吉、塔、白、亚六国领导人决定建立集体安全条约组织，将条约升级为国际机制，目的是在集体安全的基础上保障成员国的主权独立与领土完整。2009年，集体安全条约组织在中亚建立了快速反应部队。

《集体安全条约》第4条规定："根据《联合国宪章》第51条关于行使集体防御权利的规定，若该条约的某个成员国遭受侵略，则视为对该组织所有成员国的侵略。其他成员国应立即向被侵略的成员国提供一切必要援助，包括军事援助、资金援助和其他物资援助。当成员国的安全、领土完整和主权面临威胁时，该组织应立即启动共同磋商机制，协调各成员国立场，并采取措施消除此威胁。"集体安全条约组织实行开放原则，所有赞同该组织宗旨和原则的国家都可以加入。该组织也不针对第三国，加入集体安全条约组织不影响成员国履行其参加的其他国际条约所规定的权利和义务，但成员国不得签署与《集体安全条约》相抵触的国际协议[①]。

集体安全条约组织的安全合作目标和任务是：建立集体防御空间，提高联合作战能力，防止并协调成员国内部及独联体地区内的武装冲突。具体合作内容包括：打击国际恐怖主义和跨国有组织犯罪活动，组建联合部队和联合司令部，举行联合军演，开展军技合作，培养军事人才，维持和平，确保边境安全等。

---

① Тезисы выступления Генерального секретаря ОДКБ Н. Н. Бордюжи на V международной научно-практической конференции. Место и роль Организации Договора о коллективной безопасности в формирующейся архитектуре международной безопасности, перспективы развития ОДКБ. Москва. 20 января 2005 г.

第二节　国家安全机制建设

安全是发展的基础，哈萨克斯坦独立后，纳扎尔巴耶夫高度重视国家安全体系建设，2012年年初通过了新版《国家安全法》，明确了国家安全的内涵、保障国家安全的原则和机制。该法规定国家安全"是维护国家利益免受现实和潜在威胁，保障人、公民、组织和国家的持续稳定发展的状态"，分为社会安全、军事安全、政治安全、经济安全、信息安全、生态安全六种形态；国家利益"是指法律规定的哈萨克斯坦的政治、经济、社会和其他需求的总和，满足这些需求将促进国家保障人和公民权利、社会价值和宪法秩序"[1]。

在哈萨克斯坦《国家安全法》和《安全委员会法》等与国家安全和国家利益有关的法律规范文件中，"国家"使用的是Национальная（nation），而不是Государственная（state）。在独联体国家的法律术语中，前者是广义的概念，涵盖所有与安全有关的领域和内容，而后者属于其组成部分，主要局限于与政权安全有关的内容。由此可知，哈萨克斯坦安全委员会有权管理的国家安全事务范围十分广泛，需要保护的利益和防范的

---

[1]　Закон Республики Казахстан от 6 января 2012 года № 527-IV "О национальной безопасности Республики Казахстан"（с изменениями и дополнениями по состоянию на 28.12.2018 г.）.

威胁的工作内容也十分丰富，基本涵盖国家事务的各个方面。

一　国家安全机制和体制建设

哈萨克斯坦《国家安全法》明确指出"国家安全体系由国家安全保障力量和其他国家机构共同组成，为保障公民、社会与国家安全，实施政治、法律、经济、军事和其他方面的措施"。该法明确了总统、安全委员会、议会、政府、法院和其他国家机关在保障国家安全方面的职责。其中：

（1）总统的职责包括：确定保障国家安全方面的基本方针政策；协调维护国家利益的各个国家机构之间的行动；颁布保障国家安全方面的法令；召集安全委员会会议；确定国家安全战略等。

（2）议会在国家安全领域的职责由宪法确定。

（3）政府在保障国家安全方面的职责包括：向议会提交国家安全方面的法律草案；确定保障国家安全的基本政策并负责落实，包括制定国家安全战略和落实措施；领导各部门和其他国家机关保障国家安全；确定国家战略资产清单；根据国家战略资产清单，批准和否定一些涉及国家战略资产的商业交易。

（4）法院的职责包括：保障公民和组织的权利、自由和合法利益，维护宪法、国家安全法和其他法律以及哈萨克斯坦签署的国际条约；对损害公民、社会与国家安全的违法行为进行审判。

表 7—1　　　　　　　　　哈萨克斯坦的国家安全范畴

类型	国家利益	可能面临的威胁和风险
政治安全	1. 确保人和公民的权利和自由 2. 准确且统一地执行法律，维护法律和秩序 3. 维护宪法秩序的不可侵犯性，包括独立、单一制和总统制政体、国家边界的完整性和不可侵犯性以及国家领土的不可分割性 4. 国家机构的可持续运作，提高其活动效率 5. 开展有利于发展的国际合作 6. 在国际社会提出有利于提高国家正面形象和威望的政治倡议 7. 在和平和战争时期，保护居民和领土免受紧急情况的威胁，免受军事冲突及其后果的威胁	1. 法律和秩序水平下降，导致维护国家利益的能力降低，包括犯罪增加（含有组织犯罪）、国家机构与犯罪组织、暴恐或极端组织相勾结、官员保护非法资本流通、腐败、非法贩运武器和毒品等 2. 种族间和宗教间冲突或骚乱带来的社会和政治局势紧张 3. 旨在以暴力改变宪法秩序的活动，包括破坏单一制、侵害领土完整性和不可侵犯性、损害被保护人员安全等行为 4. 各种形式和表现的恐怖主义、极端主义和分裂主义 5. 损害国家安全的外国、外国组织和个人的间谍情报和颠覆活动 6. 破坏国家机构的活动能力，使其不能正常运作，导致国家的可控程度下降 7. 损害哈萨克斯坦的国际利益、政治形象和经济评级 8. 利用从外国、国际和外国组织、外国人、无国籍人士获得的金钱和（或）其他财产，组织、举行或召集他人参加会议、集会、游行、纠察和示威，目的是煽动种族、民族和社会仇恨、宗教冲突、阶级对立、暴力推翻宪法秩序、侵犯国家的领土完整，以及从事其他违反宪法、法律和其他规范性文件的行为，或者威胁社会秩序和公民安全的行为

续表

类型	国家利益	可能面临的威胁和风险
经济安全	1. 为全体人民的利益发展经济 2. 确保农业、燃料和能源综合体、运输和生产部门、金融系统的可持续运作，充分保障经济安全	1. 损害国家经济安全，包括违背国家利益地利用战略资源、阻碍创新发展和遏制创新积极性、不受控制地向国外输出资本和商品、影子经济的增长等 2. 降低金融体系的稳定性 3. 减少生产，降低质量、竞争力、出口、过境潜力和商品供应能力，减少来自其他国家的哈萨克斯坦本国不能生产的商品供应
社会安全	1. 社会和谐和政治稳定 2. 哈萨克斯坦爱国主义和人民团结 3. 维护和增强哈萨克斯坦社会的物质和精神道德财富 4. 实现和保持医疗保健和社会福利的水平和质量，充分满足改善公民和社会福利的需要 5. 实现和维持国家的教育水平和质量以及科学潜力，满足社会和公民的社会经济、创新和智力发展需要	1. 人口状况和人口健康恶化，包括出生率急剧下降、死亡率上升 2. 移民迁移过程失控 3. 国家的卫生、教育和公民素质下降 4. 哈萨克斯坦人民的文化和精神遗产的丧失 5. 因国家间或宗教间发生冲突或骚乱而导致社会和政治局势升级

续表

类型	国家利益	可能面临的威胁和风险
军事安全	1. 确保武装部队、其他部队和军事组织的战斗和动员准备 2. 保障军事装备和技术供应，发展国内军事工业，维护国家军事安全	1. 降低国家的国防能力，损害国家边界的不可侵犯性，对哈萨克斯坦使用武力，侵略哈萨克斯坦 2. 建立法律未规定的准军事部队
信息安全	维护和发展有竞争力且安全的国家信息空间	1. 国家信息空间的保护水平下降，以及未经授权访问国家信息资源 2. 故意歪曲和传播不可靠信息，对社会和个人意识施加影响，损害国家安全
生态安全	保护和改善环境，合理利用自然资源	生态状况急剧恶化，包括饮用水质量、自然灾害和其他紧急情况、流行病和动物疫情

资料来源：Закон Республики Казахстан от 6 января 2012 года № 527-IV "О национальной безопасности РК" (с изменениями и дополнениями по состоянию на 28.12.2018 г.).

在保障国家安全方面，各个国家机构的职责也有明确划分。哈萨克斯坦将国家机关分为"国家安全保障力量"和"其他国家机关"两类。国家安全保障力量即通常所谓的"强力部门"（与"护法机构"略有区别），包括三部分：一是专门国家安全机关，即国家安全委员会（俗称"克格勃"）、对外情报局、国家保卫局；二是武装力量（军队和准军事组织）；三是内务部、反腐败机构、消防机构、经济侦查机构、灾害救援机构等。法律规定，所有国家机关都有维护国家安全的义务和责任，国家安全保障力量应与其他国家机关相互配合，共同维护国家安全。

在哈萨克斯坦现有行政体系架构中，哈萨克斯坦安全委员会（SC：The Security Council of the Republic of Kazakhstan，也有翻译成"安全会议"）和哈萨克斯坦国家安全委员会（NSC：National Security of the Republic of Kazakhstan，也有翻译成"民族安全委员会"）是完全不同的两个机关。安全委员会（SC）的地位高于国家安全委员会（NSC）。前者从宏观和整体角度，对全国所有涉及安全的事务负有集中、统一、领导、协调、决策、规划、监督等职能，相比之下，后者作为前者的成员单位，在"安全"前面有个定语"国家"，说明业务范围是大安全框架内的"国家安全"（反间、情报、军事反间、边防、反恐、信息安全、经济安全、政府通信等）。在哈国家领导人国内活动和外事活动的礼宾排序中，安全委员会秘书也排在国家安全委员会主席前面[①]。

不过实践中，由于国家安全委员会（NSC）源自苏联时期的克格勃，是专门的业务实体机关，有一整套专业技术、人员、设备保障和侦查缉捕权力，是真正的"刀把子"，历来都是总统最重视的力量，挑选最信任的人管理和领导。这也是在哈萨克斯坦乃至整个中亚国家的工作实践中，总统特

---

① Указ Президента Республики Казахстан от 12 октября 2006 года № 201 "Об утверждении Государственного протокола Республики Казахстан"（с изменениями и дополнениями по состоянию на 31.12.2017 г.）.

别倚重专门国家安全机关的重要原因之一。从土库曼斯坦和乌兹别克斯坦的新老领导人更替中也可知，安全委员会以及专门国家安全机关实际上已成为政局转折关键期的最终决定力量。

除《国家安全法》之外，哈萨克斯坦还通过《国防与武装力量法》，明确了总统、议会和政府在保障国家军事安全方面的职责。该法规定，总统是武装力量总司令，确定军事政策的基本方向；批准国家的军事学说、武装力量建设与发展规划、军事安全与国防构想；确定使用武装力量和进行军事部署的原则；对军队进行总领导；确定武装力量的结构和军队的人数；决定动用武装力量并提交议会两院审议；任命和解除武装力量高级将领，签署军事领域的国际合作协议；根据宪法规定宣布紧急状态和军事状态，发布动员令。议会负责通过军事领域的法律；决定战争与和平；批准总统提出的关于动用武装力量的决定；批准有关维持和平与安全国际合作协议。政府主要负责军队的保障工作，如国防采购、军队的装备保障、确定军人工资水平等。

二 安全委员会

安全委员会全称是"哈萨克斯坦共和国安全委员会"。其官方名称的俄文表述是"Совет Безопасности Республики Казахстан"，对应的英文是"council"，也有译为"安全理事会"或"安全会议"。该机构最早成立于1991年8月，当时哈萨克斯坦尚未独立（仍属于苏联加盟共和国，1991年12月6日才宣布独立）。根据1993年6月17日的总统令，安全委员会成为总统办事机构的组成部分，是由总统直接领导的协商和咨询机构，其任务是协调安全和国防事务，维护国内稳定和宪法秩序，维护国家安全和国家利益。1995年颁布的《宪法》第44条明确规定："总统有权任命和解除国务秘书职务，确定其地位和职能；有权建立总统办公厅；有权组建安全委员会和其他咨询协商机构，以及哈萨克斯坦人民大会和最高司法委员会。"

1999年3月发布《哈萨克斯坦安全委员会条例》[①]，以总统令形式正式确定安全委员会的职能、职权、组织架构和工作方法。此后该文件几经修改，但均是对总统令内容的完善，直至2018年7月5日由议会通过宪法性法律《哈萨克斯坦安全委员会法》，使安全委员会从总统领导的咨询协商机构变成宪法性国家机关。从总统令到宪法性法律，不仅是规范文件等级的提升，也伴随着职权和职能的扩大，表现在以下四个方面。

第一，从法律地位看，成为宪法性国家机关之前，安全委员会是总统办事机构（即总统办公厅）的一部分。2018年成为宪法性国家机关之后，安全委员会框架内的所有机构和人员从总统办公厅独立出来，不再归属总统办公厅序列，而

---

① Указ Президента Республики Казахстан от 20 марта 1999 года № 88 "О Совете Безопасности Республики Казахстан"（с изменениями и дополнениями по состоянию на 29.12.2015 г.）.

是与其并列的国家机关，由安全委员会主席直接领导，经费预算属于中央预算，由中央财政直接专门列支，不再是总统办公厅拨付。这意味着，安全委员会从法律上已成为国家行政系统中与政府、国务秘书、总统办公厅、向总统负责和汇报工作的中央机构四大部分相并列的"第五极"。

第二，从委员会组成看，安全委员会由总统组建，总统任安全委员会主席，成员由安全委员会主席确定。但鉴于首任总统——民族领袖纳扎尔巴耶夫的地位和功绩，其有权终身担任安全委员会主席，即纳扎尔巴耶夫在世期间，安全委员会主席由其担任，其后则由总统担任。纳扎尔巴耶夫任安全委员会主席时期，安全委员会成员由其与总统协商确定（不再分为常任理事和一般成员），安全委员会秘书的任命和解职由其与总统协商确定，委员会内部各部门负责人的任命和解职均由委员会主席（即纳扎尔巴耶夫）决定。所有工作人员属于国家公务员，依照公务员条例管理。

第三，从工作机制看，安全委员会的会议由委员会主席召集，会议频率由委员会主席决定。安全委员会的决议和安全委员会主席的决定直接以"哈萨克斯坦安全委员会"名义发布，在必要情况下可以总统令形式发布。为保障安全委员会和委员会主席的活动，以及落实执行安全委员会和委员会主席的决定，安全委员会有权监督其他国家机关和组织的落实情况，并向其发布指令。

第四，从职能看，升级为宪法性国家机关后，安全委员会的职能有所扩大，包括：针对国家重要发展战略和规划，在原先的分析、评估、落实执行情况基础上，增加"监督"职能；在研究拟被任用的官员候选人方面，在原先主要针对强力部门和护法机构（总检察长、国家安全委员会主席、外交部部长、国防部部长、内务部部长、司法部部长、对外情报局局长、财政部金融监管委员会主席等）基础上，扩展到所有中央和地方（州、直辖市和首都）行政机关负责人，以及向总统负责或向总统汇报工作的国家机关负责人；在听取工作汇报方面，从原先主要针对强力和护法机构扩展到所有与国家安全和国防建设有关的部门负责人，另外还增加"政府年度工作报告"一项（这意味着政府需向安全委员会汇报工作）；在协调行动方面，在原先主要协调强力部门和护法机构活动的基础上，扩展到协调所有涉及国家安全、国防能力、法制、公共秩序和国家的国际利益等活动领域。

第三节 军事改革

强大的军队是保障国家安全的基石，哈萨克斯坦独立后，纳扎尔巴耶夫高度重视国防与武装力量建设，克服国家转型和经济危机等带来的重重困难，大力推动军队改革，建立起一支适合本国国情的高效且有战斗力的武装力量。得益于纳扎尔巴耶夫采取的政治、外交、经济、法律等综合手段，哈萨克斯坦的国家军事安全得到有效保障，外部军事威胁大大减少，没有一个国家明确将哈萨克斯坦视为敌人，没有受到军事入侵，没有遭遇严重的军事安全挑战。纳扎尔巴耶夫多次强调：安全问题是内外政策之根本，国家最重要的任务就是保障主权独立、领土完整，有效应对外部安全威胁。

一　继承苏联武装力量遗产

20世纪90年代是哈萨克斯坦最困难的时期。由于传统的对外经济联系中断，国内发生严重的经济危机，国内生产总值大幅下滑，影响到国家建设的方方面面，包括军队建设。在这样困难条件下，哈萨克斯坦在纳扎尔巴耶夫的领导下，顺利地接管了苏联在哈境内部署的军队，并在此基础上组建了自己的军队，完成了军事建设基础性法律的立法工作，为国家武装力量的发展奠定了坚实基础。

苏联解体前，各加盟共和国的独立浪潮此起彼伏，苏联这一庞大的社会主义国家已岌岌可危。1991年年底，《别洛韦日协定》宣告苏联解体，《阿拉木图宣言》宣布建立"独立国家联合体"。纳扎尔巴耶夫最初主张保留统一的国防体系和武装力量，但一些加盟共和国早已暗中着手组建自己的军队，建立独立的武装力量已不可避免。哈萨克斯坦是独联体国家中最后一个建立独立军队的国家。

1992年5月7日，哈萨克斯坦与俄罗斯签署有关划分哈境内武装力量的协议，同日，纳扎尔巴耶夫签署《建立哈萨克斯坦武装力量》的总统令，同时还签署将国防委员会改组为国防部的命令。由此，每年的5月7日成为哈萨克斯坦的建军节。

哈萨克斯坦武装力量的基础是苏联部署在哈境内的部队。苏联时期，哈萨克加盟共和国被作为南部和东部边境的前线，苏联在此部署了大约20万人，拥有现代化的战略武器和常规武器。哈萨克斯坦境内有苏联最大的航空发射基地、导弹和核试验场（恩姆巴、萨雷沙甘、拜科努尔、塞米巴拉金斯克）。苏联战略导弹部队在哈有两个导弹师和第79轰炸师，拥有40架图-95轰炸机，上千枚核弹头，其数量超过英国、法国和中国的总数。陆军主要是苏联第40集团军。哈境内还有5个陆军的军火库用于备战，其中3个是苏联解体前不久建成。塞米巴拉金斯克驻有一个坦克师，约有1350辆坦克，主要是苏联从东欧地区撤回的坦克。1992年纳扎尔巴耶夫签署《建立武装力量》的总统令，明确规定部署在哈境内的苏联国防部下属的所有部队和军事设施，除个别属于俄罗斯以外，其他都属于哈萨克斯坦。独立后最初几年，哈萨克斯坦军队保留了苏联军队的建制，之后这些部队被逐渐削减或改制。

在继承苏联军队的同时，哈萨克斯坦需要对军队进行全新改制，以便达到在新形势下维护国家主权独立与领土完整的需要。为此，第一步是完善国防建设的法律基础。1992年1月19日通过《军事义务与服役法》；1993年1月20日通过《军人及家属地位与社会保障法》；1993年2月11日颁布了独立后第一份《军事学说》；1993年4月9日通过《国防与武装力量法》。这些文件规定了国防建设的主要原则和主要目标，对独立后的军队建设起到重要作用。

二 军事改革

20世纪90年代末，中亚地区的局势相当复杂，哈萨克斯坦国家安全出现一些新变化和新情况：一方面，面临大规模战争的风险在下降，但又出现了新的威胁与挑战，局部冲突的风险加大，领土纠纷、民族矛盾、宗教冲突的可能性增加。尤其是随着阿富汗局势的恶化，中亚各国面临的恐怖主义威胁上升，乌兹别克斯坦伊斯兰运动（简称"乌伊运"）在中亚活动猖獗，扬言要建立费尔干纳"哈里发"国家，试图推翻世俗政权，策划并制造一系列恐怖袭击。1999年9月，纳扎尔巴耶夫发表国情咨文指出："邻国的武装冲突蔓延到哈萨克斯坦境内，是我们未来的主要威胁，这是现实的威胁，不是理论上的，有可能导致难民流入，将哈萨克斯坦卷入流血冲突。"[①] 地区形势的变化要求哈萨克斯坦更加客观、准确地评估地区形势及所面临的军事安全风险，并采取

---

① Послание Президента Республики Казахстан Н. А. Назарбаева народу Казахстана. Сентябрь 1999 г. Стабильность и безопасность страны в новом столетии.

应对措施。

与此同时，哈萨克斯坦的军队已不能适应地区形势的变化，不适应 21 世纪军事领域的变革，无法有效保障国家军事安全。第一，军费不断下降，影响战斗力。1997 年，哈军费预算为 171 亿坚戈，占 GDP 的 1.1%；1998 年为 184 亿坚戈，占 GDP 的 1.1%；1999 年降至 120 亿坚戈，仅占 GDP 的 0.6%。军费保障缺乏系统性，军费使用也缺乏计划性，而且大部分军费都用于军人工资、食品和其他物质保障，用于提高军队战斗力和购买装备的费用越来越少，这些不可避免地影响军队的战斗力。第二，军队规模不断缩小，与 1992 年相比，1996 年军官数量减少 4157 人，士兵减少 1378 人，工程建设人员减少 8442 人，雇员减少 3382 人[①]。减员严重削弱了军队的战斗力，使之难以有效应对外部形势变化。第三，军队的组织结构、军事任务、军队部署都是按应对大规模战争的要求来准备，不符合新时期保障国家军事安全的要求。第四，军队的装备和军事技术落后于邻国。第五，军人的地位和威信下降。物质保障下降影响到军队士气，军官里只有一半人受过基础军事教育，军事教育体系不能满足人才培养的需求，尤其是团级以下的基层军官。

在这样的背景下，哈萨克斯坦的军事改革已迫在眉睫。2000 年 10 月，纳扎尔巴耶夫在国情咨文中指出："与 10 年

---

① Дубовцев Г. Ф. Военная безопасность Республики Казахстан：опыт，актуальные проблемы，основные направления обеспечения. КИСИ при Президенте РК. 2018. С. 21.

前相比，我们军队面临的任务已完全不同"，"当前，中亚地区面临的主要威胁是国际恐怖主义与极端主义"。[①] 军事改革核心是：如何在有限的军费支持下，根据新的地区形势，确定保障国家军事安全的重点，合理有效地利用资源，提升军队的战斗力，有效应对新威胁，确保国家军事安全。纳扎尔巴耶夫明确提出军事改革的"三大任务"，即确定将GDP的1%用于国防开支；建立有效的国土防卫体系；建立有效的军事动员体系。

2000年7月6日，纳扎尔巴耶夫签署《哈萨克斯坦武装力量构成》总统令，7月7日又批准改革构想和建设规划。2010年2月18日，纳扎尔巴耶夫分别向陆军和海军授予军旗，标志此轮军事改革完成。军事改革的主要内容有：第一，进一步完善军队的管理体系，以适应新的国防与国家安全的任务。国防部长改由文官担任，将总参谋部改组成隶属于国防部的参谋长联合委员会，将军区改建成战区。明确国防部和参谋长联合委员会的职能分工，国防部主要负责国防和军事政治、技术、人事任免、法律和财政保障等问题，参谋长联合委员会则负责部队训练和指挥，管理原国防部下属的一些部门（后勤机构、武器装备、宪兵等）。第二，改革兵役制度和军官服役条例，实行义务兵役和合同兵役相结合，逐步增加合同兵比重至80%，推进军队职业化，着力打

[①] Послание Президента Республики Казахстан Н. А. Назарбаева народу Казахстана. Октябрь 2000 г. К свободному, эффективному и безопасному обществу.

造一支由职业军人组成的常备军队。第三，实行战区制，进行合理的军事部署。第四，建立机动部队，更加有效地保障国家核心利益。第五，扩大海军。使里海区域防御纵深从距离海岸线25千米增至150千米，将规模仅相当于海岸警备队的海军发展成为真正具有一定防卫能力的海军。第六，军事装备现代化。第七，使国防动员体系适应新的市场经济环境。第八，提高军人的威望，完善军人的社会保障。第九，建立不同军种的军事教育体系。加强军事人才培养，发展军事科研院校。第十，将边防军的防御重点由中哈边境转移到与其他中亚国家的边境，特别是费尔干纳地区，主要任务是打击和防范恐怖主义和有组织犯罪、保护里海资源、加强应对周边形势变化的能力。

从2000年年中开始，哈萨克斯坦陆续建立了南部战区、东部战区、西部战区和中部战区。南部战区覆盖阿拉木图、江布尔、南哈萨克斯坦和克孜勒奥达尔四个州，司令部设在塔拉兹市，主要职责是应对来自阿富汗的威胁，打击恐怖、极端主义，打击毒品及武器走私等。东部战区覆盖东哈萨克斯坦州和巴甫洛达尔州，司令部设在塞米巴拉金斯克市，主要职责是保卫国家的东部边界。西部战区覆盖阿克托别、曼吉斯套、阿特劳和西哈萨克斯坦四个州，面积达71万平方千米，司令部设在阿特劳市，主要职责是在里海方向保卫国家领土和领海不受侵犯。中部战区覆盖北哈萨克斯坦、科斯塔奈、阿克莫拉和卡拉干达四个州，司令部设在卡拉干达市，主要职责是作为哈武装部队的后备部队。为快速有效地应对突发的军事威胁，哈萨克斯坦2001年专门建立了机动部队，主要由空降兵组成，可以在哈境内的任何一个地方快速投入战斗。

2001年5月，纳扎尔巴耶夫视察南部军区并就军事改革与建立战区制发表讲话，他指出[①]："根据军事改革计划，哈萨克斯坦开始建立战区制，作出这一重大决定不仅仅是为应对现有的威胁，也不仅是考虑到南部边界地区的局势，更是为了建立新的国防体系、捍卫国家领土完整。"

为加大军事人才培养力度，哈萨克斯坦建立了一批新的军事院校。2001年3月1日，以原阿克套职业技术学校为基础建立了高等海军学校。2002年建立了无线电与通信学院。从军事科学院分出阿拉木图高等军事学校（一年后升级为陆军学院）。2003年7月，以阿克托别空军学校为基础建立了空军学院。2003年8月，武装力量科学院改组为国防大学。

改革后的哈萨克斯坦军队指挥系统更加合理有效，部队战斗力明显提升。尤其是2007年以后，随着国家经济高速发展，国防开支逐年增长，军队摆脱了长期军费不足的窘境，建设重点逐步转向装备现代化，军工企业也开始制造大批的现代化装备。哈萨克斯坦通过与外国军事技术合作购买了先进武器装备，大大提高了部队的战斗力。

---

① Г. Ф. Дубовцев. Военная безопасность Республики Казахстан: опыт, актуальные проблемы, основные направления обеспечения. КИСИ при Президенте РК. 2018. C. 70.

哈萨克斯坦武装力量主要指国防军。另根据《国防与武装力量法》，在军事动员时期，内务部的国民近卫军、内务部紧急情况委员会的民防管理机构、国家安全委员会的边防军和特种部队等也属于武装力量组成部分。国防军由陆军、防空军、海军三大军种和航空机动兵组成，总人数约为5万人。陆军由20多个作战旅组成，分别部署在东部战区、南部战区、西部战区和中部战区，主要有摩托化旅、炮兵旅、导弹旅、反坦克旅、海军陆战旅、山地旅、通信旅等。防空军由空军和防空兵混编，9个空军基地共有36个航空兵大队，两个防空导弹旅，两个雷达旅，4个防空导弹团。空军包括两个歼击机团、运输航空兵作战指挥部、侦察机团、3个强击机团以及3个直升机团，此外还从欧洲购买了多架C295军用运输机和EC-145直升机，从以色列和中国购买了无人机。防空兵装备有9套S-300防空导弹系统。海军由海军陆战队、里海舰队、海岸炮兵部队和海上航空兵组成，装备有10多艘导弹炮艇、护卫舰和扫雷艇。航空机动部队直接听命于武装部队总司令，规模约为6000人，由3个空降兵旅和1支维和部队组成，装备最先进的武器，能够快速应对突发的军事威胁。

2016年5月，纳扎尔巴耶夫在出席哈萨克斯坦建军节活动时强调[①]："尽管国家有这样那样的困难，但国防开支将得

---

① Назарбаев. Мы воспитываем новое поколение военнослужащих.

到优先保障。未来几年，哈萨克斯坦将更新 70% 的军事装备，在部分军队，武器更新率将达到 100%。"纳扎尔巴耶夫在 2017 年庆祝哈萨克斯坦建军 25 周年讲话中指出："与国家一样，今日哈萨克斯坦的军队经历着历史性的现代化变革。军队当前面临的主要新挑战就是恐怖主义。哈萨克斯坦的军队应该与时俱进，有效地应对任何军事威胁。"他强调，军事改革的另一重要任务是培养新一代的军人，"他们应当成为荣耀和公正的象征，成为青年人的榜样"。

三 《军事学说》

《军事学说》（大体相当于国防政策白皮书）集中体现了纳扎尔巴耶夫的军事安全思想，是哈萨克斯坦维护国家安全、进行国防建设的指导性文件。独立后，哈萨克斯坦分别于 1993 年、2000 年、2007 年、2011 年和 2017 年出台五版《军事学说》。各版《军事学说》均奉行"独立防御与集体安全相结合、合理、足够、质量建军"的方针，依托地区性军事合作构建集体防御体系，并根据不断变化的国际和国内形势，阐述哈萨克斯坦在各个时期对战争的目的、性质、方法以及国家和军队建设等一系列重大问题的观点和看法。

1993 年版《军事学说》的主要目的是接收苏联军队、保卫新生独立国家的主权和领土完整。强调冷战结束后，哈需要以新的视角来看待战争与和平的问题，以新的理念来保障国家军事安全。认为哈面临的直接军事威胁减少，但这并不等于没有军事风险，因此国防建设仍是国家最重要的任务。20世纪90年代是哈萨克斯坦最困难的一段时期，军队建设也经历了巨大困难，接管苏联部署在哈境内的军队后，哈需要对部队进行改制和重新部署，但经费严重不足导致军人数量急剧下降，军事装备严重老化，军队战斗力下降。到20世纪90年代末，随着全球及地区形势发展变化，1993年版《军事学说》强调的现实军事威胁和爆发战争的条件已不适应新形势，需要更加有针对性地应对新风险、新挑战。

2000年《军事学说》的主要目的，是在10年独立发展的基础上建立与市场经济体制相适应的、能够应对非传统安全的新型军队。该版《军事学说》认为，21世纪初期，哈萨克斯坦卷入大规模武装冲突的可能性很小，但可能导致地区形势紧张甚至威胁国家安全的因素依然存在。其中外部因素主要有：第一，边境地区可能发生各种规模和强度的武装冲突；第二，美国等西方国家在邻国展开的军事行动；第三，中国新疆的"三股势力"活动；第四，领土、宗教、民族问题激化而发展为地区冲突；第五，大规模杀伤性武器扩散，特别是印度和巴基斯坦都拥有射程可到达哈境内的远程导弹；第六，极端主义和国际恐怖主义威胁，相邻国家发生的恐怖事件和极端主义活动可能蔓延到哈萨克斯坦国内。国内因素主要有：第一，国防工业发展落后，军队装备依赖进口；第二，哈境内出现非法武装并攻击军事设施；第三，国内的武器走私；第四，极端主义与恐怖主义在哈境内的传播。

2000年版《军事学说》包括军事政治、军事战略和军事经济三部分内容，其中军事经济为新增内容。军事政治部分强调，保障国家军事安全的重要手段是建立地区集体安全机制，包括推动建立独联体范围内的集体安全机制，以及继续推动"上海五国"机制的发展。军事战略部分指出，未来哈萨克斯坦有可能卷入高烈度、中烈度和低烈度三种类型的军事冲突，明确了军事改革的主要原则与方向，认为应优先发展可快速反应的机动部队，哈经济形势和国防开支并不允许建立大规模的军队，应集中资源，建立高效的现代化军队。军事经济部分指出，国防开支不应超出国家经济可承受的范围，但应加强对军队的物资与装备保障，预算法应明确国防开支占GDP的比重不少于1%。总体看，独立后的第二份《军事学说》从实际国情出发，目标更明确，措施更清晰，保障更具体，对哈萨克斯坦2000年之后的军事改革起到指导性作用。

进入21世纪后，随着国际大宗商品价格急剧上涨，哈经济进入高速发展阶段，GDP大幅增长，国防开支也逐年增加，国防建设进入新阶段。哈政府抓住这一有利时机，采取一系列军事改革措施，军队战斗力不断提升。但与此同时，国际及地区形势又发生急剧变化。2001年"9·11"事件后，国际反恐形势严峻，美国在阿富汗展开反恐行动，在中亚实现了军事存在，在该地区的影响大幅提升。美国在独联体及中亚地区推行的"民主改造"导致一些国家爆发"颜色革命",地区形势动荡。2006年3月,纳扎尔巴耶夫在年度《国情咨文》中指出:"应在新的《军事学说》基础上保障国家主权独立与领土完整。新《军事学说》应以军队职业化、加强装备现代化,提高军队机动性为重点。"①

2007年版《军事学说》的主要目的是:在前期军事改革成果基础上,打造一支符合世界标准、反应快速并确保国家军事安全的职业化军队。《军事学说》分析了当时面临的国际及地区形势,指出哈萨克斯坦安全环境面临的外部风险有:第一,邻国政局动荡,国家治理能力低下;第二,对哈的领土要求和军事挑衅;第三,外国及外国组织干涉哈内政;第四,军事政治组织和联盟影响的扩大,损害哈军事安全;第五,哈边境地区出现武装冲突;第六,非法走私武器;第七,国际恐怖主义和极端组织在哈周边表现活跃等。面临的内部威胁有:第一,颠覆宪法制度;第二,极端主义、民族主义、宗教、分裂主义和恐怖主义势力对哈国家统一和领土完整的破坏活动;第三,对哈国家机构和重要设施的破坏活动;第四,哈境内存在非法武装,非法走私武器,进行破坏活动;第五,损害哈政治与经济稳定的有组织犯罪及走私活动。鉴于此,为应对这些内部和外部威胁,哈将采

---

① Послание Президента Республики Казахстан Н. А. Назарбаева народу Казахстана. Март 2006 г. Стратегия вхождения Казахстана в число 50-ти наиболее конкурентоспособных стран мира Казахстан на пороге нового рывка вперед в своем развитии.

取政治、军事和技术手段，提高武装力量应对这些内外部威胁的能力：首先，在防务和对外事务中优先采取政治手段和预防性外交措施，同时保持必要的军事防御力量；其次，充分利用伙伴关系、合作工具和对话等手段发展与其他国家和国际组织的关系，同时积极参与解决有关建立世界秩序和防止军事冲突等问题；最后，分阶段地将军事装备体系向世界最新型号和符合北约标准的高技术武器装备过渡（这在一定程度上意味着哈萨克斯坦将逐步减少俄制武器装备比重）。

2011年版《军事学说》确定国防和军事力量的中期发展建设目标是确保国内稳定。之所以时隔仅仅四年就出台新版《军事学说》，主要原因之一是哈当时已基本实现1997年制定的"2030年战略"目标，开始着手制定和落实"2050年战略"，国家经济建设重点已经转向工业创新和发展非资源领域经济，国防和军事工业成为提高加工业水平、扩大出口、缓解就业的重要内容之一。另外，2008年国际金融危机爆发后，中东和北非地区的政治动荡迅速蔓延，突尼斯、埃及、利比亚、也门、叙利亚等国局势动荡。中东形势剧变要求哈对一系列重大问题进行客观的分析与评价，尤其是战争与和平、国家安全、地区安全与全球安全的问题。与此同时，世界各地的军事冲突也表明，新时代武装冲突的性质和形式已发生变化，出现非对称战争和混合战争，参与武装冲突不仅仅有国家的正规军，更多时候是各种非法武装、恐怖组织、犯罪团伙、雇佣军和志愿者等。这些人不计后果、不惜代价地进行破坏活动，而且目标往往针对平民而非军队。因此，新《军事学说》需要考虑到这些变化并采取针对性的措施。根据纳扎尔巴耶夫的想法，哈萨克斯坦成立专门工作组，制定新的国家安全战略和军事学说。

2011年版《军事学说》明确了保障哈萨克斯坦军事安全的具体措施：第一，分析全球军事形势的发展，预警潜在的风险；第二，加强国际合作、参与地区安全机制，共同预防军事冲突；第三，保持国内稳定；结合全球军事形势的新变化，进一步加强国防与军队建设；第四，保卫国家边界，提高军事动员能力；第五，发展军事基础设施，提高国家军事部署能力；第六，发展本国军工企业，生产现代化武器装备。

2014年以来，全球及独联体地区的形势发生巨大变化，中东北非持续动荡，伊斯兰国等极端组织肆虐全球，世界反恐形势严峻，一些中亚国家的公民赴中东参加所谓的"圣战"。在独联体地区，克里米亚事件和乌克兰东部冲突都对哈萨克斯坦外交及国防政策产生深刻影响。乌克兰危机后，俄美、俄欧关系持续恶化，大国之间竞争不断加剧。这些新情况和新形势都需要哈作出客观分析和应对。2017年9月29日，哈萨克斯坦通过独立后的第五份《军事学说》，再次强调哈萨克斯坦的军事政策致力于建立和平的国际关系体系，军事的作用将被最小化，在解决国家、民族、社会群体之间的矛盾冲突时，主要依靠政治、外交、经济、信息、法律等非军事手段。

2017年版《军事学说》认为，世界政治和军事局势愈加复杂多变，不可预测性增加，大国间的权力对抗加剧，军备竞赛和军事冲突风险升温，采用"混合战争"方式越来越多，国际法和国际组织解决矛盾纠纷的能力下降，"三股势力"呈扩张趋势，网络安全威胁加大，全球与地区主要大国对势力范围的争夺加剧。在解决国家间矛盾与国内矛盾过程中，军事手段的作用在上升。全球军事政治形势的中期预测表明，全球局势紧张度上升，个别国家试图改变现有的国际秩序，以达到其军事政治和军事战略目的。他们利用一些国家内部的政治、社会、经济、领土、民族等矛盾，导致局势不稳。鉴于此，可能对哈军事安全产生影响的因素有：第一，一些国家或军事政治同盟试图扩大在哈影响，控制哈战略资源和运输通道；第二，国际恐怖组织、极端分子在本地区不断活动，派人或利用加入恐怖组织的哈萨克斯坦公民制造混乱，扰乱局势；第三，地区内各国军事化加剧，哈被迫卷入军备竞赛；第四，破坏性势力得到大规模杀伤性武器、常规武器、弹药、爆炸物品和其他武器，以及生产这些武器的技术；第五，国家的军事机制和重要设施的信息系统遭到网络攻击，其目的是削弱哈军事及军事经济潜力。

为此，哈萨克斯坦将采取一系列综合措施增强国家的军事能力，积极参与国际安全保障，包括：第一，优化武装力量及其他军队和军事组织的组织结构，结合国家面临的军事威胁和敌对势力的活动领域，明确任务，提高陆军、海军、空军的战斗力；第二，建立信息安全保障部队，防御信息战；第三，成立国土防御局，加强国土防御；第四，提升军队和其他部队的空中运输能力，加强应对威胁的机动性；第五，将内务部队改组为国民卫队，扩大国家军事安全和公共安全的职能，保障紧急状态和军事状态时各项措施的实施；第六，加强边防部队的战斗力，提高保卫国家边界和里海大陆架的能力；第七，加强军队、武器和资源的自动化管理；第八，加强装备现代化，提高侦察、火力打击、交通运输的能力；第九，加强国家的军事动员能力和战时经济管理能力；第十，发展国防工业和科研机构[①]。

四 国际军事合作

哈萨克斯坦与许多国家和国际组织都开展密切的军事合作，有效地保障了本国的军事安全，包括：

第一，积极参与联合国框架内的维和机制。2001年1月，纳扎尔巴耶夫签署总统令，成立哈萨克斯坦维和旅。2006年维和旅被派往伊拉克，共有290多名哈萨克斯坦军人参与此次维和任务，主要负责销毁没有爆炸的炸弹、清洁水源和进行医疗救助。2014年，11名哈萨克斯坦维和军人参与联合国在西撒哈拉和科特迪瓦的维和任务，获得高度评价。

[①] Военная доктрина Республики Казахстан. https：//mod.gov.kz/rus/dokumenty/voennaya_doktrina.

2015年6月，哈萨克斯坦通过《维和法》，明确维和的主要原则与任务。2018年10月底，120名哈萨克斯坦维和军人被派往黎巴嫩，与印度军人组成一个维和旅，共同执行任务。

第二，积极参与集体安全条约组织框架内的军事合作。哈积极参与集安组织建立中亚快速反应部队和维和部队，哈军队定期参与集安组织框架内的各种演习，如"协作"联合军事演习，"牢不可破的兄弟"维和演习，搜索、侦察与情报演习等。实践表明，参与集安组织框架内的军事合作有效地保障了哈国家安全与中亚地区的安全。哈尤其重视对俄军事合作。哈俄签署了60多份军事合作与军事技术合作协议，根据这些协议，哈军人在俄罗斯的军事院校进行培训，俄罗斯还以优惠价格向哈供应武器装备。

第三，加强上海合作组织框架内的安全合作。哈萨克斯坦认为，上海合作组织的安全合作聚焦于打击"三股势力"，加强成员国安全事务协调，可以在阿富汗问题上发挥更大作用，有利于保持中亚地区的和平与稳定。哈萨克斯坦积极参与上海合作组织框架内的各种军事演习、联合安保、打击"三股势力"和有组织犯罪活动、维护网络安全，将该组织视为提高国家安全保障的重要依托之一。

第四，密切与美欧国家和北约的军事合作。哈萨克斯坦是北约"和平伙伴关系"的积极参与者。合作内容有联合军事演习、军事援助、参与"计划与分析进程计划"（PARP）、"作战潜力构想计划"（OCC）和"单独伙伴行动计划"

（IPAPs）等。北约从 2003 年开始每年都在哈举行"草原之鹰"反恐军演。北约希望"和平伙伴国"按照北约的理念、标准和模式改造哈萨克斯坦军队，使其逐步与北约的军事体制接轨，减少对俄罗斯的依赖。哈美军事合作的基础是两国军事部门批准的"五年计划"，主要内容有军事培训、军事技术合作、维和等。美国帮助哈培训维和人员，哈派遣军官到美国接受短期培训。美国还向哈提供武器装备，如向哈边防军提供巡逻艇、UH-1 直升机、悍马军用车、计算机与通信设备等。与欧洲国家的军事合作主要是军事技术和军事培训，如英国军人积极参加每年在哈萨克斯坦举行的"草原之鹰"军事演习，英国军事顾问也帮助哈维和旅进行培训，哈军人在英国、法国和德国进修学习。哈萨克斯坦与法国泰利斯集团成立了生产军用通信产品的合资公司，与空客集团建立了 EC-145 直升机组装企业，与西班牙的英德拉公司建立了生产雷达的合资企业。

第四节　划定边界

苏联解体前，各加盟共和国之间只有行政边界，苏联解体后，各国划定边界的工作被立刻提上日程。纳扎尔巴耶夫强调，边界问题对哈萨克斯坦来讲是"神圣的"工作，年轻的哈萨克斯坦需要稳定和明确的边界线。他指出，苏联时期的行政边界必须成为国界，任何其他划界方案都有可能引发冲突。决定苏联解体的1991年12月21日签署的《阿拉木图宣言》也特别规定"各国现有的行政边界成为国界"这一原则。但在实际操作中，划界工作敏感而复杂，需要具体详细的条约和勘界图以及界碑、界桩等实物予以明确。

纳扎尔巴耶夫强调划分边界意义重大。对于哈萨克斯坦来讲，明确的边界是发展与邻国睦邻友好关系、开展经贸合作、发展互联互通的基础。得益于哈萨克斯坦的友好睦邻政策，哈萨克斯坦历史上首次拥有了明确的、法律文件确定的和国际社会公认的边界[1]。由此，边界不再是矛盾纠纷的焦点，而是成为友好合作的纽带，有利于哈萨克斯坦与邻国发展友好合作，营造良好周边环境。

纳扎尔巴耶夫指出："新世纪之初，解决新独立国家之间苏联遗留边界问题的时候到了。跨界问题越来越多，需要在友好与互信的基础上解决。……出于对和平的追求和对未来负责的态度，哈萨克斯坦富有建设性的、坚持不懈地解决了这一艰巨任务。起初，哈萨克斯坦外交部计划在2008年之前全部解决与邻国的边界问题，但得益于有关各方的建设性立场，我们于2005年就解决了这个问题。"[2]

---

[1] Нурсултан Назарбаев. Эра независимости. Астана. 2017. С. 100.
[2] Нурсултан Назарбаев. Эра независимости. Астана. 2017. С. 295.

回顾解决边界问题的复杂过程，纳扎尔巴耶夫总结道[①]："哈萨克斯坦是中亚国家中唯一一个与所有邻国都解决了边界问题的国家。要知道，远非所有新独立国家都能够做到这一点。在历史上，我们首次拥有了明确的、国际公认的边界，这成为维护地区稳定与和平的基础。"

一 陆上边界划分

哈萨克斯坦陆上边界总长 1.32 万千米，其中与俄罗斯边界为 7591 千米、与中国边界为 1782.75 千米（河流边界 566.89 千米）、与吉尔吉斯斯坦边界为 1257.07 千米、与乌兹别克斯坦边界为 2150 千米、与土库曼斯坦边界为 426.08 千米。鉴于苏联解体时，新独立国家已继承并相互承认苏联时期的行政边界为国界，因此，哈萨克斯坦的国界划分问题最早从中哈边界开始，待此问题基本解决后，再着手与其他国家（原苏联加盟共和国）的国界问题。

中哈边界在继承中国与苏联边界基础上划定。1992 年 7 月 17 日，哈政府发布第 607 号政府令《关于同中华人民共和国在军事领域在哈中边境地区相互裁减武装力量、加强相互信任以及开展边界谈判的问题》，并据此组建代表团，开启中哈边界谈判。1994 年 4 月 26 日，时任总理李鹏访问哈萨克斯坦，中哈两国签署《关于中哈国界的协定》。1997 年 9

---

① Нурсултан Назарбаев. Эра независимости. Астана. 2017. С. 297.

月24日李鹏总理访哈，两国签署《关于中哈国界的补充协定》①。1998年7月4日，时任国家主席江泽民访问哈萨克斯坦，双方签署了第二份《关于中哈国界的补充协定》②。1999年5月5日，中、俄、哈三国在阿拉木图签署《关于确定三国国界交界点的协定》，1999年8月25日中、哈、吉三国签署《关于三国国界交界点的协定》。在边界谈判的同时，中哈两国于1996年7月起开始勘界立标，该项工作于2001年12月结束。双方在勘定的国界线上共竖立599个界标，688个界桩。2002年5月10日，两国在北京签署《关于中哈国界线的勘界议定书》及其附图，在双方各自完成国内法律程序后，于2003年7月29日正式生效。至此，中哈边界历经10年时间全部划定。纳扎尔巴耶夫曾在1999年的国情咨文中专门指出："与中国划定边界具有历史性意义，中哈边界成为友好的边界，发展同这一伟大国家的合作对哈萨克斯坦意义重大。"③

苏联时期，各加盟共和国间的行政分界线上并没有设立足够多的分界标志，加上个别地区的行政区划分界线并不清晰，致使苏联解体后新独立国家间出现国界划分问题。哈萨克斯坦与独联体邻国的正式边界谈判始于1999年9月1日第

---

① 《中华人民共和国和哈萨克斯坦共和国关于中哈国界的补充协定》，《全国人大常委会公报》，1997年9月24日。

② 《关于中哈国界的补充协定》，《全国人大常委会公报》，1998年7月5日。

③ Послание Президента Республики Казахстан Н. А. Назарбаева народу Казахстана. Сентябрь 1999 г. Стабильность и безопасность страны в новом столетии. 16 сентября 1999.

1283 号政府令《关于同吉尔吉斯斯坦、俄罗斯、土库曼斯坦和乌兹别克斯坦国界划分谈判小组》①。

哈吉边界谈判于 1999 年 11 月—2001 年 12 月进行。2001 年 12 月 15 日，两国在阿斯塔纳签署《关于哈吉国界的条约》（2008 年 8 月 5 日生效）。2017 年 12 月 25 日两国签署《国界划分协议》。截至 2018 年 9 月，两国边界立标工作也已结束，共设立 683 个界碑。

哈乌边界谈判于 2000—2002 年进行。两国于 2001 年 11 月 16 日签署《关于哈乌国界的条约》，确定了两国间 96% 的边界。2002 年 9 月 9 日又签署《关于哈乌部分国界的条约》，确定了先前未定的 4% 边界。至此，两国边界全部划定。这两份条约于 2003 年 9 月 5 日正式生效。哈乌两国从 2003 年开始进行勘界立标工作，至 2004 年 4 月 1 日，除哈、乌、土三国交界点外，全部落实完成，其中哈方立标 837 个，乌方立标 783 个。

哈土边界谈判于 2000—2001 年进行。两国均对 1972 年确定的哈、土两个加盟共和国间的行政区划没有任何异议，于 2001 年 7 月 5 日签署《关于哈土国界立标和划界过程的协议》，除哈、乌、土三国交界点未确定外，其余边界全部得

---

① Постановление Правительства РК №1283 от 1 сентября 1999 года "О Правительственной Комиссии Республики Казахстан по делимитации Государственной границы Республики Казахстан с Кыргызской Республикой, Российской Федерацией, Туркменистаном и Республикой Узбекистан" (с изменениями, внесенными постановлениями Правительства РК от 24.02.2000 г. № 289; от 06.06.2000 г. № 856; от 17.07.02 г. № 791; от 02.06.03 № 509; от 01.07.04 г. № 726).

到确定。两国于 2003—2005 年勘界立标，共设立 278 个界标，其中哈方立标 134 个，土方立标 144 个。

纳扎尔巴耶夫指出："哈萨克斯坦与吉尔吉斯斯坦和土库曼斯坦边界划分是以苏联时期的行政边界为基础，2001 年 7 月和 12 月，哈萨克斯坦与吉尔吉斯斯坦和土库曼斯坦签署了边界划分协议……哈萨克斯坦与乌兹别克斯坦的边界划分也借助这两项协议得到解决。"①

哈俄边界谈判于 1999—2005 年进行。两国于 1998 年 7 月 6 日签署《面向 21 世纪的永久友好和联盟宣言》后，于当年 10 月 12 日在阿拉木图签署划分两国国界的意向书。1999 年 6 月 28 日，哈俄两国外长在莫斯科达成协议，约定当年启动两国的边界划分谈判。经过 5 年多共 26 次谈判，两国于 2005 年 1 月 18 日纳扎尔巴耶夫总统访问俄罗斯期间签署《关于哈俄国界的条约》，该条约确定：首先，将以苏联解体前的俄联邦和哈萨克两个加盟共和国的共同行政地界为基础勘定两国陆地国界；其次，跨边界或沿边界分布的矿产资源、市政基础设施、工程建筑以及边境地区生态资源的利用和保护等问题，将由两国另行签署具体协议来解决；最后，两国陆上边界的东部起点由 1999 年 5 月 5 日《哈萨克斯坦共和国、俄罗斯联邦和中华人民共和国关于三国国界交界点的协定》确定，西部起点待里海地位问题解决后另行签

---

① Нурсултан Назарбаев. Эра независимости. Астана. 2017. С. 295.

署条约确定。2005年6月3日，哈俄两国外交部就边界协议附件（即边界地图及文字说明）达成一致。哈俄边界条约及附件经两国议会批准和总统签署，于2006年1月12日在阿斯塔纳换文后正式生效。为了具体落实边界划分条约，确立边境标识，哈俄两国于2007年7月决定在对等原则基础上建立联合勘界小组。

通常，陆上边界都沿河流、山脉、经纬度等明显标志划分，但哈俄两国的很多村庄、企业、公路、铁路交通线等交错分布，实际划分起来并不容易，需要根据实际情况而协商谈判。例如，车里雅宾斯克州的阿格涅乌帕尔村深入哈境内1.5—2千米，俄方希望此村能划归俄罗斯；而哈萨克斯坦则希望边境地带位于奥伦堡州的"联盟"火车站能够划归哈萨克斯坦等[①]。

纳扎尔巴耶夫在谈到哈俄边界划分时表示："哈俄边界长达7591千米，为全球最长的陆地边界，在解决这一复杂问题的过程中，与俄罗斯领导人之间的高水平互信发挥了重要作用，哈俄领导人都主张尽快解决这一问题，为此进行了50多轮谈判，终于在2005年1月签署了边界协定。"

二 里海边界划分

里海实际是一个巨大的内陆湖泊，面积约37万平方千

---

① Ольга Шадрина. Последний заслон//Эксперт Сибирь. №12（109）. март 2006.

米，南北长约 1200 千米，平均宽度约 320 千米，海岸线长 6500 千米，最深处为 1025 米，平均深度约 180 米，水面海拔为 -28 米。里海地区蕴藏着十分丰富的石油和天然气，而且随着地质勘探不断深入，储量不断扩大，世界级新油田不断被发现，正逐渐成为仅次于中东和西西伯利亚的世界第三大油气藏区。苏联时期，里海共勘探到 360 处油气蕴藏，其中 145 处具有工业开发价值。独立后很长一段时间，因里海地位尚未解决，各方只是遵守传统习惯水域分界线[①]。2018 年里海沿岸国家签署《里海地位公约》，里海边界问题才得以彻底解决。

苏联解体前，里海沿岸只有苏联和伊朗两个国家。一般认为，苏联（1922 年前称作苏俄）和伊朗（1935 年前称为波斯）1921 年签订的《苏俄波斯友好合作条约》和 1940 年签订的《贸易和海运条约》成为里海地位的法律基础。这两个条约规定里海为苏伊两国"共同拥有的水体"，确定了双方在里海的捕鱼、贸易和航行权以及共同管理权，但未涉及里海主权划分问题。

苏联解体后，里海沿岸国家变成五个，即俄罗斯、伊朗、土库曼斯坦、哈萨克斯坦和阿塞拜疆。有关里海海底的油气资源开发、渔业、航运、生态环保、海上救助等问题随即提上日程，划分里海成为现实问题。由于各国所处的地理

---

① МИД РК. Делимитация и демаркация государственной границы. http://portal.mfa.kz/portal/page/portal/mfa/ru/content/policy/issues/delimitation.

位置和国家利益不同，它们对里海地位和海域划分的立场与主张大相径庭。西方国家一直觊觎里海能源，纷纷插手，使得有关里海法律地位和划分问题的争端日益激烈和复杂化，难以达成各方都能接受的方案。争端主要分为两部分：

第一，里海的性质。即里海究竟是湖还是海？该问题背后的核心因素是里海海底蕴藏着丰富的油气资源归属。伊朗和俄罗斯因其所属里海海域的油气资源相对较少，坚持里海为湖，里海的资源应由五国共同开发。土、哈、阿三国则认为里海是海，应根据联合国《海洋法公约》进行划分，各国可自行开发。美国等西方国家为尽快进入里海地区，希望与里海沿岸各国单独商谈油气开发问题，故支持划分里海的立场。

第二，划分方法。主要有三种基本方案：一是伊朗的主张，根据苏联时期的条约对里海实行国际共管，或者沿岸五国均分原则，各得20%，平均划分里海；二是阿塞拜疆的主张，里海南部与伊朗的分界以加桑库里（土库曼斯坦）—阿斯塔拉（阿塞拜疆）为基础，北部按1970年苏联政府的决议划分，所有的海上分界线应按苏联解体后的情形确定；三是根据中心线原则，各国的海域面积占比分别是：俄罗斯19%、哈萨克斯坦29%、阿塞拜疆21%、土库曼斯坦17%、伊朗14%。

为尽快开发里海能源以振兴本国经济，俄、哈、阿三国立场渐趋一致，同意根据"水面共享、划分海底"原则划分里海北部地区，保留整个水面的航行自由权，同时以经过修改的中间线（考虑大陆架）划分所属里海海床。1998年7月，俄罗斯与哈萨克斯坦签署双边里海划界协议，2002年5月又签署双边里海油气资源划分协议（作为两国划界协议的补充），为其他里海沿岸国家解决划界问题提供了范例。协议确定了"中间线、海底划分、水面共有"原则。受此影响，2002年9月23日阿塞拜疆总统盖达尔·阿利耶夫对俄罗斯进行工作访问期间，阿俄两国签署关于依据中间线原则划分里海海底毗邻区段和资源的协议。两国的里海分界线西部起点为1979年测绘图确定的两国陆地边界在里海岸边的连接点，东部终点为北纬42°33′6″和东经49°53′3″的地理坐标点（该点也成为俄、哈、阿三国交界点）。2003年5月14日，在阿拉木图举行的里海沿岸国家第9次副外长例行会议上，俄、哈、阿三国签署关于里海海底相邻地段划界的三方协议。

2018年8月12日，第五次里海峰会在哈萨克斯坦阿克套市举行，里海沿岸国家最终签署《里海法律地位公约》，为里海沿岸国对外能源合作扫除了法律障碍，里海能源开发面临新机遇，有助于加强地区稳定，提高沿岸各国的世界市场竞争力。该公约原则上解决了里海的领土争端，早先影响里海水底油气资源开发（争议水域）和外送（铺设海底管道）的领土因素已不存在，另外，讨论多年的阿克套（哈萨克斯坦）至巴库（阿塞拜疆）的跨里海管道项目有望重启，哈西部的丰富能源有望获得新的出口通道和市场。

纳扎尔巴耶夫深刻了解里海对沿岸国家巨大的战略、经济和军事价值。他认为应在互利协商的基础上解决里海的法律地位问题。"沿岸国家表现出的建设性态度，使得沿岸国家能够在平等互信的基础上解决这一复杂问题。""在确定里海法律地位问题上，哈萨克斯坦的外交是成功的……通过与俄罗斯谈判，哈萨克斯坦获得了里海大部分产油区，哈萨克斯坦与阿塞拜疆签署了双边的里海划分协议。"2006年，纳扎尔巴耶夫提出"和平利用里海"倡议，得到里海沿岸国家的支持。在2007年第二届里海沿岸国家元首峰会上，沿岸国家通过宣言，宣布里海为"和平之海"[1]。

为更好地开发里海，在2007年6月的圣彼得堡经济论坛上，纳扎尔巴耶夫曾建议修建一条经俄罗斯境内连接里海和黑海的"欧亚运河"，将这两大水域连接起来[2]，以便中亚和里海沿岸国家开辟一个新的通向世界的出海口，更好地与世界联通，为中亚商品输往国际市场开拓一条新渠道。此建议获得里海沿岸国家的赞同。

---

[1] Нурсултан Назарбаев. Эра независимости. Астана. 2017. С. 298.
[2] Назарбаев предложил построить канал между Каспийским и Черным морями. 14 мая 2018. https：//yandex.com/turbo? text = https%3A%2F%2Fwww.zakon.kz%2F4918219.

第八章　外交多元与平衡

　　外交是内政的延续，目的是为国内发展创造良好的外部环境，服务于本国的发展与安全。《哈萨克斯坦2014—2020年对外政策构想》将此原则具体化，即"为成功实现'2050年战略'创造良好的外部条件，提高人民生活水平，巩固民族团结，推进法制和民主体系建设，实现人权和自由。……推动经济多元化，发展工业技术，提高国家竞争力。分阶段向绿色经济过渡，并进入世界30个最发达国家行列。"

　　苏联时期，外交归属中央，作为地方政权的哈萨克加盟共和国没有外交权力，外事部门工作人员数量较少，主要从事礼宾和国际文化合作。由此造成哈萨克斯坦在独立之初没有成型的外交官队伍，境外也没有一处外交代表机构，一切需要从头开始。但即使在这样恶劣的条件下，纳扎尔巴耶夫也满怀信心，认为"以哈萨克斯坦的地缘政治位置和经济发展潜力，不应蜷缩于一隅。哈萨克斯坦的未来应该在亚洲、欧洲，东方和西方"①。

经过独立后的不懈努力，截至2019年年初，哈萨克斯坦已同世界183个国家建立了外交关系，在全球各地开设了90多个外交代表机构（包括大使馆、常驻国际组织代表处、总领事馆和领事处等）；有137个国家向哈萨克斯坦派遣了大使（68个是兼任），在哈设有20多个国际组织办事处②。

独立、多元、平衡是哈萨克斯坦的基本外交方略，目标是为国家发展营造最佳的外部环境。作为哈萨克斯坦的缔造者，纳扎尔巴耶夫是哈外交政策的总设计师和身体力行者。根据国家所处的地理位置、资源禀赋、历史文化等基本国情，结合哈萨克斯坦国家发展战略的需要，纳扎尔巴耶夫依靠独特的眼光和远见卓识，在复杂的国际环境下纵横捭阖，维护了国家安全，提升了哈萨克斯坦的国际影响力。在国际秩序深度调整的背景下，与俄罗斯、中国、美国、欧盟、伊斯兰世界都保持着良好关系。在国际层面，哈萨克斯坦推动建设无核世界，发起世界与传统宗教领袖大会、"G-GLOBAL"倡议等，致力于全球的和平与稳定。在地区层面，作为欧亚地区最具战略视野的领导人之一，纳扎尔巴耶夫提出了很多有前瞻性和划时代意义的倡议，

---

① Нурсултан Назарбаев. Эра независимости. Астана. 2017. С. 89.
② На страже национальных интересов. 2 июля 2018. http：//www.mfa.gov.kz/ru/kuala-lumpur/content-view/na-straze-nacionalnyh-interesov.

如欧亚联盟、亚信会议等，有力推动了区域经济一体化和地区的安全与稳定。

纳扎尔巴耶夫将国家外交政策基本目标定位为：第一，政治安全上，在确保国家安全、主权和领土完整的前提下，致力于地区和全球的和平稳定，提升哈萨克斯坦的国际地位，抓手是亚信会议、无核化世界、世界与传统宗教领袖大会。第二，经济上，加快融入地区和全球经济体系，通过国际合作加速经济多元化和现代化，确保实现"2050年战略"，使哈萨克斯坦跻身于世界30个最发达国家行列。抓手是阿斯塔纳国际经济论坛、欧亚经济联盟、与"一带一路"倡议对接等。第三，文化上，保护境外哈萨克斯坦企业和公民的利益，支持境外的哈萨克同胞，保护哈萨克语，实现文化独立和文化自信。抓手是建立哈萨克斯坦人民大会和世界哈萨克人协会等。

从哈萨克斯坦的对外政策及其实践看，纳扎尔巴耶夫是当今国际社会中极具战略眼光的国家领导人之一。他凭借自己独特的人格魅力和娴熟的外交技巧，最大限度地维护了国家利益，大大提升了哈萨克斯坦的国际地位，使其获得了超出其国家实力的国际和地区影响力。

第一节 全方位多元外交的理念与实践

哈萨克斯坦独立之初就确立了全方位、多元化的外交政策。1992年5月，纳扎尔巴耶夫在《哈萨克斯坦真理报》发表《哈萨克斯坦作为主权国家的形成和发展战略》，明确指出哈将奉行和平的全方位外交政策。这一政策自独立后从未改变。在纳扎尔巴耶夫的《独立的五年》《站在21世纪的门槛上》等专著以及各版本的哈萨克斯坦《对外政策构想》中，都明确了全方位、多元、平衡的外交政策基本原则。

纳扎尔巴耶夫1992年5月在《哈萨克斯坦真理报》发文表示："在国际关系中，哈萨克斯坦将毫不动摇地坚持与世界所有国家保持友好与全面合作的政策，特别是与我们的邻国俄罗斯和中国、与历史上同宗的中亚国家，以及伊斯兰世界的所有国家都保持友好与全面合作的政策。"[1] 2019年4月10日，辞去总统职务后的纳扎尔巴耶夫接见哈外长阿塔姆库罗夫时特别嘱咐道："哈萨克斯坦发生了重大政治变革，……当下最重要的是保持此前确定的外交路线不变。"[2]

---

[1] Назарбаев Н. А. Стратегия становления и развития Казахстана как суверенного государства. Алма-Ата. 16 мая 1992 года.

[2] Первый Президент Республики Казахстан – Елбасы принял министра иностранных дел Бейбута Атамкулова. 9 апреля 2019. http：//www.akorda.kz/ru/events/akorda_news/.

纳扎尔巴耶夫认为[①]：" 哈萨克斯坦的多元外交政策并没有什么特殊之处。几乎所有国家都在奉行多元化的外交政策。在独立自主的前提下奉行多元化外交政策，也就意味着可与任何国家开展互惠互利的自由贸易。通过实行多元化外交政策，哈萨克斯坦为自己创造了和谐的外交环境。我们与任何国家都不存在分歧和冲突，哈萨克斯坦愿在平等互利的原则基础上同世界各国积极开展交流，携手同进，共同发展。" 纳扎尔巴耶夫表示：" 如果我们真的希望站起来并正常地生活，那就必须坚持这条道路。"

一 奉行全方位、多元、平衡外交

从哈萨克斯坦的地理位置、历史文化、经济安全等要素看，全方位、多元、平衡外交是必然选择：

第一，哈萨克斯坦是位于欧洲和亚洲之间的内陆国，这样的地理位置需要哈萨克斯坦与周边国家建立睦邻友好关系，也是其多元外交政策的基础。从地理区位看，地处欧亚大陆中部既是优势也是劣势。一方面，哈具有连接欧亚、成为区域过境枢纽和物流中心的潜力，哈政府也因此制定了"光明大道"新经济政策等多个宏大发展计划；另一方面，这意味着哈需要过境周边国家才能走向海洋。2014 年，纳扎尔巴耶夫责成政府研究关于在中国、伊朗、俄罗斯和欧盟等

[①] Встреча с представителями ведущих отечественных телеканалов. 22 декабря 2014 г. http://www.akorda.kz/ru/events/akorda_news/.

国家和地区建设或租用陆港和海港码头的问题①，就是为了更便捷地走向国际市场。

第二，大国平衡外交可以使哈萨克斯坦获得最佳的外部发展环境和最大回旋空间，避免因过于依赖某一方而失去本国的独立性。纳扎尔巴耶夫在其专著《独立时代》中写道：②"作为务实的政治家，我非常清楚哈萨克斯坦在欧亚大陆中心的位置，哈萨克斯坦与俄罗斯和中国这两大邻国发展互利友好关系非常重要，当然，还要与拥有世界影响力的超级大国——美国发展关系。"哈萨克斯坦必须与中俄两大邻国友好相处，否则安全与发展将无从谈起。与美国和欧洲的合作则可以使哈获得更多的资金和技术，哈政府提出将首都打造成国际金融中心，也需要国际金融大国的支持。

第三，相似的历史、宗教和文化背景使得哈需要发展与突厥语国家和伊斯兰世界的关系。独立后，哈萨克斯坦同时唱响政治独立、经济独立和文化独立"三部曲"。在发展外交关系的同时，哈向外部世界探求历史、文化、语言、宗教等方面的认同。由于多数居民信奉伊斯兰教，语言上属于突厥语族，于是顺理成章地与伊斯兰国家和突厥语国家发展合作，包括加入伊斯兰会议组织（2011年更名为伊斯兰合作组织）、与土耳其等国共同发起突厥语国家元首会晤机制，与

---

① Послание Президента Республики Казахстан Н. Назарбаева народу Казахстана. 11 ноября 2014 г. Нұрлы жол – Путь к будущее.

② Н. А. Назарбаев. Эра независимости. Астана. 2017. C. 92.

中亚邻国共同庆祝中亚地区的传统节日——纳吾鲁孜节并发表《中亚国家元首纳吾鲁孜节联合声明》等。

外交政策的多元化和多层次是哈萨克斯坦作为主权国家深思熟虑后的选择。在纳扎尔巴耶夫执政期间，哈萨克斯坦的外交优先方向基本没有发生太大变化，主要涉及独联体、亚太（东亚和南亚）、中东、欧洲和美国。不过，多元、平衡外交不是等距离外交，从国别看，哈萨克斯坦"2050年战略"中提到的外交优先方向的顺序依次是俄罗斯、中国、中亚国家、美国、欧盟、亚洲其他国家[①]。《哈萨克斯坦2014—2020年对外政策构想》中提到的顺序依次是俄罗斯、中国、中亚邻国、美国、欧洲国家、独联体伙伴、土耳其、东亚、南亚、东南亚国家等。纳扎尔巴耶夫在2018年度国情咨文中提到的外交优先方向依次是俄罗斯、中国、美国、欧盟、独联体国家、土耳其、伊朗、中东和亚洲国家。由此可知，哈萨克斯坦的外交中，俄罗斯总是无可争议地排在第一位，中国居第二位，第三位和第四位则由中亚邻国和美欧交替占据。近年，伴随对外经济合作需求不断提升，日本、韩国、印度等亚洲国家在哈萨克斯坦外交中的地位总体呈上升态势。

[①] Послание Президента Республики Казахстан Н. Назарбаева народу Казахстана. 14 декабря 2012 г. Казахстан – 2050: Новый политический курс состоявшегося государства.

二 俄罗斯——内容丰富的同盟关系

俄罗斯是哈萨克斯坦的邻国和最优先外交伙伴，在哈外交中具有特殊地位。哈萨克斯坦在阐述外交政策时，俄罗斯总是被最先提及的国家。两国都是欧亚经济联盟成员国，也是集体安全条约组织成员国，在经济和安全领域开展深度一体化合作。另外，两国还有着深厚的历史文化联系和认同意识。在很多文件中，两国都使用"同盟"一词，充分说明两国关系的特殊性。纳扎尔巴耶夫认为，由于地理、政治、民族和其他历史因素，哈俄关系对哈萨克斯坦来说最重要[1]。

哈俄两国于1992年5月签署《友好合作互助条约》，约定"在历史形成的密切关系基础上建立同盟国家关系"[2]。1994年3月和10月，两国分别签署《军事技术合作协议》和《保卫外部边界合作条约》，提高军事互信和军事一体化水平，相当于建立军事同盟关系。两国1998年7月签署《面向21世纪的永久友好和联盟宣言》，2005年1月18日签署《关于哈俄国界的条约》，以法律形式最终确定两国边界，2013年11月签署《21世纪睦邻与联盟条约》，再次明确两国关系的同盟性质。

---

[1] Назарбаев Н. А. Стратегия становления и развития Казахстана как суверенного государства. Алма-Ата. 16 мая 1992 года.

[2] Договор о дружбе, сотрудничестве и взаимной помощи между Республикой Казахстан и Российской Федерацией (Москва, 25 мая 1992 г.) (с изменениями по состоянию на 07.06.2012 года) . https：//www. kazembassy. ru/rus/dvustoronnee_ sotrudnichestvo/dogovornaya_ baza/? cid = 8.

《哈萨克斯坦2014—2020年对外政策构想》提出："哈萨克斯坦将继续在《面向21世纪的永久友好和联盟宣言》基础上，与俄罗斯在政治、经贸和文化领域加强合作关系。"纳扎尔巴耶夫在2018年10月发布的国情咨文中表示，哈俄两国的合作关系已成为国家间关系的典范[1]。作为欧亚地区元老级的政治家，纳扎尔巴耶夫深受俄罗斯总统普京的推崇。普京称纳扎尔巴耶夫拥有强大的管理和组织能力，是集智慧、勇气和才华于一身的领导人[2]，是俄罗斯与哈萨克斯坦一体化倡议的发起者，是欧亚经济联盟的奠基人[3]。

三　中国——永久全面战略伙伴关系

纳扎尔巴耶夫表示：哈萨克斯坦最重要的外交任务之一，就是与中国这个东方邻国建立睦邻关系。中哈关系的发展过程也是哈萨克斯坦对中国认知不断深入的过程。纳扎尔巴耶夫曾回忆道：苏联时期，"所有宣传都在不断强化这样的认知——中国是头号敌人"，这使得他在开始与中国接触时心存顾虑。但纳扎尔巴耶夫意识到，时代在变，独立后的哈萨克斯坦需要重新思考国家的利益，需要重新定位与中国的关系。1991年7月纳扎尔巴耶夫首次访华，彻底改变了对

---

[1] Послание Президента Республики Казахстан Н. Назарбаева народу Казахстана от 5 октября 2018 г. Рост благосостояния казахстанцев: повышение доходов и качества жизни.

[2] Путин отметил умение Назарбаева окружать себя сильными людьми. 28.04.2018. https://ria.ru/20180510/1520250106.html.

[3] Путин впервые прокомментировал отставку Назарбаева. 20.03.2019. https://life.ru/1201998.

中国的看法："访问从根本上改变了我对中国的认识，使我从'纸老虎'等中苏对抗时期的定式思维中走出来……与中国建立正常的友好关系，是哈萨克斯坦通向世界的另一条路径。"①

1993年10月纳扎尔巴耶夫对中国进行首次国事访问，其间两国签署《关于中华人民共和国和哈萨克斯坦共和国友好关系基础的联合宣言》，明确互为友好邻邦、以和平方式解决两国间一切争端等基本关系原则。在此文件基础上，两国关系快速发展。1995年9月中哈国界协定生效，表明两国通过和平谈判方式彻底解决了领土问题，成为国家间处理领土问题的典范。2002年12月23日，两国签订《睦邻友好合作条约》，以法律形式确定了睦邻友好的大方向。纳扎尔巴耶夫称该文件是"从20世纪90年代开始，两国关系积极互动的一个重要成果"②。随着两国关系深入发展，2004年签署《关于成立中哈合作委员会的协定》，启动总理级定期会晤机制，这是中国在原苏联地区建立的第二个总理级定期会晤机制（第一个是与俄罗斯）。2005年7月4日，两国领导人共同宣布建立"战略伙伴关系"，符合两国和两国人民的根本利益，为中哈深化各领域合作开辟了更加广阔的前景。2011年6月13日，两国签署《关于发展全面战略伙伴关系的联合声明》，宣布建立和发展全面战略伙伴关系。2015年8月，

---

① Н. А. Назарбаев. На пороге XXI века. Алматы. Издательство "Атамура". 2003. С. 199–200.
② Н. А. Назарбаев. Эра независимости. Астана. 2017. С. 318.

纳扎尔巴耶夫访华并出席纪念中国人民抗日战争暨世界反法西斯战争胜利70周年活动之际，两国签署《关于全面战略伙伴关系新阶段的联合宣言》。2019年9月11日，两国宣布建立"永久全面战略伙伴关系"。可以说，中哈双边关系每隔几年就迈上一个新台阶。

为表彰纳扎尔巴耶夫为中哈友谊作出的巨大贡献，2019年4月，中国国家主席习近平在人民大会堂为纳扎尔巴耶夫颁授"友谊勋章"。习近平表示，纳扎尔巴耶夫是中国人民的老朋友、好朋友，也是中哈全面战略伙伴关系的缔造者和推动者。纳扎尔巴耶夫首任总统是具有国际威望的政治家，以其远见卓识推动上海合作组织和亚信会议蓬勃发展，为维护地区乃至世界和平稳定作出重要贡献[1]。

"一带一路"倡议提出后，中国在哈萨克斯坦外交中的地位明显提升，两国经济合作突飞猛进，启动了一系列重大项目。纳扎尔巴耶夫始终强调与中国的合作。例如，在2015年的国情咨文《全球新形势下的哈萨克斯坦：增长、改革、发展》中，纳扎尔巴耶夫4次提及中国，是所有哈萨克斯坦伙伴中最多的一个国家；在2017年的国情咨文《哈萨克斯坦第三个现代化建设：全球竞争力》中，纳扎尔巴耶夫只谈到了中国；在2018年的国情咨文《提升哈萨克斯坦公民福祉：提高收入和生活质量》中，纳扎尔巴耶夫表示："哈中

---

[1] 《习近平为哈萨克斯坦首任总统纳扎尔巴耶夫举行"友谊勋章"颁授仪式》，《人民日报》2019年4月29日第1版。

两国全面战略合作伙伴关系不断加强,'一带一路'倡议为两国合作关系的发展带来了新动力。"这些情况说明,与中国加强合作,特别是经贸和投资领域的合作,已成为哈经济外交的重中之重。

四 美国——致力于全球和平的战略伙伴关系和深化的战略伙伴关系

总体上,美国始终是哈萨克斯坦外交的优先方向之一,但哈萨克斯坦在美国外交中的地位则随着美全球战略利益和关注点的变化而变化。民主、经济和安全始终是美国中亚政策的三大重点。哈独立初期,私有化、弃核、帮助哈借鉴西方制度等是两国关系的重点。美国在哈萨克斯坦私有化过程中获得很多优良资产,如1993年收购的田吉兹油田是哈最大的油田。进入21世纪后,安全合作的重要性逐渐取代经济合作,阿富汗反恐和核安全问题在很长一段时期里都是两国合作的重点,很多事务均围绕这两个议题展开。特朗普出任美国总统后,这两个传统合作方向的重要性随着美国计划从阿富汗撤军以及退出《中导条约》而出现弱化。

1992年5月,纳扎尔巴耶夫应时任美国总统克林顿之邀对美国进行国事访问。双方签署《贸易关系协定》和《关于鼓励和相互保护投资协定》等文件。纳扎尔巴耶夫对哈萨克斯坦刚刚独立就获得美国这一超级大国认可这件事非常满意。他自豪地称:"哈萨克斯坦是苏联解体后的新独立国家中第一个被美国视为平等伙伴的国家。"①

2001年的"9·11事件"是哈美关系史上的一个重要节点。由于出兵阿富汗的需要，2001年12月，当时的美国总统乔治·布什邀请纳扎尔巴耶夫访美，双方就美军过境哈萨克斯坦向阿富汗运送军事物资达成协议。通过向国际反恐力量提供空中走廊，哈萨克斯坦成为美国打击恐怖主义和维护地区稳定的盟友②。作为交换，美国承诺支持哈萨克斯坦加入世贸组织，并取消冷战时期针对苏联的《杰克逊－瓦尼克修订案》的贸易限制条款。乔治·布什对纳扎尔巴耶夫评价甚高，将纳扎尔巴耶夫比作"哈萨克斯坦的华盛顿"。他对纳扎尔巴耶夫表示："您绝对有资格载入哈萨克斯坦的史册，就像乔治·华盛顿载入美国史册一样。"③

2006年纳扎尔巴耶夫再次访美，除与时任美国总统乔治·布什举行会谈外，还应邀前往位于缅因州的布什家庭庄园，与退休的老布什总统进行有趣的漫谈。纳扎尔巴耶夫对这次庄园之行印象深刻，并称每当想起与老布什的会面，首先想到的就是这次。

到奥巴马时期，哈萨克斯坦作为"无核世界"的旗手，与奥巴马的无核主张相契合。奥巴马称："美国高度评价哈萨克斯坦总统纳扎尔巴耶夫在核不扩散方面的贡献，包括组

---

① Н. А. Назарбаев. Эра независимости. Астана. 2017. С. 94.
② Н. А. Назарбаев. Эра независимости. Астана. 2017. С. 320.
③ Н. А. Назарбаев. Эра независимости. Астана. 2017. С. 322.

织围绕伊核问题的谈判。"① 在 2012 年的韩国首尔核安全峰会和 2014 年的海牙核安全峰会上，纳扎尔巴耶夫均与奥巴马举行会谈。2012 年 3 月，在纳扎尔巴耶夫的倡议下，哈萨克斯坦、美国和俄罗斯发表《关于塞米巴拉金斯克核试验场声明》。纳扎尔巴耶夫非常感慨地说："三国元首的握手是核试验场的最后仪式。……核试验场终结纪念碑用哈、俄、英三种文字简短地写道'1996—2012 年，让世界更安全了'。"② 2016 年 3 月，哈美签署《关于不扩散核武器和核安全领域合作的联合声明》。

早在 2012 年，哈美两国就宣布建立战略伙伴关系并成立战略伙伴关系委员会。2018 年 1 月纳扎尔巴耶夫再次应邀访美，两国签署《21 世纪扩大战略合作伙伴关系协议》，决定共同应对中亚地区面临的挑战。哈方允许美方利用阿克套港和库雷克港向阿富汗输送非军事物资，而美方则考虑在对俄制裁时，避免殃及哈萨克斯坦。两国商界签署了总价值高达 70 亿美元的 27 项合作协议③。特朗普称："美国视哈萨克斯坦为强大、主权和独立的国家，是美国在中亚地区的宝贵朋友和战略伙伴。"④

---

① Лидеры мирового сообщества о президенте Казахстана. 05. 07. 2016. http：//reactor. inform. kz/lidery-mirovogo-soobschestva-o-prezidente-kazahstana-a27579.

② Н. А. Назарбаев. Эра независимости. Астана. 2017. С. 460.

③ Послание Президента Республики Казахстан Н. Назарбаева народу Казахстана. 05. 10. 2018. Рост благосостояния казахстанцев：повышение доходов и качества жизни.

④ Брифинг для представителей средств массовой информации по итогам переговоров с Президентом Соединенных Штатов Америки Дональдом Трампом. 17. 01. 2018. http：//www. akorda. kz/ru/events/2018/1/17.

与此同时，哈美两国在很多涉及社会治理和安全稳定的问题上也存在明显分歧，哈对美国支持的"颜色革命"始终保持高度警惕。2011年哈萨克斯坦西部城市扎瑙津发生骚乱，一些暴徒抢劫银行和商店，烧毁公共设施。为稳定局势，哈政府采取坚决措施平息骚乱。纳扎尔巴耶夫认为，扎瑙津事件的目的是在哈萨克斯坦社会、在各民族间和各宗教间播撒仇恨的种子，对哈萨克斯坦是一次严峻考验，一些境外势力在幕后资助了此次骚乱①。但美国却对纳扎尔巴耶夫大肆指责，并扣上"压制人权"的帽子。

五　中亚邻国——兄弟国家

对于世界大多数国家来说，大国和周边国家都是其外交的优先方向，哈萨克斯坦同样如此。纳扎尔巴耶夫将中亚邻国称为"兄弟国家"。2018年7月2日，哈萨克斯坦外长阿布德拉赫曼诺夫在《国家利益的捍卫者》一文中称："哈萨克斯坦的切身利益集中在中亚。"②周边邻国对哈萨克斯坦的重要性，首先体现在安全稳定方面，其次是历史文化的认同和归属感，再次是经济一体化合作。在《哈萨克斯坦2014—2020年对外政策构想》中，中亚邻国排在外交优先顺序的第

---

① Сегодня в Акорде под председательством Главы государства Нурсултана Назарбаева состоялось совещание с руководством Администрации Президента. 26. 11. 2011. http：//www. akorda. kz/ru/events/2011/12/26.

② На страже национальных интересов. 2 июля 2018. http：//www. mfa. gov. kz/ru/kuala-lumpur/content-view/na-straze-nacionalnyh-interesov.

三位，仅次于俄罗斯和中国。该文件指出："发展与中亚国家——吉尔吉斯斯坦、塔吉克斯坦、土库曼斯坦和乌兹别克斯坦的全方位合作，重点是凝心聚力，共同应对内部和外部的挑战与威胁。"[1]

苏联解体和中亚国家独立后初期，哈萨克斯坦与邻国一起努力克服苏联解体带来的巨大冲击。当时塔吉克斯坦发生内战，哈积极斡旋，并向塔吉克斯坦与阿富汗边境地区派驻维和力量（直至2001年塔阿边境趋稳才撤回），推动塔吉克斯坦和平与民族和解，对地区稳定作出贡献。

哈萨克斯坦与中亚邻国也曾存在领土和水资源等纠纷，但均能协商解决，关系总体平稳。哈萨克斯坦与乌兹别克斯坦于1998年签署《永久友好条约》，2013年签署《战略伙伴关系条约》；与吉尔吉斯斯坦于1997年签署《永久友好条约》，2003年签署《联盟关系条约》；与塔吉克斯坦于1995年签署《战略伙伴关系条约》。

在中亚国家中，哈萨克斯坦非常重视与乌兹别克斯坦的关系，认为"整个中亚地区的稳定发展和安全形势取决于哈乌两国合作的质量和水平"。[2] 米尔济约耶夫就任乌兹别克斯坦总统后，哈乌两国高层互动频繁，仅在2018年，两国元首在双边和多边框架内就举行7次会晤，通电话7次。2018年

---

[1] Концепция внешней политики Республики Казахстан на 2014 – 2020 годы. 29.01.2014.

[2] Казахстанско-узбекистанские отношения. http://www.mfa.gov.kz/ru/tashkent/content-view/dvustoronnie-otnosenia.

3月15日，哈萨克斯坦支持米尔济约耶夫总统提出关于在阿斯塔纳举行中亚国家元首非正式会晤的倡议，发表《中亚国家首脑纳吾鲁孜节联合声明》，并决定成立5个副总理级的工作委员会，将会晤机制化。这是中亚国家元首时隔13年后的首次单独聚会，标志中亚地区合作进入一个新阶段。

六　欧洲——扩大的伙伴关系与合作

哈萨克斯坦与欧洲关系有双边和多边两个层面。哈萨克斯坦希望得到西方认可（特别是政治制度认同），并加强与欧洲国家各领域的务实合作。纳扎尔巴耶夫认为："持续巩固与欧盟的关系符合哈萨克斯坦的国家利益，有利于欧亚地区的稳定和安全。"[1]

"通往欧洲之路"是哈萨克斯坦为发展与欧洲关系而专门制定的合作政策。2008年8月29日，纳扎尔巴耶夫批准哈外交部制定的《2009—2011年"通往欧洲之路"国家计划》，旨在加强双方在技术、交通、贸易和投资等领域的合作，并借鉴欧洲的法制建设经验，完善哈萨克斯坦自身法律制度和体系，推动哈国经济和社会现代化。纳扎尔巴耶夫表示："毫无疑问，该计划成为哈萨克斯坦融入全球化的标志。它成功吸引了欧洲政治家的目光，使哈萨克斯坦与欧洲大国的对话提升到一个新高度。"[2] 在该计划指导下，哈萨克斯坦

---

[1] Н. А. Назарбаев. Эра независимости. Астана. 2017. С. 312.

[2] Н. А. Назарбаев. Эра независимости. Астана. 2017. С. 313.

与法国、德国、英国、西班牙、意大利和匈牙利建立了战略伙伴关系。显然，纳扎尔巴耶夫想要的不是虚名，而是实际利益，他表示："考虑到哈萨克斯坦的工业化和多元化计划，与欧盟建立创新伙伴关系对哈萨克斯坦引进先进技术和工艺（包括绿色经济）具有特殊意义。"[1]

在纳扎尔巴耶夫的积极运作下，哈萨克斯坦与欧盟于2015年12月签署《扩大伙伴关系与合作协定》，深化双方在技术、环保、投资等29个领域的合作，也是中亚地区首个与欧盟签署此类协定的国家。

欧盟是哈斯克斯坦最大的投资者和贸易伙伴。2018年，哈萨克斯坦与欧盟28国贸易额为377亿美元，占其对外贸易额的50.7%[2]。独立以来，欧盟国家对哈萨克斯坦直接投资总额达1251亿美元[3]。

在多边层面，担任欧洲安全与合作组织轮值主席国是哈萨克斯坦深化与欧洲合作并借此提升国际地位的一个重要契机。作为亚洲国家，不论从地缘政治还是地缘安全角度看，哈萨克斯坦都不可能加入欧盟或者北约，由此，欧安组织成为哈欧关系发展的良好平台之一。

纳扎尔巴耶夫一直非常推崇欧安组织。早在1992年7月

---

[1] Н. А. Назарбаев. Эра независимости. Астана. 2017. С. 462.
[2] 根据商务部网站《2018年哈萨克斯坦货物贸易及中哈双边贸易概况》整理，https://countryreport.mofcom.gov.cn/record/view110209.asp? news_ id =63421.
[3] 《政府总理马明会见欧盟国家驻哈大使》，2019年7月2日，https://www.inform.kz/cn/article_ a3543982.

出席欧洲安全与合作会议（后更名为欧安组织）时，纳扎尔巴耶夫就表示希望借鉴欧洲安全与合作会议模式建立亚洲版的安全与合作会议机制。2003年，在哈萨克斯坦举行的欧安组织第一届议会论坛上，纳扎尔巴耶夫对欧安组织给予很高评价，称"欧安组织向包括哈萨克斯坦在内的东欧和独联体国家提供了非常重要的帮助，帮助这些国家在过渡时期克服了一系列尖锐的社会问题"①。

2007年4月，哈提出希望担任欧安组织主席国，获得俄罗斯、美国和欧盟的支持，2010年如愿以偿，正式接任轮值主席，发布了《哈萨克斯坦担任2010年欧安组织主席国的规划》。纳扎尔巴耶夫雄心勃勃地提出，"欧安组织是欧洲—大西洋与欧亚空间独特的对话平台，作为欧安组织轮值主席国和该组织'三驾马车'之一，哈萨克斯坦准备为巩固欧安组织的作用和声誉作出自己的贡献"②，要在担任轮值主席国期间，强化该组织职能，提高组织效率。在担任轮值主席国期间，哈萨克斯坦共组织了150多场活动，其中最大亮点是2010年12月召开了中断了11年之久的欧安组织峰会。

在双边层面，哈萨克斯坦将德、法、英三国作为外交重点。1992—2015年，纳扎尔巴耶夫共11次访问法国，9次访问英国，8次访问德国，德国总理4次访哈，法国总统3次

---

① Выступление Президента РК Н. А. Назарбаева на Первом форуме Парламентской Ассамблеи ОБСЕ. Трансазиатское измерение ОБСЕ: неразрывное звено безопасности. Алматы. 7 июня 2003 г.

② Выступление Президента РК Н. А. Назарбаева на встрече с иностранным дипломатическим корпусом. Астана. Акорда. 7 декабря 2007 г.

访哈，英国首相 1 次访哈。哈萨克斯坦与这三国均建立了战略伙伴关系，举办"国家年"活动，开展贸易和投资等各领域合作。三国对哈在地区和国际事务中的作用也给予很高评价。2015 年，纳扎尔巴耶夫受邀调解乌克兰冲突，足见欧洲非常信任和看重他在协调欧亚地区事务方面的能力。

七　土耳其——与突厥语国家合作的关键伙伴

尽管土耳其与哈萨克斯坦相距甚远，但由于同属突厥语国家和具有穆斯林传统，相近的历史和文化成为两国关系的基础，使得土耳其在哈多元外交中占有一席之地。两国于 2007 年签署《长期经济合作规划》，2009 年签署《战略伙伴关系条约》。

早在苏联尚未解体的 1990 年，纳扎尔巴耶夫访问土耳其时，土便按国家元首规格接待纳扎尔巴耶夫。在《站在 21 世纪的门槛上》一书中，纳扎尔巴耶夫回忆道："这是我第一次以国家元首规格进行谈判，我们与土耳其的关系正是从这时起奠定了基础。……我们永远不会忘记，是土耳其第一个承认了哈萨克斯坦的独立。"[①]

起初，哈萨克斯坦非常重视与土耳其加强全面合作，但由于哈对泛突厥主义和泛伊斯兰主义非常反感，对哈土合作始终保持一定警惕。纳扎尔巴耶夫在《站在 21 世纪的门槛

---

① Н. А. Назарбаев. На пороге XXI века. Алматы. Издательство Атамура. 2003 г. С. 198.

上》一书中写道："土耳其总理图尔古特·厄扎尔多次访问哈萨克斯坦。我认为，他访问中亚的目的不仅仅是为了发展与新独立国家的睦邻友好关系，在某种程度上还为了实现大土耳其梦——建立强大的'突厥国家'。……哈萨克斯坦刚从一个帝国脱离出来，不想再加入另一个。"① 在突厥语国家元首峰会上，纳扎尔巴耶夫也特别强调突厥语国家合作不应有任何泛突厥主义和泛伊斯兰主义。

哈土两国互动的多边平台是突厥语国家合作理事会。在土耳其组织协调下，首届突厥语国家元首会议于1992年举行。1992—2010年，突厥语国家元首会议共举行10次，其中哈萨克斯坦只承办1次，土耳其承办5次。在2009年10月举行的第9届突厥语国家首脑会议上，各方同意成立突厥语国家合作理事会。2011年，首届突厥语国家合作理事会会议在哈举行并发表《阿拉木图宣言》。从此，自信的哈萨克斯坦提出一系列合作倡议，对突厥语国家合作的引领作用明显提升，影响力甚至超过土耳其。2011—2019年，突厥语国家合作理事会共举行7次会议，其中哈承办3次，土耳其仅1次。2019年5月，退居二线的纳扎尔巴耶夫当选突厥语国家合作理事会终身名誉主席。

八 亚洲大国——日本、韩国、印度

哈萨克斯坦发展与日韩关系重在技术和贸易合作，务实

---

① Н. А. Назарбаев. На пороге XXI века. Алматы. Издательство Атамура. 2003 г. С. 196.

性和目的性较强。《哈萨克斯坦 2014—2020 年外交政策构想》提出："与日本和韩国的合作重点将放在引进对方的最新技术，特别是节能和节水技术，促进哈萨克斯坦的教育发展，加强'中亚+日本'和'中亚+韩国'对话机制。"

哈萨克斯坦与日本的合作重心是"无核世界"倡议以及科技和经贸合作。纳扎尔巴耶夫执政期间共 4 次访日（分别是 1994 年、1999 年、2008 年和 2016 年），日本首相两次访哈（分别是 2006 年和 2015 年)[①]。哈视日本为"无核世界"思想的重要伙伴，哈日领导人历次会见都提及此问题。2015 年 10 月纳扎尔巴耶夫与到访的安倍晋三会谈时表示："核试验和核武器给我们两国都曾带来痛苦的后果。……我们在消除核武器、核不扩散、和平利用核能方面始终相互支持，我们是这方面的盟友。"[②] 2016 年 11 月纳扎尔巴耶夫访日，其间专门访问了第二次世界大战中遭受核弹轰炸的广岛市。

哈对日本的另一个诉求是经济技术合作。2015 年 10 月在与日本首相会谈时，纳扎尔巴耶夫表示，哈日两国的经济互补性很强，特别是在核能、农业、汽车制造、高新技术等领域[③]。2016 年访日期间，纳扎尔巴耶夫广泛接触日本商界人士，介绍哈萨克斯坦投资政策并呼吁日本企业加

[①] Двусторонние отношения. http：//www.mfa.gov.kz/ru/tokyo/content-view/dvustoronnie-otnosenia.

[②] Встреча с Премьер-министром Японии Синдзо Абэ, прибывшим в Казахстан с официальным визитом. 27.05.2015. http：//www.akorda.kz/ru/events/2015/10/27.

[③] Переговоры в расширенном составе в рамках официального визита Премьер-министра Японии С. Абэ в Казахстан. 27.10.2015. http：//www.akorda.kz/ru/events/2015/10/27.

大对哈投资。

哈萨克斯坦与韩国的主要合作领域是经贸、创新和人文。哈萨克斯坦认为，两国人民的心态、历史传统、信仰，甚至语言上都有很多相似之处①，合作前景广阔。纳扎尔巴耶夫认为，哈韩双方在"能源、农业、汽车制造、建筑、金融、投资、交通物流等领域合作前景广阔"②。

两国高层交往比较频繁，纳扎尔巴耶夫共5次访韩，其中国事访问3次（分别是1995年、2010年、2016年），另有1次正式访问和1次工作访问。韩国总统6次访哈，其中国事访问4次（分别是2004年、2009年、2014年和2019年），另有两次正式访问③。

2016年11月纳扎尔巴耶夫访韩期间，两国签署《关于进一步深化战略伙伴关系的联合声明》和《哈萨克斯坦投资发展部与韩国贸易、工业和能源部联合行动计划》等文件，并举行商务论坛。2019年4月韩国总统文在寅访哈，两国签署《2019—2022年"新风"经济合作项目》《联合落实"第四次工业革命"规划相互谅解备忘录》《信息和通信领域合作意向书》等多项经济合作文件。哈总统托卡耶夫称"哈韩

---

① Сотрудничество Республики Казахстан с Республикой Корея. http：//www.mfa.kz/ru/seoul/content-view/dvustoronnie-otnosenia.

② Переговоры с Президентом Республики Корея Пак Кын Хе в расширенном составе. 10.11.2016. http：//www.akorda.kz/ru/events/2016/11/10.

③ Сотрудничество Республики Казахстан с Республикой Корея. http：//www.mfa.kz/ru/seoul/content-view/dvustoronnie-otnosenia.

两国已建立了特殊的友好关系"①。

哈萨克斯坦与印度的合作已提升到战略层面。2009年1月，两国签署《战略伙伴关系联合声明》。2019年1月，印度与中亚五国和阿富汗建立"印度+中亚五国+阿富汗"（"C5+1+1"）外长会议机制。哈印两国关系发展良好的主要原因是政治关系良好，在很多区域和全球合作等问题上的立场非常相似。

纳扎尔巴耶夫执政期间，分别于1992年、1996年、2002年、2009年4次访问印度。其中1992年2月22日访问印度是哈萨克斯坦宣布独立后国家元首的首次出访。印度总理分别于1993年、2002年、2011年和2015年4次访哈②。2002年时任印度总理瓦杰帕伊到访并出席亚信会议首次峰会，体现印度对哈萨克斯坦的支持。

---

① Президент Казахстана Касым-Жомарт Токаев провел переговоры с Президентом Республики Корея Мун Чжэ Ином в расширенном составе. 22. 04. 2019. http：//www. akorda. kz/ru/events/2019/04/22.

② Двусторонние отношения. http：//mfa. gov. kz/ru/delhi/content-view/uroven-dvustoronnih-otnosenij-v-politiceskoj-sfere.

第二节 "欧亚联盟"和"大欧亚"思想及其实践

纳扎尔巴耶夫是欧亚思想的开创者和践行者。欧亚空间建立的一些机制，如独联体、集体安全条约组织、欧亚经济联盟（前身是欧亚经济共同体）等，虽然俄罗斯凭借实力最终成为主导者，但不可否认，哈萨克斯坦首任总统纳扎尔巴耶夫在这些机制建设过程中发挥了无可替代的作用。

一 从主权国家自由联盟到独联体

苏联解体前夕，纳扎尔巴耶夫意识到苏联解体已不可避免。为最大程度维护哈萨克加盟共和国的利益，纳扎尔巴耶夫提出有关建立"主权国家联盟"的建议，指出"新的联盟不是联邦……新的联盟不应该再设任何联盟内阁、任何联盟会议……我们永远不会同意成为其他地区的'附庸'，永远不会同意去当别人的'小兄弟'。我们将在平等权利和平等机会的基础上加入联盟"[①]。根据纳扎尔巴耶夫的设想，哈萨克和其他加盟共和国在新联盟中均享有独立主权，但保持经

---

① ［英］乔纳森·艾特肯：《纳扎尔巴耶夫——哈萨克斯坦的缔造者》，鄂云龙、倪耀礼、姜承宗、张志明译，人民出版社2017年版，第152—153页。

济联系，各国作为经济共同体而存在。

1991年"8·19事件"后，为防止苏联各加盟共和国之间的经济联系突然中断，纳扎尔巴耶夫曾尽最大努力挽救苏联。当年10月12日，他将11个加盟共和国的领导召集到阿拉木图商讨对策。会上通过《经济联盟条约》，签署了25份文件，涉及关税同盟、统一经济空间、支付联盟和单一货币等问题。然而，当时苏联境内民族主义浪潮汹涌，各加盟共和国领导人无暇顾及经济问题。1991年12月8日，俄白乌三国签署《关于建立独立国家联合体的协议》（又称《别洛韦日协议》），宣布停止苏联各机构在联合体成员国境内的活动。

如果说《别洛韦日协议》建立的是斯拉夫民族的"小独联体"，那么纳扎尔巴耶夫则推动成立了"大独联体"。起初，纳扎尔巴耶夫拒绝参加别洛韦日会议的邀请，但知悉协议内容后，纳扎尔巴耶夫发现这个"独立国家联合体"与他本人提出的"主权国家联盟"并无本质区别，很多内容也是他的想法，例如，规定缔约各方相互承认并尊重领土完整和现有边界不可侵犯性，在形成并发展共同的经济领域时加强关税政策合作等。与此同时，纳扎尔巴耶夫认为，如果独立国家联合体仅限于俄白乌三国而不能在更大范围建立，那么后苏联空间可能会出现斯拉夫国家与其他民族国家的对立。

为避免后苏联空间出现更大动荡，在纳扎尔巴耶夫的推动下，俄罗斯、白俄罗斯、乌克兰、摩尔多瓦、阿塞拜疆、亚美尼亚、哈萨克斯坦、吉尔吉斯斯坦、塔吉克斯坦、乌兹别克斯坦、土库曼斯坦11国领导人于1991年12月21日在阿拉木图举行会晤，通过《阿拉木图宣言》和《关于武装力量的议定书》等文件。一个更大范围的、几乎覆盖了后苏联空间的独立国家联合体由此诞生。

纳扎尔巴耶夫对独联体的看法比较客观。一方面，他积极评价独联体的历史意义，认为成立独联体"结束了超级大国瓦解造成的短暂而复杂的历史时期，开启了后苏联空间新的一体化进程"[1]。但另一方面，随着局势发展，独联体"没有形成有效的经济合作机制，超国家机构的工作时断时续，作出的决定很多没有执行"[2]。这种低效状态使纳扎尔巴耶夫对独联体的前景并不看好，认为独联体只是原苏联成员"文明离婚"的机制，不符合时代要求，无法实现后苏联空间经济一体化的目标，不能保证实现其成员国的一体化[3]。

二 "欧亚联盟"思想

尽管独联体的成立在一定程度上避免了新独立国家间的冲突，但各奔东西导致的经济联系中断仍未能避免，新独立的各国都遭遇巨大挫折。为此，1994年3月22日，纳扎尔

---

[1] [哈]努·纳扎尔巴耶夫：《纳扎尔巴耶夫文集》，中国社科院俄罗斯东欧中亚研究所等联合课题组译，人民出版社2017年版，第396—397页。

[2] Н. А. Назарбаев. Эра независимости. Астана. 2017. С. 172.

[3] [哈]努·纳扎尔巴耶夫：《纳扎尔巴耶夫文集》，中国社科院俄罗斯东欧中亚研究所等联合课题组译，人民出版社2017年版，第396—397页。

巴耶夫访问英国时提出"欧亚合作倡议",他认为欧亚地区的国家存在两个趋势:一是建立主权国家,二是存在发展经济合作的客观要求。因此,欧亚地区的主权国家需要发展经济一体化。

1994年3月29日,纳扎尔巴耶夫在莫斯科大学发表演讲,正式且系统地提出"欧亚联盟"思想[①]。他指出:没有人想复活苏联,但不能对客观存在的经济规律视而不见。独联体自成立以来,成员国间并没有建立起紧密的关系,而是彼此越来越疏远。尽管已经签署了400多份合作文件,但迄今都没有真正生效。因此,独联体应该向欧亚联盟过渡,在原有基础上向建立更高水平的相互关系过渡。纳扎尔巴耶夫设想的欧亚联盟是这样的联合体:首先,它的构建原则必须有别于独联体,新联合体应该具有超国家机构性质,其使命是解决两个关键问题,即建立统一经济空间和确保实行共同的防御政策;其次,欧亚联盟不应涉及国家主权、国内政治制度和外交活动,这些独立主权问题都不可触碰。

纳扎尔巴耶夫提出"欧亚联盟"倡议后,在独联体国家引起很大反响。1994年6月3日,哈政府公布更详尽的欧亚联盟方案,主要内容有:第一,独联体国家不可能被发达经济体联盟接受,只能联合自强;第二,在独联体低效运行的情况下,需要另辟蹊径,成立地区性的或专门的联合体;第三,

---

① Выступление Президента РК Н. А. Назарбаева в Московском государственном университете им. М. В. Ломоносова. Москва. 29 марта 1994 г.

"欧亚联盟"是主权独立国家在市场基础上的经济互动合作机制，不涉及政治和外交主权；第四，鉴于各国政策不一，发展水平有差异，应采取差速推进、多层次发展的原则，不强求整齐划一；第五，为发展经济、科学文化教育、国防、生态四大领域，需要在欧亚联盟内建设统一经济空间，建立若干跨国协调机构，包括经济委员会、国际投资银行、经济技术合作基金、国际仲裁机构等[①]。

在1994年10月举行的独联体成员国元首峰会上，哈萨克斯坦提出的合作方案被列入会议讨论日程。但在各国都极力追求自身利益最大化、努力建设独立主权的民族国家的背景下，"欧亚联盟"倡议并不被所有独联体国家接受。纳扎尔巴耶夫后来不无遗憾地表示："当时，我的欧亚倡议得到了几乎所有后苏联空间国家舆论界的广泛和积极的反响。然而，政治家们却不打算具体讨论这一倡议。也许这是必然的。由于获得期盼已久的独立而激荡不已的喜悦心情使得独联体国家的那一代领导人看不到欧亚一体化思想的长期潜力。"[②]

这一时期，纳扎尔巴耶夫撰写了一系列文章，包括在《全景》杂志发表的《欧亚空间：一体化的潜力与实现》、在《现实主义者》俱乐部发表的《我依然是后苏联空间一体化

---

① Н. А. Назарбаев. О формировании Евразийского Союза государств（проект документа）. Евразийский Союз: идеи, практика, перспективы 1994 – 1997. Фонд содействия развитию социальных и политических наук. C. 48.

② Нурсултан Назарбаев. Евразийский Союз: от идеи к истории будущего. 25 октября 2011 г.

的支持者》、在《独立报》发表的《不同的速度，共同的目标》等，坚持不懈地呼吁构建欧亚统一经济空间。尽管当时条件尚不成熟，超前的倡议未得到其他国家的积极回应，但纳扎尔巴耶夫并未气馁。他在专著《独立时代》中写道："尽管新独立国家的关系比较复杂，但我坚信欧亚联盟一定会到来。"[①]

1996年2月，纳扎尔巴耶夫在俄罗斯社会科学院发表题为《欧亚联盟：新的边界、问题和前景》的演讲，进一步丰富了"欧亚联盟"思想。他认为[②]：首先，要在欧亚地区搞一体化，需要有一个核心。一体化核心可以从三国关税同盟开始，为此需要耐心细致的工作，比如缩小各国税法的差别。关税同盟有可能成为一体化新路径的基础。其次，现实的一体化联盟的目标非常清晰，就是建立统一的市场，即不存在任何阻碍商品、资本、劳动力自由流动的技术边界和税收边界。最后，联盟绝不是恢复苏联，构建联盟时需要注意两个问题：一是建立联盟不能从政治上考虑，而应建立在各国经济利益基础之上；二是建设联盟的最大风险是采用强制方式搞一体化。

[①] Н. А. Назарбаев. Эра независимости. Астана. 2017. С. 107.
[②] Доклад Президента РК Н. А. Назарбаева на сессии Академии социальных наук РФ. Евразийский союз：новые рубежи, проблемы, перспективы. Москва. 16 февраля 1996 г. Том III. Н. А. Назарбаев и внешняя политика Казахстана. С. 222.

三 从理论到实践

尽管纳扎尔巴耶夫坚信实现欧亚一体化只是时间问题，但将思想转化为现实的具体过程却非常艰难。

1994—1999年是欧亚地区一体化的第一轮。1994年4月30日，哈萨克斯坦、乌兹别克斯坦和吉尔吉斯斯坦签署《建立统一经济空间条约》，成立中亚合作组织。1995年1月，哈萨克斯坦、俄罗斯、白俄罗斯签署《关于建立关税同盟条约》及其合作纲要，在关税同盟框架内组建跨国委员会、一体化委员会和跨国议会委员会等共同管理机构。1996年3月，吉尔吉斯斯坦加入关税同盟条约。同期，白俄罗斯、哈萨克斯坦、吉尔吉斯斯坦、俄罗斯和塔吉克斯坦签署《关于深化经济和人文领域一体化条约》。但仅仅一年后，看似开局顺利的一体化进程被1997年的亚洲金融危机和1998年俄罗斯金融危机打断。关税同盟本来就处于步履蹒跚的起步阶段，金融危机更让各国首先自保，无力继续推进一体化，建设关税同盟的第一次努力因此搁浅。

2000—2006年是欧亚地区一体化的第二轮。进入21世纪后，随着经济危机逐步缓解，特别是俄罗斯领导人更替，欧亚地区一体化进程出现转机。2000年3月普京就任俄罗斯总统后，认为俄罗斯复兴必须以欧亚地区国家为支撑，俄对地区一体化的态度越来越积极，一体化合作进程加快。哈俄两国客观上成为欧亚一体化的"火车头"①。1999年2月,哈萨克斯坦与俄罗斯、白俄罗斯、吉尔吉斯斯坦和塔吉克斯坦五国签署《关税同盟和统一经济空间条约》。2000年10月10日,五国又在阿斯塔纳签署《关于成立欧亚经济共同体条约》,原来的协议性质的关税同盟正式变身为国际组织——欧亚经济共同体,一体化合作进入新阶段。2005年9月,中亚国家合作组织举行峰会,决定并入欧亚经济共同体。不过,这一时期的一体化仍然是形式大于内容,统一经济空间并未真正形成。

2007—2014年是欧亚地区一体化的第三轮。如果说以前虚多实少,那么随着关税同盟委员会这一超国家机制的建立和实质性运作,一体化具有了真正意义上的同盟关系。在2007年10月杜尚别举行的独联体、集体安全条约组织和欧亚经济共同体"三合一"峰会上,哈萨克斯坦、俄罗斯和白俄罗斯三国联合宣布,在欧亚经济共同体框架内率先启动关税同盟,实行统一海关监管。2008年12月,三国成立超国家机构——关税同盟委员会。2010年1月1日,关税同盟正式启动,除部分商品有过渡期外,对外实行统一进口关税,自2011年7月1日起取消三国间的海关设施,形成统一海关空间。这一时期,2008年国际金融危机开始蔓延,各国经济都出现大幅下滑,但关税同盟经受住了考验。2009年,在纳

---

① [哈]努·纳扎尔巴耶夫:《纳扎尔巴耶夫文集》,中国社科院俄罗斯东欧中亚研究所等联合课题组译,人民出版社2017年版,第401页。

扎尔巴耶夫的倡议下，欧亚经济共同体成立反危机基金，共同抵御国际金融危机带来的冲击。

2009年12月，俄白哈三国领导人达成协议，决定在2012年1月1日之前以关税同盟为基础建立统一经济空间。由于关税同盟进展总体顺利，统一经济空间如期启动。2012年2月，欧亚经济委员会正式运作，三国的经济一体化水平提升，向最终建成欧亚经济联盟的目标又迈出一步。纳扎尔巴耶夫在《独立时代》中不无自豪地表示："在欧亚经济共同体、关税同盟、统一经济空间建设的所有时期，各国都多次提到，哈萨克斯坦是欧亚一体化的引领者。"[①]

2014年至今是欧亚一体化进程的第四轮。经过前期准备，成立欧亚经济联盟已水到渠成。2014年5月29日，哈萨克斯坦、俄罗斯、白俄罗斯三国在哈首都阿斯塔纳签署《欧亚经济联盟条约》（2015年1月1日正式生效），目标是到2025年实现商品、服务、资本和劳动力自由流动。2015年1月2日，亚美尼亚加入欧亚经济联盟。同年8月12日，吉尔吉斯斯坦加入。2018年1月1日，《欧亚经济联盟海关法典》生效（2010年7月开始施行的《关税同盟海关法典》同日废止）。这样，欧亚经济联盟形成了一个拥有1.838亿人口、面积2026万平方千米的统一市场。

纳扎尔巴耶夫指出："签署《欧亚经济联盟条约》，标志

[①] Н. А. Назарбаев. Эра независимости. Астана. 2017. С. 309.

着欧亚空间一体化发展到一个全新阶段……文件体现了国际组织所应有的基础性原则，包括主权国家平等、领土完整、尊重成员国政治制度等。非常重要的一点是，联盟各层级作出决定时采取协商一致原则。这样，每个国家的声音都能得到反映。"① 对企业而言，取消海关边境可减少运输费用，提升产品的竞争力。对个人而言，可以在联盟成员国内享受平等的教育、培训、社会和医疗服务。纳扎尔巴耶夫对欧亚经济联盟的前景非常乐观，认为"欧亚经济联盟在国际社会上的影响力与日俱增，越来越多的国家开始积极同联盟展开合作。可以说，欧亚经济联盟在短时间内站稳了脚跟，成为一个完备的一体化组织"②。

作为欧亚经济联盟的设计师，纳扎尔巴耶夫对联盟的发展起到引航定向的作用。在他眼中，欧亚经济联盟从一开始就是经济联盟，不是政治和军事联盟。纳扎尔巴耶夫始终强调主权、平等、协商一致是区域一体化发展的关键。欧亚经济联盟是主权国家之间的经济一体化合作，不涉及政治主权让渡，所有问题都应该协商解决，各国在组织内的代表性必须平等。纳扎尔巴耶夫对参加联盟谈判的哈萨克斯坦代表团特别交代了谈判"五原则"：经济一体化绝不允许政治化；各成员在欧亚经济联盟内的权利平等，以协商一致原则作出

---

① Участие в заседании Высшего Евразийского экономического совета в узком составе. 29.05.2014. http：//www.akorda.kz/ru/events/2014/5/29.

② ［哈］努·纳扎尔巴耶夫：《欧亚经济联盟在短时间内站稳了脚跟》，2018年5月15日，https：//www.inform.kz/cn/article_a3252791.

决策；允许成员国退出条约，宪法权利至高无上；对第三国义务保留原状；主权平等和领土完整①。

在欧亚经济联盟建设过程中，纳扎尔巴耶夫坚决批驳两个错误观点：一是认为建立欧亚经济联盟是恢复苏联。他多次强调："过去没有，将来也不会有苏联的'恢复原状'和转世重生"，②"恢复苏联的想法既有害又危险"。③ 二是认为欧亚经济联盟是针对中国。他指出："某些西方专家急急忙忙跑出来说，欧亚经济联盟的使命是阻止所谓的'中国经济扩张'，这种说法荒谬至极。事实恰恰相反，近20年来，中国一直是俄罗斯、哈萨克斯坦和白俄罗斯的战略伙伴，我们保持着频繁的政治对话和密切的经济合作。"④

鉴于各国发展水平和经济实力现状，纳扎尔巴耶夫认为现阶段不宜讨论有关统一货币的问题。2015年11月，纳扎尔巴耶夫表示目前需要关注的是"哈萨克斯坦的主权问题，尤其是政治主权"⑤。其实，纳扎尔巴耶夫并不反对建立超国家的统一货币，但认为这个问题是经济合作发展到一定深度时的自然结果，不能人为强力推动。他曾提出："独联体国家最终会建立并使用超国家货币，我非常希望30年后这一情

---

① Н. А. Назарбаев. Эра независимости. Астана. 2017. С. 469.
② Нурсултан Назарбаев. Евразийский Союз: от идеи к истории будущего. 25. 10. 2011.
③ Интервью программе НТВ "герой дня". Москва. 25 января 1996 года. Евразийский Союз: идеи, практика, перспективы 1994 – 1997. Фонд содействия развитию социальных и политических наук. С. 256.
④ Нурсултан Назарбаев. Евразийский Союз: от идеи к истории будущего.
⑤ [哈]努·纳扎尔巴耶夫：《欧亚经济联盟中没有任何关于实行统一货币的议题》，2015年12月13日，https://www.inform.kz/cn/article_a2849732.

况会出现，就像在欧洲一样。"[1] 2009 年，他在欧亚地区大学联合会第 11 次代表大会上表示："下一步要做的，可能是建立欧亚经济共同体成员国的货币同盟。我建议开始研究关于建立欧亚超国家结算单位的问题。"[2]

成立欧亚经济联盟意味着纳扎尔巴耶夫的欧亚联盟思想最终由倡议变成现实。从 2000 年的《欧亚经济共同体条约》和 2014 年的《欧亚经济联盟条约》等重要文件都是在哈萨克斯坦签署这一事实可知，哈萨克斯坦为推动欧亚一体化作出了历史性贡献，是欧亚经济联盟的摇篮[3]。这份成就也显示出地区内其他国家对哈萨克斯坦国际地位和影响力的肯定。

纳扎尔巴耶夫对欧亚地区一体化的贡献得到其他国家领导人的高度肯定和赞赏。2014 年 5 月 29 日，普京在欧亚经济委员会最高理事会发言时特别提到，纳扎尔巴耶夫是欧亚联盟思想的源头。2017 年 8 月，俄罗斯副总理舒瓦洛夫表示，纳扎尔巴耶夫总统是建立欧亚经济联盟的倡导者，俄罗斯视其为欧亚伙伴关系理念的先驱。2019 年的欧亚经济委员会最高理事会会议特别选择 5 月 29 日在努尔苏丹召开，就是为了纪念哈首任总统纳扎尔巴耶夫提出"欧亚联盟"倡议 25

---

[1] Н. А. Назарбаев. Не будем делить на своих и чужих. Казахстанско – российские отношения. Посольство Республики Казахстана в Российской Федерации. 1997 г. С. 55.

[2] ［哈］努·纳扎尔巴耶夫：《纳扎尔巴耶夫文集》，中国社科院俄罗斯东欧中亚研究所等联合课题组译，人民出版社 2017 年版，第 396—397 页。

[3] Выступление Президента Казахстана Н. Назарбаева на церемонии подписания Договора о Евразийском экономическом союзе. 29. 05. 2014.

周年和《欧亚经济联盟条约》签署5周年。应普京总统提议，授予纳扎尔巴耶夫欧亚经济委员会最高理事会名誉主席称号，以表彰其在欧亚经济联盟建立过程中的历史贡献。

四 "大欧亚"思想

纳扎尔巴耶夫的"欧亚联盟"思想并不局限于后苏联空间，而是包括更大范围的一体化合作。1994年10月，他参加土耳其伊斯坦布尔举行的突厥语国家元首会议时，提议"扩大欧亚联盟的范围，以便更大范围的国家可以参与，从东欧到中国"[1]。显然，从提出"欧亚联盟"思想之初，纳扎尔巴耶夫的脑海里就有"大欧亚"的概念。但由于一体化合作在后苏联空间困难重重，"大欧亚"合作更是无从谈起。在欧亚经济联盟成功运作后，"大欧亚"思想才有了良好载体。在《欧亚经济联盟条约》签署仪式上，纳扎尔巴耶夫表示："欧亚经济联盟是开放的经济体，将有机地融入全球体系，成为欧洲和亚洲的可靠桥梁。"[2] 2016年2月，作为欧亚经济委员会最高理事会轮值主席国，纳扎尔巴耶夫提议将2016年命名为"欧亚经济联盟与第三国及国际主要经济体的经济合作年"。这表明，哈萨克斯坦希望欧亚经济联盟搞开放合作，而不是封闭在自己的小圈子里。

---

[1] Н. А. Назарбаев. Эра независимости. Астана. 2017. С. 206.
[2] Выступление Президента Казахстана Н. Назарбаева на церемонии подписания Договора о Евразийском экономическом союзе. 29. 05. 2014.

在学者层面，一般认为"大欧亚"概念最早由欧洲政治研究中心高级研究员、前欧盟驻俄罗斯大使麦克·埃米尔松（Michael Emerson）2013 年 9 月在其报告《走向大欧亚：谁？为什么？是什么？怎么走？》中提出[①]，认为俄罗斯、哈萨克斯坦和土耳其等这些横跨欧亚大陆的国家属于"小欧亚"，欧亚大陆的所有国家联合在一起则属于"大欧亚"。也有学者认为，"大欧亚"是个与"大欧洲"相对应的地缘概念，最早由俄罗斯国际事务委员会（РСМД）主席、俄前外长伊万诺夫在 2015 年 9 月 12 日的第 20 届波罗的海论坛"美国、欧盟和俄罗斯：新的现实"上提出。伊万诺夫认为，欧洲提出的"大欧洲"（包括欧盟和俄罗斯等所有欧洲国家）计划已失败，即以欧洲文明为基础的地缘政治共同体已无法建立，新的国际环境需要建设"大欧亚"，即在多文明、多元文化基础上建立的地缘政治共同体。

在官方层面，纳扎尔巴耶夫 2015 年 9 月 27 日在联合国可持续发展大会上首次提出"大欧亚"思想，认为复兴"丝绸之路"经济并将其提升至现代化水平，团结构建"大欧亚共同体"的时机已经到来，倡议将欧亚经济联盟、"丝绸之路经济带"以及欧盟整合成 21 世纪的统一的一体化项目[②]。该倡议旨在发挥欧亚经济联盟的纽带作用，建立一个"欧盟

[①] Michael Emerson, Towards a Greater Eurasia: Who, Why, What, and How?, The Emerging Markets Forum, http://gea.owasia.org/wp-content/uploads/2018/02/Towards-a-greater-Eurasia.pdf.

[②] Участие в Саммите ООН по принятию Повестки дня в области развития на период после 2015 года. 27.09.2015. http://www.akorda.kz/ru/events/2015/9/27.

—欧亚经济联盟—丝绸之路经济带"三者相结合的区域合作框架,形成一个从欧洲经内陆直至太平洋的区域合作机制和区域大市场。后来,普京在2016年圣彼得堡经济论坛上详细阐述了俄罗斯的"大欧亚"倡议,使"大欧亚"有了更丰富的内涵。2019年4月,哈萨克斯坦举办的第四次欧亚议长会议的主题便是《大欧亚:对话、信任、伙伴关系》。由此可见,哈萨克斯坦也有自己关于"大欧亚"的设想。

五 重视欧亚经济联盟与"丝绸之路经济带"对接

纳扎尔巴耶夫对欧亚经济联盟与"丝绸之路经济带"对接有高度的热情。2016年5月31日,纳扎尔巴耶夫在欧亚经济委员会最高理事会扩大会议上表示:"欧亚经济联盟统一市场有责任成为联系东西方之间的纽带。联盟框架内的自由经贸往来与中国国家领导人提出的'丝绸之路经济带'倡议不谋而合。这一倡议对我们各个成员国都有着巨大而现实的利益。"[①]

2017年7月3日,纳扎尔巴耶夫在哈萨克斯坦外交使节与国际组织代表会议上表示:"欧亚经济联盟与中国'丝绸之路经济带'倡议的对接,将为包括中亚国家在内的区域经济发展带来积极影响。我之前也提出过,要进一步加强欧亚经济联盟、上海合作组织和欧盟之间的经贸合作关系。我认

[①] 纳扎尔巴耶夫:《欧亚经济联盟统一市场应成为东西方间的纽带》,2016年5月31日,https://www.inform.kz/cn/article_a2909549。

为这一合作关系前途无量。"① 2018 年 5 月，欧亚经济联盟及其成员国与中国签署经贸合作协定后，哈萨克斯坦议会很快就批准该协定，是最早批准协定的国家之一。在哈萨克斯坦看来，构建"大欧亚"的基本路径是与中国的"丝绸之路经济带"进行战略对接。

当然，纳扎尔巴耶夫的欧亚地区合作思想中也包括安全机制建设内容。在 1992 年独联体国家元首峰会上，纳扎尔巴耶夫提出五点合作主张，其中就包括建立可靠的防御联盟以及协调国防政策。1995 年独联体国家元首峰会通过了哈萨克斯坦提出的《关于维护独联体和平与稳定备忘录》，重申相互尊重边界、领土完整和主权不可侵犯，共同打击分裂主义、民族主义、沙文主义和法西斯主义。后来，随着国际恐怖主义威胁上升，作为阿富汗近邻的哈萨克斯坦对此早有认识。纳扎尔巴耶夫在 2000 年的国情咨文中指出："对于我们来说，建立一个现实的而不是口头上的地区安全机制非常重要。正是为了这个，我们需要集体安全条约组织和'上海五国'。"② 2009 年 3 月，纳扎尔巴耶夫在欧亚地区大学联合会发表演讲指出："建立独联体反恐中心是对国际恐怖主义威胁的回应。我们各国相关机构在打击跨国犯罪、贩毒、非法移民等领域不断加强合作。这也是近 15 年来出现的欧亚一体

---

① 《纳扎尔巴耶夫：要加强欧亚经济联盟和上合以及欧盟之间的合作关系》，2017 年 7 月 3 日，https://www.inform.kz/cn/article_a3042078.

② Н. А. Назарбаев. Эра независимости. Астана. 2017. С. 310.

化的组成部分。"① 显然，在纳扎尔巴耶夫看来，欧亚一体化不仅仅是经济的一体化，还包括安全领域的战略协作，共同打击"三股势力"，为地区发展提供一个可靠和安全的内外部环境。而合作机制不仅仅是集体安全条约组织，还包括上海合作组织等其他地区安全合作机制。

第三节 建立无核世界

哈萨克斯坦曾是世界第四大核武器拥有国，但纳扎尔巴耶夫义无反顾地放弃了核国家地位，致力于构建没有核武器和其他大规模杀伤性武器的世界。这是纳扎尔巴耶夫为世界作出的重要贡献，也是哈萨克斯坦外交政策的"一个品牌"。弃核不但没有降低哈萨克斯坦的国际地位，反而赢得了国际社会的尊重。

一 弃核

哈萨克斯坦独立前后，纳扎尔巴耶夫需要决断两件事：

一是关闭核试验场。哈萨克斯坦境内有一座苏联时期建造的塞米巴拉金斯克核试验场。1991年8月29日，哈萨克

---

① ［哈］努·纳扎尔巴耶夫：《纳扎尔巴耶夫文集》，中国社科院俄罗斯东欧中亚研究所等联合课题组译，人民出版社2017年版，第432—433页。

斯坦尚未正式宣布独立，纳扎尔巴耶夫就签署法令宣布关闭该核试验场。后来，纳扎尔巴耶夫向联合国建议将8月29日定为"国际拒绝核武器日"。

塞米巴拉金斯克核试验场让纳扎尔巴耶夫深恶痛绝。据《纳扎尔巴耶夫——哈萨克斯坦的缔造者》一书介绍，纳扎尔巴耶夫在铁米尔套当炼钢工人时，他的朋友苏莱曼诺夫（后来成为哈萨克斯坦首位外交部部长）的家位于该核试验场附近，苏莱曼诺夫的家人因核辐射陆续生病或死亡。朋友家庭的悲惨命运给纳扎尔巴耶夫留下深刻印象。该试验场在1949—1989年的40年间，共进行了752次核爆炸，78次在地面上，26次在空中，其余在地下。核爆实验给环境造成的辐射物质总量是切尔诺贝利核泄漏量的两倍多。

纳扎尔巴耶夫在不同时期的讲话中历数了核试验的影响："这些核试验直接或间接地影响了近50万人的生活。到目前为止，仍有数十万公顷的土地不适合耕种"①，"总当量相当于投放到广岛核弹的2500多倍。对我们的生态造成的创伤是如此严重，至少需要300年才能恢复！"② "当我发现在塞米巴拉金斯克发生的具体情况时，我无法用语言来表达我的愤慨和仇恨。我恨那些在哈萨克斯坦进行核爆炸实验的

---

① Выступление Президента РК Н. А. Назарбаева в Норвежском институте международных отношений. Осло. 3 апреля 2001 г.

② Выступление Президента РК Н. А. Назарбаева на торжественном мероприятии, посвященном 20-летию прекращения испытаний на Семипалатинском ядерном полигоне.

人，他们竟然完全不顾人的安全。"①

二是解决本国境内的核武器问题。根据纳扎尔巴耶夫在挪威国际关系学院讲话所透露的数据，苏联解体前在哈萨克斯坦部署了104枚洲际弹道导弹（1040枚弹头），370枚空基核弹头②。当时，哈萨克斯坦境内的核弹头数量排在美国、俄罗斯和乌克兰之后，位居世界第四。留核还是弃核，成为哈萨克斯坦面临的一个重大问题。

纳扎尔巴耶夫对核武器向来没有好感。他在回忆录中表示："在我国领土上存放着一排排令人恐怖的弹道导弹，还有许多独立核弹头，它们像魔鬼一样吓人。仅仅个头之大就已经令人心惊肉跳……那些导弹放在那儿，唤起我心头的恐惧。我有一种感觉，不知什么时候，它们会带着撒旦式的不可预测性，掉转头对准它们的主人。"③

当时，哈萨克斯坦国内在核武器问题上有不同的声音。主张保留核武器的理由是：威慑潜在对手，体现大国地位，同时还可以与大国讨价还价。主张废除核武器的理由是：维护这些武器需要大笔资金，也缺乏相应的技术，这是一个烫手山芋，会给哈带来国际压力。纳扎尔巴耶夫后来在挪威的国际关系研究院发表演讲时，讲述了当时国内要求保留核武

---

① ［英］乔纳森·艾特肯：《纳扎尔巴耶夫——哈萨克斯坦的缔造者》，鄂云龙、倪耀礼、姜承宗、张志明译，人民出版社2017年版，第189页。

② Выступление Президента РК Н. А. Назарбаева в Норвежском институте международных отношений. Осло. 3 апреля 2001 г.

③ ［英］乔纳森·艾特肯：《纳扎尔巴耶夫——哈萨克斯坦的缔造者》，鄂云龙、倪耀礼、姜承宗、张志明译，人民出版社2017年版，第198页。

器的5大理由,因为对一些哈萨克斯坦人来说,拥有核武器的确具有"诱惑力"。

核武器是恶魔,是悬在人类头上的达摩克利斯之剑,但核燃料也可以造福人类,具有经济价值。经过讨论,纳扎尔巴耶夫作出战略抉择,决定进行利益置换。哈萨克斯坦不能无条件放弃而得不到任何回报。纳扎尔巴耶夫要求的回报主要有以下两点:

第一,有核国家必须对哈萨克斯坦作出安全承诺。"那些呼吁哈萨克斯坦加入'无核俱乐部'的人,其宗旨是保护本国人民和国家战略利益。同理,哈萨克斯坦位于两个核大国之间,……我们消除核武器的同时,需要俄罗斯、中国、美国给予我们保障,这么做合乎逻辑。"[1] 在1994年的欧洲安全与合作会议布达佩斯峰会期间,美国、俄罗斯和英国签署文件,向哈萨克斯坦、乌克兰和白俄罗斯提供安全保证。1995年2月,中国发布《中国政府关于向哈萨克斯坦提供安全保证的声明》,承诺"无条件不对无核国家和无核区使用或威胁使用核武器,这一原则立场适用于哈萨克斯坦。中国政府呼吁所有核国家作出同样的保证,以增加包括哈萨克斯坦在内的所有无核武器国家的安全"。

第二,交出核武器换取一定资金援助。苏联解体后,为更大程度巩固冷战胜利成果,西方要求哈萨克斯坦、乌克

---

[1] Выступление Президента РК Н. А. Назарбаева в Нью-Йоркском совете по международным отношениям. Нью-Йорк. 23 мая 1992 г.

兰、白俄罗斯放弃境内的核武器。经过与美国多次讨价还价，最终哈萨克斯坦答应放弃境内核武器，而美国提供一系列援助和投资，包括雪弗龙公司向哈萨克斯坦的油田投资100亿美元。除核武器外，哈萨克斯坦境内还有能生产1200枚核弹的浓缩铀。最终，美国制订了"纳恩—卢格计划"，向哈、乌、白三国提供8亿美元援助。克林顿时期又增加了4亿美元援助，并附带签署了避免双重征税的协定，以促进美国企业对哈投资。

1992年5月18—23日，纳扎尔巴耶夫访美。在与美国总统乔治·布什会晤后，纳扎尔巴耶夫表示愿意尽快加入《不扩散核武器条约》和《战略武器裁减条约》，将核导弹从哈萨克斯坦领土上移走，哈成为无核国家。

1993年12月，哈萨克斯坦正式签署《不扩散核武器条约》。1994年2月，纳扎尔巴耶夫在美国哥伦比亚大学讲演时感慨地说："哈萨克斯坦作出了历史性选择，自愿承担销毁境内核武器的义务，不多不少，正好是104枚洲际弹道导弹，其携带的核弹头数量超过1000枚。"① 1996年9月30日，在第51届联合国大会期间，哈萨克斯坦签署《全面禁止核试验条约》（CTBT，2002年5月14日批准该条约）。

在弃核的同时，哈萨克斯坦开始推动建设中亚无核区。1993年，纳扎尔巴耶夫提议建立中亚无核武器区的倡议。

---

① Выступление Президента РК Н. А. Назарбаева на тему: "Мир, развитие, демократия" в Колумбийском университете США. Нью - Йорк. 16 февраля 1994 г.

2006年9月8日在塞米巴拉金斯克市，中亚五国签署《中亚无核武器区条约》。参加国承诺禁止在其领土内生产、获取和部署核武器及其部件或其他核爆炸装置。该条约并不禁止为和平目的利用核能。2009年3月21日，《中亚无核武器区条约》正式生效，成为继拉美、南太平洋地区、非洲以及东南亚之后的世界第五个无核武器地区，也是首个曾经拥有核武器地区建立的无核区，对于世界的无核化具有示范性意义。2014年5月6日，五大核武器国签署了《中亚无核武器区条约消极安全保证协议》。

二　核安全思想

从哈萨克斯坦领导人讲话和政府文件中可知，哈萨克斯坦对核问题的基本主张主要有：

第一，核武器不是解决问题的有效工具。这是哈萨克斯坦对核武器的最根本认识。纳扎尔巴耶夫一而再、再而三地强调，核武器不能解决分歧，使用核武器的概率几乎为零，应该转变思维方式，彻底干净地消除核武器给全人类带来的威胁。这一思想一直贯穿在纳扎尔巴耶夫的所有核问题讲话中。

纳扎尔巴耶夫在2006年圣彼得堡八国集团首脑会议上表示："诸如核武器以及其他的大规模杀伤性武器并不是解决全球或地区安全的手段。我认为，很多问题的出现是因为国际社会还没有彻底摆脱旧的理念。……应该认识到这样一个事实，那就是企图通过使用核武器来制止国家间的战争几乎没有可能。我们应该做的是集中力量消灭恐怖主义。我们应该正视现实，需要将核俱乐部扩大的后果降至最低，特别是那些不合法或半合法的核俱乐部成员。……我认为，为了确保世界的安全，我们应该走彻底销毁核武器的道路，应该意识到，核武器以及其他大规模杀伤性武器是整个人类的最直接威胁。"在这次峰会上，纳扎尔巴耶夫勇敢地向八国集团成员国提议：八国集团应该在削减战略性进攻武器方面作出表率。他表示："也许我的建议有些不太现实，但是无论如何，应该朝这个方向努力。"[①]

第二，去核进程中的倒退会刺激更多国家谋求获得核武器，世界将更不安全。1998年印度和巴基斯坦相继进行了核武器试验，世界无核化出现倒退。还有不少国家成为隐形的核国家。这种倒退使哈萨克斯坦非常担忧。在2000年9月6日的联合国千年大会上，哈萨克斯坦认为人类在去核化上进步有限，一些国家仍在发展核武器，这一现象应该改变。纳扎尔巴耶夫指出："一些国家正站在获得核武器的门槛上。苏联解体后，哈萨克斯坦也曾是巨量核武器的拥有者，我们国家开创了自愿拒绝这一武器库的先例。今天，我们再次呼吁所有核大国采取具体步骤，消除核武器。"[②]

---

① Выступления Президента РК Н. А. Назарбаева на Саммите группы Большой восьмерки. 15 июля 2006 г.

② Выступление Президента РК Н. А. Назарбаева на Саммите тысячелетия ООН. Нью – Йорк. 6 сентября 2000 г.

第三，管理不善可能导致核武器流入恐怖分子之手。纳扎尔巴耶夫认为，恐怖分子也在寻求获得核武器，这将给世界和平与安全带来现实威胁。"现在，从技术上讲，制造核武器已经不像20年前那样困难，关键是如何获取一定数量的高浓缩铀或钚。通过走私途径获得核材料，这不是天方夜谭。"他举例称，基地组织头目本·拉登就曾公开表示希望获得核武器，并透过媒体声明准备支付150万美元购买制造核弹的材料。哈萨克斯坦的担忧也不无道理。当年哈在移交核武器的过程中就有多起让人心惊肉跳的戏剧性"新发现"：一是在东部的乌尔巴冶炼厂发现一批高浓缩铀，足以制造20枚核弹头；二是在塞米巴拉金斯克试验场的深井中发现了尚未引爆的钚。纳扎尔巴耶夫后来回忆称，调查结论只能是军方丢失了应有的记录，忘记了在乌尔巴还存储着这么多武器级铀。纳扎尔巴耶夫认为，核材料管理并没有人们想象得那样严格，而有核国家数量增加也意味着出现纰漏的可能性增大。

第四，和平利用核能应既受保护又受监督。哈萨克斯坦铀矿储量丰富，希望得到和平利用，使其为人类造福。但和平利用核能应受到有效监管。纳扎尔巴耶夫认为应该铸剑为犁，"是时候考虑用核铀生产替代能源，考虑全球能源安全问题了。没有任何理由阻止那些和平利用核能的国家。伊朗以及其他拥有或计划建造核电站的国家，应该拥有科研能力来完善其核电站的安全,并考虑核燃料以及核废料的问题。这些活动应该是透明的,国际社会应该可以进行监管"。①2010年4月2日,纳扎尔巴耶夫在《消息报》发表署名文章,认为"和平的核计划是主权国家不可剥夺的权利"②。在2012年3月世界核安全峰会上,纳扎尔巴耶夫就和平利用核能再次发声,认为和平利用核能需要平等与信任,"所有国家都平等享有利用核技术的权利以及使用低浓缩铀国际银行储备的可能性"③。2009年,哈萨克斯坦提议在其境内成立国际原子能机构(IAEA)"低浓缩铀银行"。2015年8月,哈萨克斯坦政府与国际原子能机构签署关于在哈萨克斯坦境内成立低浓缩铀银行的协议。

三 "无核世界"的旗手

在本国弃核的同时,哈萨克斯坦也扛起建设"无核世界"的旗帜。1993年8月30日,"国际反核大会"在阿拉木图召开。纳扎尔巴耶夫在会上提出:"世界上越来越多的人理解,人类有着共同的命运,必须反对战争,特别要反对核

---

① Выступления Президента РК Н. А. Назарбаева на Саммите группы Большой восьмерки. Санкт‐Петербург. 15 июля 2006 г.

② В газете "Известия" опубликована статья Президента Республики Казахстан Нурсултана Назарбаева "Глобальный мир и ядерная безопасность". 2 апреля 2010. http://www.akorda.kz/ru/events/.

③ Выступление Президента Республики Казахстан Н. А. Назарбаева на Саммите по ядерной безопасности. 27 марта 2012.

武器对人类的威胁。"① "随着反核运动高涨,我相信,我们的目标终究会实现——全面禁止各种形式的核试验和所有核武器。"②

2010年4月2日,在首届世界核安全峰会召开前夕,纳扎尔巴耶夫在《消息报》发表了《世界和平与核安全》一文,专门阐述了哈萨克斯坦的核立场。在随后的核安全峰会上,纳扎尔巴耶夫提出在21世纪建立一个"没有核武器的人类世界",呼吁国际社会发表关于建立和平的无核武器世界的共同宣言。在2012年的世界核安全峰会上,他又提出若干重要建议和倡议,包括将峰会机制化、签署核武器公约等。"哈萨克斯坦建议核安全峰会每两年举行一次。……我认为,未来发布无核武器世界共同宣言将是签署《无核武器公约》的重要一步。"③

2015年12月7日,联合国大会以133票赞成、23票反对、28票弃权的结果通过哈萨克斯坦"关于建立和平的无核武器世界共同宣言"的倡议。2016年8月29日,为纪念塞

---

① Выступление Президента РК Н. А. Назарбаева на Международном антиядерном конгрессе. Алматы. 30 августа 1993 г. Сборник документов и материалов. Президент Н. А. Назарбаев и современный Казахстан. Том III. Н. А. Назарбаев и внешняя политика Казахстана. Алматы 2010. С. 126.

② Выступление Президента РК Н. А. Назарбаева на Международном антиядерном конгрессе. Алматы. 30 августа 1993 г. Сборник документов и материалов. Президент Н. А. Назарбаев и современный Казахстан. Том III. Н. А. Назарбаев и внешняя политика Казахстана. Алматы 2010. С. 126.

③ Выступление Президента Республики Казахстан Н. А. Назарбаева на Саммите по ядерной безопасности. 27 марта 2012.

米巴拉金斯克核试验场关闭 25 周年，哈萨克斯坦举行了"建立无核世界国际会议"。通过不懈努力，纳扎尔巴耶夫的"无核世界"思想获得国际社会的认同。

2017—2018 年，哈萨克斯坦担任联合国安理会非常任理事国，也是首个成为安理会成员的中亚国家。利用这个特殊的角色，哈萨克斯坦在无核化问题上提出更明确的目标——2045 年建成"无核世界"。

2018 年 1 月 18 日，在哈萨克斯坦主持的联合国安理会关于"不扩散大规模杀伤性武器：信任措施"高级专题会议上，纳扎尔巴耶夫呼吁在 2045 年（即联合国成立 100 周年）建成"无核世界"。对于建设路径，纳扎尔巴耶夫经过深思熟虑提出更全面的方案，包括：

一是增强战略互信。他表示："今天的现实是，如果世界核大国之间能够建立互信，很多冲突都可以得到预防和有效控制"，"核大国应成为无核武器世界的带头人和缩减大规模杀伤性武器的典范"。①

二是明确违约的后果，对违约国家进行惩处。"建议联合国安理会通过特别决议，明确违反《不扩散核武器条约》的后果，包括制裁和强制措施。"

三是理解有顾虑国家的安全关切。"必须建立法律保障体系，核国家必须为自愿放弃核武器的国家以及无核国家提

---

① Выступление Президента Республики Казахстан Н. Назарбаева на заседании Совета Безопасности ООН. Нераспространение ОМУ: меры доверия. 05 ноября 2018 г.

供保障","我们赞成'五个核大国'为朝鲜提供安全保障，创造信任气氛和条件，并使平壤重返谈判桌"。2018年3月2日，哈萨克斯坦签署《禁止核武器条约》，成为该条约第57个签约国。

中国是哈萨克斯坦"无核世界"理念的重要伙伴和坚定支持者。在核武器问题上，中国历来奉行在任何时候、任何情况下都不首先使用核武器的原则，无条件地承诺不对无核武器国家和无核武器区使用或威胁使用核武器，主张全面禁止和彻底销毁核武器。中国的主张与哈萨克斯坦完全吻合，在建设"无核世界"问题上有共同语言。

1996年7月中哈签署联合声明，呼吁"全面禁止和彻底销毁包括核武器在内的所有大规模杀伤性武器，赞成尽快缔结全面禁止核试验条约。双方呼吁所有核国家承诺不首先使用核武器，不对无核武器国家和无核武器区使用或威胁使用核武器"[①]。这一思想在后来的双边文件中又被多次重申，如2002年的中哈《关于进一步发展和加深两国友好关系的联合声明》写道："中方高度赞赏哈萨克斯坦以无核国家身份加入《不扩散核武器条约》，……中国主张全面禁止和彻底销毁核武器，主张在这个范畴内实现全面禁止核试验，并呼吁早日谈判缔结全面禁止核武器条约。"

[①] 《中华人民共和国与哈萨克斯坦共和国联合声明》，1996年7月5日。

第四节　地区安全与亚信会议

哈萨克斯坦是维护地区安全的积极力量,《哈萨克斯坦2014—2020年对外政策构想》规定其外交政策的优先方向和任务是"尽一切力量保障地区安全稳定,应对新的挑战和威胁,包括来自邻国的挑战和威胁","这是哈在本地区的责任,也是应该发挥的作用"。纳扎尔巴耶夫为此提出了一系列倡议,其中最突出的成就之一是提出"亚洲相互协作与信任措施会议"(简称"亚信会议")倡议并将其机制化,使之成为维护亚洲地区安全的重要平台。

一　建立亚信会议机制

亚信会议是一个有关亚洲安全问题的多边论坛,宗旨是在亚洲国家间通过增加信任措施,促进亚洲和平、安全与稳定。1992年10月5日,也就是在哈萨克斯坦刚刚独立不久,纳扎尔巴耶夫在47届联合国大会上正式提出召开"亚信会议"的倡议。纳扎尔巴耶夫阐述了亚信会议的建设路线图:"第一阶段,筹建机构并举行亚信会议,大体时间是1992—1994年;第二阶段,积极开展活动,增加成员国,形成亚洲版的欧安会议,大体时间是1994—1998年;第三阶段,确立、发展和巩固亚洲安全会议与欧洲安全会议间的协作，在一些领域加强欧亚大陆间的合作，时间大体是 1998—2000 年。"①

尽管实际发展过程并没有完全按照纳扎尔巴耶夫当初设计的时间表进行，但亚信会议的发展总体上比较顺利。1993 年 3 月，首次亚信会议专家会议（可行性论证）在阿拉木图召开，各方开始着手酝酿成立亚信会议。1994 年 10 月，在第三次专家会议上，哈萨克斯坦决定成立专门工作组，筹备亚信会议外长级会议。头两次会议都是副外长级别的会议，属于亚信会议发展的"童年期"。1996 年 2 月举行了亚信会议的首次副外长级会议。由于各方对亚信会议尚不了解，响应国家数量不多。1997 年 12 月举行了第二次亚信会议副外长级会议，通过了《亚信会议声明》，表达了开展政治对话、促进裁军和实现地区安全的意愿。

1999 年 9 月 14 日，亚信会议首次外长级会议在阿拉木图召开，通过《亚信会议成员国相互关系原则宣言》，主要内容是维护公认的国际关系基本准则，发展经济、社会和文化合作等。该文件为亚信会议的发展奠定了法律基础。

2002 年 6 月 4 日，亚信会议召开首次元首峰会，通过《阿拉木图文件》和《关于消除恐怖主义和促进文明对话的宣言》。《阿拉木图文件》明确了亚信会议的宗旨和目标，即

---

① Выступление Президента РК Н. А. Назарбаева на 47-й сессии Генеральной Ассамблеи ООН. Нью-Йорк. 5 октября 1992 г.

通过制定旨在增进亚洲和平、安全与稳定的多边措施，促进地区安全与稳定。

亚信会议主席国 2002—2010 年由哈萨克斯坦担任，2010—2014 年由土耳其担任，2014—2018 年由中国担任，2018 年起由塔吉克斯坦担任。中国接任主席国后，亚信会议进入新的发展阶段。2014 年在上海举行的亚信会议第四次峰会发表了《上海宣言》，明确提出"共同、综合、合作、可持续"的新安全观。纳扎尔巴耶夫对这次峰会给予高度评价，称此次首脑峰会是亚信会议历史上最具代表性的一次，有 26 个成员国、7 个观察员和 4 个国际组织以及众多嘉宾与会，大大拓展了亚信会议的地理范围和国际影响力。

经过各方的不懈努力，亚信会议已建立国家元首和政府首脑会议、外长会议、高官委员会会议、常设秘书处和主席国工作组等工作机制。截至 2019 年年初，成员国已经从最初的 16 个发展到 27 个，覆盖了欧亚大陆约 90% 的面积和人口，另有联合国等 5 个国际组织和 8 个国家作为其观察员。

哈萨克斯坦建立亚信会议的出发点是仿效欧洲安全与合作会议（1995 年更名为"欧洲安全与合作组织"），建立亚洲版的安全与合作机制。对此，纳扎尔巴耶夫的设想是：

第一，亚信会议是安全对话的平台。纳扎尔巴耶夫在 2004 年举行的亚信会议部长级会议上表示："我们深信，亚信会议的一个主要职能是在实践中构建和平,通过加强政治和军事互信措施来解决争端……我们认为,对于需要进行多边磋商的亚洲安全议题来说,这种互动的会议机制是一个非常合适的平台。"①

第二,推动解决亚洲热点问题。纳扎尔巴耶夫在首次亚信峰会上表示:"阿富汗局势仍然令人担忧。该国是全球毒品的主要生产地,其'恐怖主义经济'规模占全球的1/3","今天必须采取一切措施,尽快使阿富汗回归国际社会,重建其被破坏的经济"。②除阿富汗这个老大难问题外,哈萨克斯坦还呼吁关注印巴冲突、叙利亚危机、乌克兰危机、伊拉克局势等问题。

第三,打击恐怖主义、极端主义以及毒品、走私、非法移民等跨国有组织犯罪。纳扎尔巴耶夫认为:"应积极进行集体外交协调,共同努力打击恐怖主义、宗教极端主义和有组织犯罪,以及贩毒、非法越境等。为此,应坚定不移地深化军事政治领域合作,使之成为构建我们各国间互信措施清单的一个重要组成部分。"③ 2015年,纳扎尔巴耶夫在联合国第70届大会上提出《实现无恐怖主义世界的行为准则》,2018年9月获得联合国大会通过。

---

① Выступление Президента РК Н. А. Назарбаева на министерской встрече СВМДА. Алматы. 22. 02. 2004.

② Выступление Президента РК Н. А. Назарбаева на Ⅲ-м Совещании министров иностранных дел(СМИД)СВМДА. Алматы. 25 августа 2008 г.

③ Выступление Президента РК Н. А. Назарбаева на Ⅲ-м Совещании министров иностранных дел(СМИД)СВМДА. Алматы. 25 августа 2008 г.

第四，开展经济、社会、环境、网络安全、制裁与反制裁、交通物流、新能源等更广泛议题的交流对话。纳扎尔巴耶夫提出，亚信会议秘书处应该在推动经济合作方面发挥更大作用。他认为，发展是稳定的基础，亚信会议应根据形势变化而关注贫富分化和环境等议题。"众所周知，一些地区的贫穷和社会退化是滋生新威胁的温床。……应首先致力于解决最为紧迫的社会经济问题。换句话说，社会经济结构性改革的成果是消除国际恐怖主义思想和行为的重要条件。"[1]

随着亚信会议影响力不断扩大，纳扎尔巴耶夫在2014年第四次亚信峰会上又提出更大胆的设想——以亚信会议为基础，建立"亚洲安全与发展组织"（OSDA）。该组织可与欧安组织合作，或进行良性竞争，从而为整个欧亚大陆的安全作出贡献[2]。当然，纳扎尔巴耶夫也非常清楚，在纷繁复杂的亚洲地区建立这样一个机制困难重重。他强调，与欧洲和美洲相比，虽然亚洲地区在政治、经济、历史、文化、宗教等方面存在更大的差异性，但千里之行始于足下，只要付出努力，早晚能够建成。在2002年亚信会议首次峰会上，纳扎尔巴耶夫以"亚信会议只是建立亚洲安全机制漫漫长路的开

---

[1] Выступление Президента РК Н. А. Назарбаева на министерской встрече СВМДА. Алматы. 22 октября 2004 г. Сборник документов и материалов. Президент Н. А. Назарбаев и современный Казахстан. Том III. Н. А. Назарбаев и внешняя политика Казахстана. Алматы 2010. C. 102.

[2] Statement by H. E. Mr. Nursultan Nazarbayev, President of the Republic of Kazakhstan, http：//www. s-cica. org/page. php? page_ id =698&lang =1.

端"为题发表讲演，提出"签署《阿拉木图宣言》绝不意味着我们明天就会有一个像欧安组织那样的机构。要使得亚洲各国往往并不一致的利益彼此接近，建立合作的法律基础，还需要做大量的政治和外交工作"①。

二 推动解决阿富汗、叙利亚、伊核等地区热点问题

除倡议和举办亚信会议这样的地区安全磋商平台外，哈萨克斯坦在一些国际热点问题上也发挥着独特作用，最具代表性的是为阿富汗、叙利亚和伊核问题提供对话平台。纳扎尔巴耶夫是一位擅长处理人际关系的政治家，在国际社会享有很高威望，这使得哈萨克斯坦经常成为热点问题的沟通平台。纳扎尔巴耶夫也乐于担任调解人。他多次表示："我们要做好准备，充当热点问题的调解人，包括在中东地区甚至更宽广的国际范围内协助解决宗教和民族冲突。"②

阿富汗是中亚的邻国，对中亚安全与稳定及长远发展都至关重要。纳扎尔巴耶夫在2011年6月撰写的《上海合作组织：过去十年和未来十年》一文中明确表示："一个强大、独立和稳定的阿富汗是整个中亚及其周边国家繁荣的关

---

① Выступление Президента РК Н. А. Назарбаева на Первом саммите СВМДА. 4 июня 2002 г. Сборник документов и материалов. Президент Н. А. Назарбаев и современный Казахстан. Том III. Н. А. Назарбаев и внешняя политика Казахстана. Алматы 2010. С. 96.

② Стратегия "Казахстан-2050": Новый политический курс состоявшегося государства. 14. 12. 2012.

键。"① 在哈萨克斯坦主导的各种国际会议中，阿富汗问题始终是重要议题之一。哈萨克斯坦为阿富汗的和平对话和战后重建作出不懈努力，主要有：

第一，向驻阿富汗联军提供后勤通道。哈萨克斯坦是美国及其北约盟军向阿富汗运输物资的北方通道的组成部分。2001年，哈向美军提供了空中飞行过境权，之后又与美国签署多份协议，支持美国过境哈领土向驻阿富汗的美军运送后勤物资。2017年9月，哈美签署补充议定书，允许美及北约盟军使用哈萨克斯坦的里海港口（阿克套港、库雷克港）向阿富汗运输非军事物资。哈政府表示，里海港口只是运输中心，而非军事基地，运输的物资有助于阿富汗的稳定和重建。

第二，与伙伴国一起参与"伊斯坦布尔进程"（the Heart of Asia-Istanbul Process）。"伊斯坦布尔进程"原本是阿富汗和土耳其发起的一项区域合作倡议，旨在通过对话和建立信任措施，促进以阿富汗为中心的区域安全、经济发展和政治合作。最早于2011年11月2日在土耳其的伊斯坦布尔启动，由此得名。每个参与国可自愿承担或牵头相关地区内的信任措施建设。哈萨克斯坦和中国等均是"伊斯坦布尔进程"的重要参与国。2013年4月26日，哈萨克斯坦承办"伊斯坦布尔进程"第三次外长会议，通过《阿拉木图宣

---

① Н. А. Назарбаев: ШОС: десять лет истории, десять лет будущего. 09.06.2011.

言》。纳扎尔巴耶夫在会上表示："国际安全援助部队的撤出，不应被视作世界对阿富汗关注度下降。它应当成为一种信号，标志着阿富汗各方正走向和平发展的新阶段。"[1] 哈还利用担任2017—2018年联合国安理会轮值主席国的机会，促成联合国安理会代表团于2018年1月访问阿富汗，这是联合国安理会代表团自2010年以来首次访问阿富汗。

第三，力所能及地向阿富汗提供援助。哈萨克斯坦认为，阿富汗的稳定无法单纯依靠军事手段解决，必须发展经济，解决民生问题。2010年，纳扎尔巴耶夫在《消息报》撰文表示："除非重建阿富汗经济，除非能给人们提供工作，否则阿富汗人的唯一生活出路就剩下毒品走私。这是一个全球性问题……我们应该首先讨论经济，然后再涉及政治。"[2] 哈萨克斯坦通过双边和多边渠道向阿富汗提供援助。根据哈外交部数据[3]，截至2018年年底，哈共给予阿富汗7500万美元人道主义援助，是中亚地区给予阿富汗援助最多的国家。另外，哈萨克斯坦还拨款5000万美元专门用于资助阿富汗青年学生到哈留学和培训。

哈萨克斯坦虽然不是叙利亚问题、伊核问题的谈判参与方，但为这两个问题的解决提供对话平台。例如，为解决伊

---

[1] Выступление Президента Казахстана Н. А. Назарбаева на конференции министров иностранных дел стран-участниц Стамбульского процесса. 26. 04. 2013.

[2] Н. А. Назарбаев: Судьба и перспективы ОБСЕ//Известия. 28 января 2010 г.

[3] Казахстан и Афганистан: сотрудничество сквозь историю. 14. 02. 2019. https: // ru. sputniknews. kz/afghan/20190214/9299508/kazakhstan-afganistan-istoriya-sotrudnichestvo. html.

朗核问题，在阿拉木图举行了多轮六方会议。特别是 2013 年 2 月的六方会谈取得积极成果，伊朗外交部部长萨利希甚至称这次六方会谈是伊核问题谈判的"转折点"。

哈萨克斯坦在叙利亚和平进程中同样发挥了重要作用。2017 年 1 月，叙利亚内战各方及俄罗斯、伊朗和土耳其的代表在阿斯塔纳举行和谈。这是叙利亚内战爆发以来，有关各方的首次直接对话，也得到联合国的支持，对叙利亚问题的解决起到建设性的作用，成为叙利亚问题走向的一个重要分水岭，被称为开启了"阿斯塔纳和平进程"。截至 2019 年 4 月，"阿斯塔纳和平进程"共举行 12 轮会谈。纳扎尔巴耶夫利用自己的国际威望以及与俄、伊、土各方的友好关系，为解决叙利亚问题作出巨大贡献。

三 "G-GLOBAL"——构建公正、平等、和谐的世界

从独立之初，纳扎尔巴耶夫就一直思考如何建设一个更加和谐公正的世界的问题。"G-GLOBAL"是纳扎尔巴耶夫借鉴"G20"和"G8"称谓，最早在 2011 年 12 月 15 日庆祝哈萨克斯坦独立 20 周年大会上提出的国际合作理念，认为解决世界经济危机需要依靠各国共同努力。当前的八国集团（G8）和二十国集团（G20）机制都有缺陷，代表性不强。为解决国际社会共同面临的问题，需要建立全球范围的综合性对话机制，这就是"G-GLOBAL"。在 2012 年 5 月举行的第 5 届阿斯塔纳经济论坛上，他正式系统地推出了"G-

GLOBAL"理念，即建设一个公正、平等、和谐的世界。

为构建公正、平等、和谐的世界，纳扎尔巴耶夫认为应遵守"人类良性发展五原则"：第一，渐进式改革，不断完善，而不是搞革命；第二，公正、平等、协商，强国弱国、大国小国的思想不适合21世纪；第三，包容和互信，没有全球性的互信就无法解决世界面临的共同问题；第四，透明公开，对任何事物都不应该实行双重标准；第五，建设性的多极化，多极化不是大国彼此竞争，而是共商克服全球性问题的办法。

"G-GLOBAL"理念推出后，哈萨克斯坦不断充实其内容，努力将该理念落实到实际工作中，建立了常设秘书处，开展相关国际合作活动。为减少投机、货币战争和市场波动，解决跨境转账面临的问题，纳扎尔巴耶夫在2017年阿斯塔纳经济论坛提出"G-Global全球性加密货币"倡议。在2019年5月第12届阿斯塔纳经济论坛上，纳扎尔巴耶夫建议在阿斯塔纳经济论坛框架内成立"G-GLOBAL对话——大欧亚"专门平台。他认为："决定着世界未来的强国领导人，应该从对大家都不利的制裁转向直接对话，这非常重要。……阿斯塔纳经济论坛和'G-GLOBAL'倡议可以成为上述对话的平台。"[①]

纳扎尔巴耶夫认为"G-GLOBAL"与"人类命运共同

[①] Выступление Елбасы Н. А. Назарбаева на XII Астанинском экономическом форуме. Вдохновляющий рост: люди, города, экономики. 16.03.2019.

体"理念完全吻合。他在 2019 年 4 月第二届"一带一路"国际合作高峰论坛的发言中表示:"我对习近平主席有深深敬意。通过'一带一路'倡议,他发出共建人类命运共同体的呼吁。这一理念与我提出的'G-GLOBAL'构想不谋而合,都是为了维护大家的共同利益。"①

---

① Выступление Первого Президента РК -Елбасы Н. А. Назарбаева на открытии второго Форума международного сотрудничества. "Один пояс, один путь". 26. 04. 2019.

附 录

在哈萨克斯坦共和国第十二届最高苏维埃隆重庆祝共和国总统就职会议上的讲话

（1991年12月10日，阿拉木图）

亲爱的同胞们！

尊敬的人民代表！

尊贵的嘉宾们！

我们正在经历一场伟大的历史变革，并非每一代人都有机会成为它的见证者和参与者。实事求是地说，我们眼前的世界版图上出现了一些新的国家，社会政治和经济形态以及国家管理方式也在发生变化。

很多生存在古老土地上的国家，就像人一样，在度过童年和青年，经历了成熟与衰败之后，在浴火中新生。哈萨克斯坦并没有远离历史潮流。在新的历史阶段，哈萨克斯坦人民坚定地作出自己的选择，建立文明的民主社会。

当前，我们的整个社会经济生活方式正在发生剧烈变革。历史经验表明，只有全社会秉持统一的信念，才能成功地度过这个时期。为了这个信念，人们能够面对暂时的困难，乃至局部的失败。对我们来说，这个信念就是建立自由的、民主的、主权的哈萨克斯坦。为此，全体公民于12月1日进行了投票。在哈萨克的上千年历史上，这是第一次由全体公民选举自己的总统。

谈到主权问题，我并不是说哈萨克斯坦将要成为一个封闭的国家。很明显，封闭会对哈萨克斯坦实现政治和经济独立产生不利影响。当年英明的阿布赉汗就抓住类似于今天的特有机会，在18世纪中叶重振了已经衰落的哈萨克汗国，并与邻国保持良好关系。他的子孙后代同样清楚这个道理并继承着他的事业。

当前，在新旧两个时代交替之际，在社会出现危机的情况下，时间因素至关重要。各个加盟共和国日益紧张的局势以及我们最近几个月遇到的尖锐问题，都迫使我们迅速、果断和明确地采取行动，没有时间摇摆。

现在，几乎每个人都很清楚，历史让我们别无选择，只能从根本上改变生产关系。但是，向市场经济转变的复杂性显而易见。目前所采取的措施显然不够，有些措施具有局限性，有些有头无尾，还有一些受到保守势力或明或暗的掣肘以及旧行政体系残余的破坏。现在已接近危机的关键时刻，为了维护经济和社会稳定，我们必须尽快采取一整套激进措施。

在此，不能将激进措施理解为全面彻底的推倒或打碎。我们已经过了那个阶段。亏损企业和农场必须进行改革，因为正常合理的经济不应该享受免费的补贴。非国有化和私有化不意味着要消灭国有经济，支持农户也不是要取消集体经济。

尽管过去没给我们留下多少积极的东西，但那些真正宝贵的经验教训，还有世代交往形成的历史联系等，仍需我们珍惜。我曾经多次强调，各加盟共和国之间维护一体化联系、保持有效的经济协作以及建立政治联盟具有重要意义，现在仍认为有必要再重复一下。

坦率地说，当前，签署新的《联盟条约》和建立经济共同体的前景比以往任何时候都更加困难。当然，这不是我们的错。在一些加盟共和国的领导团队中，竟然有人将主权与闭关自守混为一谈，这令我深感遗憾。而俄罗斯、乌克兰和白俄罗斯领导人的声明以及签署关于成立独立国家联合体的协议更是让人出乎意料。

三国领导人的决定关系重大，需要我们根据最新动态及时对其作出明确评判。但无论如何，哈萨克斯坦都必须做好应对各种变化的准备。我们有能力自力更生，因为我们拥有必要的经济潜力和极其丰富的自然资源，最重要的是，我们拥有一支合格的工人和农民队伍，拥有才华横溢的科学家和工程师，还有出色的、有创造力的、随时准备为祖国繁荣而服务的知识分子和青年人。

与此同时，我们仍然是以尊重客观历史为前提的一体化进程的支持者。

我们现在需要首先采取哪些措施呢？

政治上，需要进行明确的权力划分，形成垂直的总统权力架构，创建一个有序的执行机关管理体系。

需要将共和国的最高苏维埃变为专业化的议会。为此需要大幅裁减地方苏维埃的代表数量和精简臃肿机构。

需要支持政治多元化，坚决禁止那些旨在破坏共和国领土完整，鼓吹极端主义、种族冲突和分裂主义的政党和政治运动的活动。

需要采取果断行动，维护法律秩序，加强遵纪守法。

需要维护民族和谐。和谐的基础是所有哈萨克斯坦人都拥有平等权利。政治稳定优先是国家政策的基本原则。

没有这些政治基础，哈萨克斯坦就难以融入现代文明，无法进行深入的经济改革，包括实现价格自由化、复苏财政金融、开展私有化、建立市场经济基础设施、保护不同形式所有制的平等权利。要让集体和私有经济成为经济复苏的主要引擎之一，努力消除所有阻碍经营活动的官僚主义。

作为主权国家，哈萨克斯坦必须成为国际关系中的独立主体，成为世界经济体系中的活跃一员。由于所处的地理位置和所拥有的社会潜力，哈萨克斯坦能够既与亚太，又与欧洲大西洋地区建立联系。我们需要建立开放的市场，大力吸收外国投资，以便彻底改善国民经济结构，扩充我们的黄金储备和货币基础。因此，我想告诉大家，我们打算允许外国资本参与国有资产的非国有化和私有化进程，给予它们特许经营权。

尽管目前财力和物力有限，我们仍将继续采取明确的方针，支持退休人员、残疾人、孤儿、多子女家庭和学生等社会弱势群体。

我认为，为了维护当代和子孙后代的利益，必须在发展经济的同时，保护哈萨克斯坦的自然资源，实施生态保护计划。这个问题至关重要。

在听取我的选举纲领时，人们经常会问到同样一个问题：如果大多数地方领导人只是在口头上表示支持，在实际上却固守老派并百般阻挠向市场经济过渡的话，我的选举纲领是否还能实现？我不太同意这种看法。领导人有工作热情不等于有管理经济的能力。那些手握权力却不善于改革的领导人，同样属于市场经济的反对者。对我来说，解决这个问题的办法非常明确：选拔一批能够让国家快速走向未来的年轻干部。

当前，我们每个人都在经历转型时期的困难，比如物价上涨、通货膨胀、生活水平下降等。我们的生活并不那么舒适。就像我在选举前的集会上所说的那样，我现在既不能，也不想承诺我们的生活会很快好转。我如果不这么说，那就是没对你们说真话。这是我们必须经历的过程，我们要怀着对未来的信心，咬紧牙关度过这个阶段。实际上，土耳其、韩国、新加坡也曾经发生过类似的情况。正是因为目标明确、利益一致和行动统一，使得这些国家的人民实现了现在的经济奇迹。目前，东欧国家也正在经历这一过程。

我们必须明白，当前的历史机遇绝不能错过。我想说的是，哈萨克人民继承了先辈的传统和智慧，创造力无穷无尽，拥有丰富的国际主义、民族和谐与社会和睦经验，一定可以并且应该承担起伟大使命，成为本地区乃至国际社会和平稳定的保障者。

12月1日在各个选区进行的不是简单的投票活动，而是建设一个包括哈萨克人、俄罗斯人、乌克兰人、朝鲜人、德意志人、维吾尔人等各族人民在内的新的兄弟共同体的开端。所有人都将团结一致，为国家的健康未来而共克时艰。

亲爱的同胞们！

我深切地体会到你们在哈萨克斯坦首次全民总统选举中给予我的高度信任和赋予我的无上荣耀。衷心感谢来自各个民族、各社会阶层、各社会运动和政党、各宗教团体的选民，感谢所有支持我和我的选举纲领的人。这份全民信任的委任状不仅给予我行动的权力，也是一份对全体人民的巨大责任。我希望得到你们的支持，并保证竭尽全力，不辜负你们的信任和期望。

我相信，我们有能力在哈萨克斯坦土地上建立起高度发达的多民族文明，使哈萨克民族得以复兴，使这里的各族人民都能自由地生活。

纳扎尔巴耶夫的辞职演讲

（2019年3月19日，告全国人民的电视讲话）

亲爱的哈萨克斯坦人民！
同胞们！
同事们！
祖国之光党的党员们！

今天，正如我一直所做的那样，在我们共同建设的国家历史上最重要的时刻，我向你们讲话。但今天的讲话很特别。我做了一个艰难的决定——放下哈萨克斯坦共和国总统的权力。

今年是我担任我国最高领导人的第30个年头。我很荣幸，被我的人民选举成为独立的哈萨克斯坦的首任总统。我还记得当年苏联崩溃，给我们留下了混乱和心灵困惑，留下了被摧毁的经济和政治。国内生产总值减半，粮食和基本生活必需品短缺。所有的主要工厂一夜之间陷入停顿。崩溃似乎来临。这是一个挑战。而我们接受了挑战。我们开始全力开辟自己的哈萨克斯坦发展道路。

我们的"三合一"任务是建立市场经济、拆除旧的意识形态体系，以及使社会的所有机构现代化。我们这样做是为了创造一个现代民主国家——哈萨克斯坦共和国。

我们认识到，在经济疲软和公民贫困的情况下不可能建成民主体制，因此将发展经济和提高公民福利水平置于工作首位。结果，我们成功地将经济总量增加了15倍，将居民收入增加了9倍（以美元计算），这使我们能够将贫困率下降了9/10。

我们独立自主且成功克服了落到我们头上的所有灾难，包括2007—2012年最严重的国际金融危机。

哈萨克斯坦已经从农业经济转向工业和服务经济。国家的工业化和城市化正在推进。世界领先的投资者进入了我们的原材料市场。这使得在石油和天然气领域实施最复杂的项目成为可能。

为了哈萨克斯坦的后代，我们用原材料资源收入创建了国家基金。哈萨克斯坦已成为全球经济的一部分，吸引投资，并与世界上几乎所有的国家进行贸易。

一个新的国家基础设施框架得以建立。我国的所有地区都已由公路和铁路连接。空中航线让我们有机会发现世界的新角落。

哈萨克斯坦已经成为一个大国，不仅在领土面积方面。今天，我们有超过1800万的人口，下一个目标2000万人口也离我们不远。

我们是世界上50多个发达国家之一。"2050年战略"发展规划已经制定。我们的目标是成为世界30个最发达的国家之一。

我们得以在苏联的废墟上建立了一个成功的、有着现代市场经济的哈萨克斯坦，在一个多民族和多宗教的哈萨克斯坦创造了和平与稳定。在我们长达数百年的历史上，哈萨克斯坦共和国首次被国际法所承认。如果我们将哈萨克斯坦放在世界地图上，那么它所在的位置，在过去并不是一个国家。我们现在则有了自己的国旗、国歌和国徽。

在20世纪90年代最困难的时期，我们开始根据"未来"计划培训专家，以便为年轻人提供体面的教育，让他们有机会学习世界上其他成功实践经验并使国家获益。

当金融危机在世界上汹涌肆虐时，我们在阿斯塔纳创建了一所世界级大学，建立了一所"智慧"中学。我相信，在独立年代长大的年轻人都很珍视国家对他们的关怀。他们是独立的哈萨克斯坦的雏鸟。我相信他们能够热爱和巩固我们的国家，为祖国的繁荣事业贡献知识和力量。

我们在我国历史上第一次建造了自己的首都。阿斯塔纳是我们可以感知和触摸的成就和胜利的化身。

亲爱的哈萨克斯坦人民，这一切都是我们共同完成的。这些年来，你们在所有选举中都支持我，拥护我的倡议。我很荣幸为我的伟大人民和祖国服务。非常感谢你们，我的人民，我向你们鞠躬。正是因为有你们的支持，我才不惜精力、健康和时间地工作，以此证明自己没有辜负这份信任。

正如你们所知，我们的法律赋予我首任总统（民族领袖）的地位。我仍然是拥有巨大权力的安全委员会主席，是祖国之光党的主席，是宪法委员会的成员。也就是说，我仍将和你们在一起。国家和人民的关切依旧是我的关切。

作为独立的哈萨克斯坦的创始人，我认为我未来的任务是确保新一代领导人掌权，让他们把我国的改革事业继续进行下去。

哈萨克斯坦的权力交接问题在宪法上已得到解决。如果现任总统的权力提前终止，他的权力将在选举期满之前转移给参议院议长。然后举行新总统选举。

议会参议院议长目前是卡瑟姆若马尔特·托卡耶夫。你们很了解他。他毕业于莫斯科国际关系学院，获得博士学位，精通英文和中文。他长期担任国家领导职务。他在我国外交政策的形成年代担任外交部部长，还曾担任政府副总理、总理，以及参议院议长。他了解我们的国家，懂经济和政治。他还曾被提名并担任联合国副秘书长。这是对他作为外交官的成就的重要认可，也是对哈萨克斯坦这个国家充满信心的标志。

自哈萨克斯坦独立的第一天起，他就一直和我在一起工作。我很了解他。他是一个诚实、负责任和勤奋的人。他完全支持我国正在实行的国内外政策。所有计划都是在他的参与下制订和通过的。

我相信，托卡耶夫是可以将哈萨克斯坦托付给他的人。

亲爱的同胞们！

世界正在发生变化，而不是停滞不前。不仅出现了新的机会，还面临新的全球性技术和人口挑战，以及不稳定的世界秩序。每一代人都必须解决他们面临的问题。我和我这一代人为国家做了我们能做的一切。结果你们已经知道了。世界不断发生变化，一代代新人逐渐到来，这是自然规律。他们将解决自己那个时代的问题。应该让他们尝试，把这个国家变得更好。

我们也应该与世界一起改变。我呼吁年轻一代的哈萨克斯坦人珍重独立的哈萨克斯坦——我们共同的家园，热爱这个永恒的国度——这是我们的人民，我们伟大祖先的土地。我们只有一个家园，一片土地。

珍重我们人民的友谊和团结，珍重我们的相互信任，尊重国家每个公民的文化和传统。只有这样，我们才会强大，才能克服一切挑战。只有这样，我们才能蓬勃发展。

亲爱的哈萨克斯坦人民，我的同胞们！

今天，我是在对你们每一个人讲话。我们面临着一系列宏伟的任务，我相信我们会成功。在我眼中，未来的哈萨克斯坦会是什么样的呢？

我坚信，未来的哈萨克斯坦人是掌握三种语言、受过良好教育的自由人的共同体。他们是世界公民，到处旅行。他们对新知识持开放态度，他们很勤奋，他们是爱国者。

我相信，未来的哈萨克斯坦是全民劳动的社会。这是一个有着强劲经济的国家，一切都以人为本。这里有最好的教育，最好的医疗条件，充满着和平与安宁。这里的公民自由平等，政权公平公正。这里法律至上。

我相信，我们走的是一条正确的道路，我们没有误入歧途。

如果我们强大，别人就会把我们当回事。

如果我们寄希望于出现奇迹或依靠他人，我们所取得的成就将付之一炬。

亲爱的哈萨克斯坦人民！我想，现在是我签署相关法令的时候了。

中国对纳扎尔巴耶夫的评价

纳扎尔巴耶夫首任总统是具有国际威望的政治家，也是中哈全面战略伙伴关系的缔造者和推动者。在他和中国领导人共同引领、推动下，中哈关系始终保持高水平运行，结出累累硕果。纳扎尔巴耶夫首任总统以自己的远见卓识推动上海合作组织和亚洲相互协作与信任措施会议蓬勃发展，为维护地区乃至世界和平稳定作出了重要贡献。

2013年，我在哈萨克斯坦首次提出共建"丝绸之路经济带"倡议，第一时间得到纳扎尔巴耶夫首任总统和哈萨克斯坦社会各界热烈响应。在共建"一带一路"框架内，中哈又率先开展产能合作，深化发展战略对接，实施了一系列重大合作项目。中哈合作在国际社会中树立了优势互补、互利共赢的典范，为推动建设新型国际关系、构建人类命运共同体注入了满满的正能量。希望中哈两国在实现民族复兴、国家富强的征途上携手并肩，追梦前行，不断开创中哈关系光辉灿烂的未来。

——习近平2019年4月28日在为哈萨克斯坦首任总统纳扎尔巴耶夫举行"友谊勋章"颁授仪式上的讲话

纳扎尔巴耶夫先生是哈萨克斯坦的开国元首和民族领袖，为哈萨克斯坦国家独立和发展建立了不朽功勋，为哈萨克斯坦民族立功、立言、立德，也为中哈全面战略伙伴关系的建立和发展作出了历史性贡献，我们对此高度评价。中哈关系已走过27年，经受住了历史考验，展现出强大生命力。中方坚定支持哈萨克斯坦独立、主权、领土完整、社会稳定、经济发展。

——习近平2019年4月28日在北京人民大会堂会见哈萨克斯坦首任总统纳扎尔巴耶夫时的讲话

纳扎尔巴耶夫总统是哈萨克斯坦共和国的缔造者，是深受全体哈萨克斯坦人民拥戴的民族领袖。中方对纳扎尔巴耶夫总统作出的辞职决定表示理解。

中哈建交27年来，纳扎尔巴耶夫总统始终致力于中哈友好，推动建立了中哈全面战略伙伴关系，支持并积极参与共建"一带一路"合作。中方对此给予高度评价。

刚刚宣誓就职的托卡耶夫总统是中国人民熟知的老朋友、好朋友。中方希望并相信，哈国家发展建设事业将不断取得新成绩，我们祝愿友好的哈萨克斯坦繁荣昌盛。

中哈互为重要邻邦。当前，中哈关系保持高水平运行，深化中哈全方位合作符合两国共同利益，也是中哈各界的共识。中方对中哈关系、中哈合作前景充满信心。

——2019年3月20日外交部发言人耿爽就纳扎尔巴耶夫总统宣布辞职答记者问

纳扎尔巴耶夫在中国出版的著作

纳扎尔巴耶夫著述等身。每一部专著、每一篇文章、每一次讲话都是理论与实践相结合的典范。他用通俗易懂的语言将国家管理实践中的深度思考成果分享给大众。从他的著述中可以看出他鲜明的政治取向、广泛的研究视野和高深的学术造诣。其关于本国历史、独立进程、发展战略和世界发展问题的专著具有很高的史料价值、理论价值、应用价值和重大现实意义，在哈萨克斯坦和相关国际问题研究领域占有重要地位。

当前，纳扎尔巴耶夫在中国已经出版的专著（中译本）有：

1.《探索之路》，新疆人民出版社，1995年。这是最早介绍到中国的一部著作，原名为《非左非右》，中译本改为《探索之路》。这是一部形似作者自传，实为宣示其政治主张和政治抱负的宣言。该书从纳扎尔巴耶夫的童年讲起，介绍他的故乡、双亲、求学生活，直到进入社会的全过程，其中谈到了战争对苏联的破坏、战后苏联的建设，以及他在卡拉干达钢厂工作和从政后遇到的苏联社会存在的种种问题。原书名《非左非右》，反映出他作为加盟共和国领导人，在苏联后期问题丛生、戈尔巴乔夫与叶利钦争斗激烈的严峻环境中所处的尴尬处境。也反映出他从实际出发，希望通过建立"新的联盟"保留苏联存在的愿望和为此作出的努力。

该书是纳扎尔巴耶夫全面介绍自己在哈萨克斯坦独立前经历的著作，对研究纳扎尔巴耶夫的成长和世界观的形成与转变过程具有重要参考价值，是研究苏联时期联盟中央与加盟共和国之间关系、苏联解体原因的重要资料，也是中国学者研究纳扎尔巴耶夫思想的必读参考书。

2.《站在21世纪门槛上》，时事出版社，1997年。如果说《探索之路》是纳扎尔巴耶夫在国家独立前夕撰写的著作，那么这本著于1996年的作品则分析和总结了哈萨克斯坦独立初期的发展成果、经验教训和前景展望。纳扎尔巴耶夫称这部专著"不是政治回忆录，准确地讲，是政治思想探索"。

该书共有三章。第一章"追溯不久前的往昔"，借助亲历的往事，深入剖析苏联解体的原因，分析苏联所犯的战略性错误和体制弊端，也对勃列日涅夫和戈尔巴乔夫等苏联领导人的能力和表现作出评价。第二章"道路的确定"，阐述纳扎尔巴耶夫对哈萨克斯坦走什么道路、建设一个什么样的国家的看法。第三章"在东西方之间"，分析哈萨克斯坦的外交政策。

3.《和平的震中》（2002年翻译成中文，但未公开出版）。反映纳扎尔巴耶夫对保证世界核安全的思考，提出"无核世界"主张。该书详细描述了苏联时期核试验给哈萨克斯坦带来灾难后果，有助于读者了解纳扎尔巴耶夫使哈萨克斯坦成为无核国家以及为建立"无核世界"的努力和实施过程。

4.《哈萨克斯坦之路》，民族出版社，2007年。介绍了哈萨克斯坦独立后至2005年为巩固国家独立所做的重要工作。该书以翔实的第一手资料，记述了纳扎尔巴耶夫对很多重大问题的考虑，以及他与形形色色反对者的论战和斗争，包括国家发展战略的设计、围绕宪法的斗争、里海争端、发行本币、所有制改革、建立国家财政体系、土地、航天事业、迁都等问题的争论与解决。

该书是了解哈萨克斯坦的一部案头必备的参考书,具有极高的理论深度和史料价值,是研究哈萨克斯坦独立过程和纳扎尔巴耶夫本人治国理念必读的著作。

5.《纳扎尔巴耶夫文集——哈萨克斯坦人民领袖的思想和智慧》,人民出版社,2017年。该书从纳扎尔巴耶夫的著作、演讲、国情咨文和答记者问的大量著述中,选择具有代表性的作品收入。全书分为国家发展战略、政治思想、经济思想、社会思想、外交思想、答记者问六章,是研究纳扎尔巴耶夫思想的重要参考文献。读者通过本书可以了解纳扎尔巴耶夫的治国理念及其对本国和世界重大问题的看法。